지쳤지만 무너지지 않는 삶에 대하여

EXHAUSTED

탈진의 시대, 인류사 내내 존재했던 피로의 인문학 A to Z

지쳤지만
무너지지 않는
삶에 대하여

Exhausted

안나 카타리나 샤프너 지음 | 김지연 옮김

일러두기

- 본문에서 도서는『 』, 단편 소설과 시는「 」, 논문, 잡지 및 신문 기사, 영화 제목, 회화 작품 등의 경우 〈 〉로 표기했습니다.
- 본문 속 도서 제목들은 원저자가 사용한 원어를 번역해 싣는 것을 원칙으로 하되, 국내에 출간된 도서의 경우 해당 제목을 따릅니다.
- 인명 및 지명은 외래어 표기법을 따르되 널리 알려진 이름이나 표기가 굳어진 명칭은 그대로 사용합니다.
- 주석에서 국내에 출간된 도서가 있을 경우 출처 아래 별도로 표기했습니다. 번역본이 존재하지 않는 경우, 출처 아래 제목과 저자명만 번역했습니다.
- 책 속 모든 인용문은 옮긴이의 독자적인 번역입니다.

나를 찾아왔던 모든 내담자에게

이 책을 바칩니다.

(차례)

(추천사)

지친 마음을 없애려 애쓰기보다 그저 잠시 다녀가는 손님으로 생각하고, 내게 남겨준 가르침은 무엇인지 생각해 보라 권하는 책이다. 의학 지식과 심리학 사례를 동원한 치료법을 조언하는 책들이 흔한 요즘에 보기 드문 다채로운 이야기들을 담았다.

단테의 『신곡』에서 시작하여 종교 개혁, 스토아 철학, 근대 역사와 『황제내경』, 도교에 이르는 방대한 인문학적 교양과 재미에 빠져들다 보면 일과 성공의 의미, 그리고 지친 마음을 다스리며 살아가는 방법까지 생각하는 자신을 발견하게 된다. 번아웃에 대한 역사와 철학을 아우르는 심리·정신의학 서적을 읽고 싶은 이들에게 권한다. 흥미로운 이야기들 속에서 결국 그럼에도 불구하고 살아가게끔 만드는 인생의 조언까지 얻게 될 것이다. 참 오랜만에 다시 한번 천천히 읽어보기로 마음먹은 책이다.

한창수(고려대학교 정신건강연구소장·교수, 『무기력이 무기력해지도록』 저자)

현대인들에게 육체적·정신적으로 만성 피로를 달고 사는 일이란 마치 숙명과도 같다. 만약 당신이 수많은 짐들을 어깨에 둘러멘 채로 생기를 잃어가고 있다면, 이 책은 그런 당신에게 언제든 펼쳐볼 수 있는 종이 주치의가 되어줄 수 있을 것이다.

저자인 샤프너는 고대부터 다양한 문화권에서 삶에 지친 인간의 모습을 어떤 식으로 통찰해 왔는지 전방위적인 관점을 통해 다각도로 해석해 준다. 개인적으로 대단히 흥미로웠던 건, 현대의 심리학과 과거 동서양의 철학들이 놀라우리만큼 인간의 피로감에 대해 비슷한 이야기를 하고 있다는 점이었다. 결국, 과거나 현대나 인간이 느끼는 불행과 고통의 감정에는 큰 차이가 없으며, 이 부정적인 감정들을 어떻게 컨트롤하는지가 우리네 삶의 질을 결정하는 최우선 요인이 되는 것이다.

이 책에는 지친 현대인들에게 도움이 될만한 수많은 지식과 지혜, 명언들이 담겨져 있다. 같은 작가로서, 책을 읽으면서 영감을 얻고 필사를 한 부분들이 정말 많았다. 독자 여러분께서도 이 책을 통해 무너지지 않는 단단한 마음가짐과 여유를 얻으시길 바란다.

최재훈(사회 심리학자, 『나는 왜 남들보다 쉽게 지칠까』 저자)

《 서문 》

혹시 요즈음 온종일 피로감에 짓눌린 탈진 상태로 지내고 있진 않은가? 살기 위해 일하는 게 아니라 일하기 위해 살고 있지 않은가? 해야 할 일과 책임감이 어느 순간 감당하기 힘든 무게로 당신을 짓누르고 있진 않은가? 아무런 의욕도 없이 무기력하게 하루하루를 보내고 있진 않은가? 지금껏 많은 일을 해냈으면서도 자신의 능력에 의문을 제기하며 외부에서 오는 스트레스에 내부에서 만들어낸 소음까지 더하고 있진 않은가? 그렇다면 이 책은 바로 당신을 위해 쓰였다. 이 책은 인류가 집단적으로 겪고 있는 탈진 상태의 원인과 치료법에 관한 오래된 통찰과 새로운 통찰을 한데 엮었다. 이 책은 당신이 탈진 상태를 극복하고 삶의 활력을 되찾을 수 있도록 영감을 불어넣어 줄 것이다. 진심으로 그렇게 되기를 바란다. 탈진 상태는 우리의 존재 자체를 위협한다. 삶을 살아낼 에너지도, 기운도, 시간도 부족하다고 느껴질 때 우리는 자연스레 생존을 위해 좀비 같은 상태로 전락한다. 내면의 욕구와 감정을 외면한 채, 진정 무엇이 중요하고 어떻게 하면 자신이 행복해지는지조차 잊어버리게 된다.

먼저 알아두어야 할 사실은 당신은 혼자가 아니라는 것이다. 당장 주변을 둘러보라. 눈이 붉게 충혈된 사람들이 한둘이 아닐 것이다. 번아웃의 자녀 격이라고 할 수 있는 탈진은 오늘날 현대 사회에 만연한 질병이다. 일이 우리의 삶과 생각을 지배하고 다른 모든 활동도 일처럼 느껴지면서, 번아웃은 오늘날 가장 많이 회자되는 탈진 증후군이 되었다. 미국심리학회APA가 최근 발간한 보고서에 따르면, 팬데믹 이후 모든 직업군에서 스트레스 지수와 번아웃 증후군이 사상 최고치를 기록했다.[1] 나 또한 탈진 상태로 하루하루를 살아가던 시절이 있었다. 당시 내 마음은 타다 남은 잿더미 같았고, 인생은 무료하고 따분했으며, 일은 영원히 끝나지 않을 것만 같았다. 내가 몸담은 교수직은 이론상으로는 정년이 보장되어 있었지만, 언제든지 누구라도 내 자리를 대신할 수 있다는 불안감이 항상 머리 위에 도사리고 있었다. 매년 줄어드는 학생 수는 불안감과 스트레스에 기름을 부었다. 교수직에서 쫓겨나면 무슨 일을 할 수 있을까, 고민하고 또 고민했지만 딱히 할 수 있는 일이 생각나지 않았다. 설상가상으로 직장을 잃을지도 모른다는 두려움은 교수 생활에도 악영향을 끼쳤다. 무력감으로 목적을 상실한 데 이어 해고될지도 모른다는 두려움까지 덮치니 번아웃에 빠지기에 그야말로 완벽한 조건이 갖춰졌다. 그 당시 나는 번아웃이 어떤 끔찍한 상태인지 뼈저리게 체험할 수 있었다.

엄밀히 따지면 번아웃은 직업병이다. 직장 내 만성적인 스트레스로 인한 탈진 상태이기 때문이다. 연구 결과 번아웃의 원인은 대개 우리의 스트레스 대처 능력에 문제가 있어서가 아니라(비록 행복 산업은 우리가 그렇게 믿기를 바라지만 말이다) 근본적으로는 근무 환경 때문임이 밝혀졌다.[2] 번아웃을 일으키는 다섯 가지 주요 원인은 직장에서의 불공정한 대우, 감당하기 힘든 업무량, 불분명한 직무 분담, 불충분한 의사소통 및 지원, 불합리한 마감 기한으로 나타났다.[3] 자율성의 부족이나 가치관의 충돌 또한 번아웃을 일으키는 원인이다.[4] 번아웃은 직장에서 인간으로서의 존엄성을 침해당하고 가치를 존중받지 못한다고 느낄 때 생긴다. 대부분의 경우 개인의 미흡한 스트레스 관리 기술 때문이 아니라 구조적으로 내재된 문제 때문에 번아웃에 빠지는 것이다.

그러나 직장 생활이 우리를 탈진 상태로 몰아넣는 유일한 원인은 아니다. 만성적·반복적인 탈진 상태를 일으키는 더 근본적인 원인은 훨씬 복잡하다. 외부적 요인과 내부적인 요인을 아우르며 직장 생활에만 국한되지 않는다. 때때로 우리는 가혹한 상사처럼 자기 자신을 몰아붙이기도 한다. 일을 대할 때의 해로운 태도를 내면화한 결과다. 오늘날 만연한 번아웃 문화는 시간과 생산성에 대한 오래된 믿음에 뿌리내리고 있다. 그래서 피고용인의 입장이 아닐 때조차도 우리에게 악영향을 미친다.

종종 우리는 내면의 심리전에서 지나치게 많은 에너지를 소진해 버려서 탈진에 이르기도 한다. 목표와 가치관이 다른 자아들끼리 충돌해 버린 상태다. 내 경우에는 확실히 그랬다. 머릿속에서 나를 힐난하는 목소리가 끊임없이 들려왔고, 그 목소리에 모든 의욕과 기운이 빠져나갔다. 그 목소리는 내가 지금껏 이룬 모든 것에 의문을 제기하며 나를 진창 속에 처박았다. 실제로 끊임없이 자신을 책망하는 내면의 목소리를 떨쳐내지 못하고 괴로워하는 경우는 매우 흔하다. 내면의 비평가, 가혹한 초자아, 악마, 파괴자, 심판자, 부정적인 자기 대화 등 이 내면의 목소리를 일컫는 이름도 다양하다. 다행인 것은 이 목소리를 뭐라고 부르든지 간에 그 부정적인 영향력을 최소화할 수 있는 전략이 존재한다는 사실이다. 우리의 에너지를 외부로, 우리의 관심이 쏠리는 사람들과의 프로젝트로 돌릴 방법이 분명 존재한다. 궁극적으로 탈진 상태를 극복하는 방법도 이와 같다. 다시 말해, 우리의 에너지를 재충전하고 재분배하여 어디에 사용할지를 의식적으로 선택해야 한다.

나는 언제나 심리학에 관심이 많았다. 특히 각자에게 드리워진 어두운 내면의 그림자가 궁금했다. 우리가 잘 의식하지 못하는 정신의 영역, 개인적·집단적 정신세계의 맹점 말이다. 문화사학자로서 학문적인 호기심을 바탕으로,

내가 겪고 있는 만성적인 탈진 상태를 이해하고자 하는 개인적인 호기심이 더해져 탈진의 오랜 역사를 되짚는 책을 집필하게 되었다.[5] 그보다 최근에는 고대의 자기 계발 방법에 관한 책도 출간했다.[6] 대부분의 내용이 무의식적인 패턴과 두려움에 휘말려 수동적인 희생자가 되지 않도록 에너지를 의식적으로 외부로 돌리는 전략을 다룬다. 나는 심리학의 역사를 깊이 탐구하는 일도 좋아하지만 임상심리학에 더 큰 관심을 가졌다. 정신분석학에 발을 담갔다가 이후 코치가 되는 훈련을 받았다. 그러고 나서 마침내 나만의 클리닉을 개원하고 탈진 상태에 빠진 사람들을 중점적으로 돕게 되었다. 상처도 겪어본 사람이 치유할 수 있다는 말처럼 우리는 자신이 배워야 하는 지식을 남에게 가르쳐주고 싶어 하는 경향이 있다. 이 책에서는 고대의 지혜부터 신학 논문, 철학 서적, 문학 작품, 내 클리닉을 방문한 내담자들의 상담 사례, 스트레스와 번아웃에 관한 최신 연구에 이르기까지 다양한 문헌을 바탕으로 탈진 상태에 관한 나만의 성찰을 공유하려 한다.

우리가 살아가는 지금 이 시대는 탈진의 시대라고 해도 과언이 아니다. 일을 지나치게 높이 평가하는 사회적 분위기, 중독성 강한 정보통신 기술, 신자유주의 자본주의가 부과하는 끝없는 심리적·사회적 압박은 우리를 탈진 상태에 이를 때까지 일하도록 몰아붙인다. 최근 몇 년간 직장에서 우울증, 만성 스트레스, 번아웃을 겪는 사례가 전례 없이 증가했다. 팬데믹 기간 동안 재택근무로 전환됐을 때도 상황은 전혀 호전되지 않았다. 마치 일이 삶의 모든 부분을 장악한 것 같다. 게다가 우리는 삶의 모든 측면을 일이라는 관점에서 바라보기 시작했다. 인생의 동반자, 친구, 자녀와의 관계를 비롯해 건강과 체력 유지, 자기계발과 개인적 성장에 이르기까지 인생에서 점점 더 많은 영역을 수고로운 노동으로 인식하는 경향이 만연하다. 우리는 이 모든 영역에서 열심히 '노력work on'해서 뛰어난 성과를 내야 한다고 생각한다. 이 같은 단어 선택은 일이 인간의 사고에 얼마나 깊은 영향을 미치고 있는지를 보여준다. 정신분석가 조쉬 코헨Josh Cohen은 "현대 시대에는 일하는 것, 즉 노동자로서 기능하는 것이 필수다"라고 말했다.[7]

코헨은 번아웃을 '영혼이 경험하는 작은 종말'[8]이라고 표현한다. 내면은 대체로 지옥 같은 상태지만, 종종 '일을 해야만 한다'는 명령에 반발하는 방식으로 드러날 때도 있다. 한편 기자 출신 작가 앤 헬렌 피터슨Anne Helen Prtersen은 오늘날 밀레니얼 세대에게 번아웃은 일시적인 위기가 아니라 기본값이라고 주장한다. 2019년 화제가 되었던 버즈피드 기사에서 피터슨은 밀레니얼 세대에 만연한 번아웃의 구조적·경제적인 원인을 밝혔다.[9] 피터슨은 '삶의 이상과 현실 사이에 괴리가 감당하기 힘들 정도로 커질 때' 번아웃이 발생한다고 말한다.[10] 기존의 사회적 계약은 깨졌다. 다시 말해, 교육은 더 이상 안정된 중산층으로 편입할 수 있는 안전한 계층의 사다리가 되어주지 못한다. 밀레니얼 세대는 부모 세대보다 가난한 첫 세대다. 밀레니얼 세대가 어린 시절 듣고 자란 '노력에는 언제나 보상이 따르며, 실력 중심의 자유 시장에서는 어느 분야든지 최고가 되면 성공할 수 있으며, 좋아하는 일을 찾아 꾸준히 하다 보면 결국엔 잘될 것'이라는 이야기는 공허한 메아리가 되어 사라지고 말았다.

오늘날 우리가 살아가는 시대는 유난히 침울하고 변화가 빠른 것처럼 느껴지며, 실제로도 그렇다. 기후 변화, 전쟁, 팬데믹, 불안정한 경제 상황, 점점 심화되는 정치적 양극화는 기존의 생활 방식을 송두리째 뒤흔들 만큼 심각한 위기를 초래하고 있다. 그러나 이러한 탈진 상태는 사실 시대를 초월한 현상이다. 탈진감은 번아웃뿐만 아니라 멜랑콜리아melancholia, 아세디아acedia, 신경 쇠약증neurasthenia, 우울증depression 등 과거에 유행했거나 오늘날 유행하는 여러 증후군에서 공통적으로 나타나는 핵심 증상이다. 시대를 막론하고 작가나 사상가 집단은 탈진감을 호소하며 과거를 미화하고 그리워하곤 했다. 심지어 고대 중국 문헌에서도 인간이 가진 에너지는 한정되어 있고, 이를 고갈시키는 내부적·외부적 원인을 고찰한 내용이 발견된다.

문학평론가 프랭크 커모드Frank Kermode는 다음과 같은 글을 썼다.

> 우리는 우리가 당면한 위기를 가장 중요하게 생각하고 그 어떤 위기보다 더 큰 걱정과 관심을 쏟는다. … 우리는 흔히 지금이 과거 그 어느 때와도 비교할 수 없을 만큼 역사적으로 힘든 시기이자 중대한 시점이라고 이야기하곤 한다. 하지만 정말 그럴까? 우리가 당면한 위기가 … 선조들이 살았던 시대와 현재의 시대를 가르는 결정적인 차이점이라고 하

기에는 어딘지 석연치가 않다. 그런데 재미있는 사실은 선조들도 우리와 똑같은 생각을 했다는 것이다. 시대를 막론하고 인간의 생각은 거기서 거기다.[11]

비록 탈진 경험을 구체적으로 묘사하는 이미지나 은유는 다를지라도 탈진감에 시달리는 존재가 우리뿐만이 아니라는 사실은 내게 큰 위안을 주었다. 다양한 시대와 문화권을 넘나들며 수많은 이가 탈진감과 씨름하며 근본적인 원인을 고민하고 치료법을 찾으려 애썼다. 여기서 희소식은 우리가 고대에서 그리고 다른 문화권에서 배울 점들이 많다는 사실이다.

탈진 상태를 묘사할 때 사용하는 은유나 원인을 설명하는 내용 정도만 달라졌을 뿐 탈진 상태를 겪는 사람들의 경험은 어느 시대, 어느 문화권이나 동일하다. 나아가 시대별로 탈진 상태를 어떻게 분석했는지를 들여다보면 당대에 사회 문화적으로 만연했던 불안과 열망을 가늠할 수 있다. 특히 시대적 불만이 구체적으로 드러난다. 가령 오늘날에는 중독성 강한 정보통신 기술, 성장에 대한 끊임없는 압박으로 인한 정신적 스트레스, 일과 개인의 삶

사이 무너진 균형 등을 탈진의 원인으로 지목한다. 그러나 과거에는 지나치게 머리를 써서 나타나는 부작용, 정오의 악마라 불리던 식곤증, 나태해진 신앙생활, 맵고 자극적인 식단, 선정적인 소설과 뉴스, 자동차, 여성 해방 운동, 불길한 토성의 기운을 탓하곤 했다.

탈진을 일으키는 원인을 분석하는 다양한 이론에서 인간의 주체성과 의지를 어떻게 생각했는지 또한 엿볼 수 있다. 탈진 상태를 일으킨 원인이 외부에 있다고 생각하는가, 아니면 내부에 있다고 생각하는가? 탈진 상태를 정신적인 문제나 육체적인 문제로 보는가, 아니면 더 넓은 관점에서 문화적 현상으로 바라보는가? 탈진 상태를 일으킨 원인을 스스로 바꿀 수 있다고 생각하는가, 아니면 자신의 통제를 벗어난 일이기에 희생자가 될 수밖에 없다고 생각하는가? 탈진에 관한 시대적 담론을 들여다보는 일은 중요하다. 그에 따라 우리의 경험과 대처가 달라질 수 있기 때문이다.

이 책에서는 스트레스와 번아웃에 관한 최신 심리학 연구뿐만 아니라 권태에 빠져 있던 수도승과 지칠 대로 지친 멜랑콜리아 환자와 르네상스 시대 연금술사와 과민한 신경 쇠약증 환자들의 생각도 엿볼 수 있다. 또한 바틀비, 단테, 오블로모프 같은 소설 속 등장인물에게서 얻은 소중한 지혜도 나누고자 한다. 나는 과거와 현재를 넘나들며 과학, 문학, 철학, 심리학에서 지혜를 구해야만 오늘날 우리가 겪고 있는 이 탈진 상태를 극복할 수 있다고 믿는다. 새로운 것이 언제나 더 나은 것은 아니다. 때때로 오늘날 우리가 당면한 문제의 해답은 세월이 지나도 변치 않는 고대의 지혜 속에서 발견되기도 한다. 결국 탈진 상태는 인류가 태초부터 지녔던 숙명이었다.

작가 조나단 말레식Jonathan Malesic은 번아웃이 개인적인 문제가 아니라 문화적인 문제라고 주장한다.[12] 실상은 둘 다지만. 탈진 상태의 근원에는 종종 문화적인 신념이 자리하고 있다. 개개인은 이 문화적 신념에 따라 행동하곤 한다. 이 책은 자기 계발서의 성격을 띠는 동시에 일과 탈진과 생산성이라는 개념을 둘러싸고 우리 사회가 공유하는 문화적 전제를 탐구하는 인문서이기도 하다. 우리는 너무 오랫동안 철학적 사유와 역사적·사회적 통찰이 지닌 치유의 힘을 경시해 왔다. 탈진 상태를 극복하려면 이 힘을 적극적으로 활용해야 한다. 그러면 새로운 관점에서 우리가 가진 문제를 바라보는 데 도움이 될 것이다. 관점의 전환은 크든 작든 우리가 마비 상태에서 벗어나 행동하도록 이끌어줄 것이다. 모든 일이 나만의 책임이 아니며 내가 씨름하는 수많은 딜레마들 역시 나만의 고민이 아니다. 우리를 탈진 상태에 빠뜨린 요인 가운데 상당수는 구조적이고 문화적인 문제에서 기인한다. 게다가 우리를 병들게 만든 신념 가운데 일부는 오늘날 효율성을 중시하는 신자유주의 사회에 들어서면서 생겨난 것이 아니다. 그 역사는 우리가 생각하는 것보다 훨씬 더 오랜 시간을 거슬러 올라가야 할 만큼 뿌리 깊다.

수필가이자 시인이자 인권운동가였던 오드리 로드Audre Lorde는 "문제가 단 하나뿐인 인생은 없듯이 문제가 단 하나뿐인 어려움도 없다"고 했다.[13] 마찬가지로 탈진감도 안팎으로 복잡다단한 원인이 중첩되어 발생한다. 물론 명확한 건강상의 문제로 인한 탈진감은 논외다. 이유를 정확히 추정할 수 없는 탈진감의 경우 그 원인을 찾을 때 어느 한 부분에만 초점을 맞출 것이 아니라 내부적·외부적인 요인을 아울러 다양한 각도에서 살펴봐야 한다. 학계에서도 사회적·문화적인 요인이 우리의 정신 건강에 미치

는 영향을 분석하는 연구가 빠르게 늘어나고 있다.[14]

현대 사회는 생산성과 효율성을 극도로 우상화한 나머지 점점 더 아픈 사람이 늘어나고 있다. 조쉬 코헨은 '우리는 단순히 업무를 넘어서서 그 이상으로 몸과 마음을 혹사시키고 있다'며 그 이유를 '(삶의) 모든 순간을 생산하거나 소비할 기회로 연결 짓는 문화 때문'이라고 분석한다.[15] 현대 사회를 살아가는 우리는 대부분 번아웃에 시달리고 있다. 시간을 일 분 일 초도 낭비하지 않고 생산적으로 활용해야 한다는 강박관념에 얽매여 있기 때문이다. 현대 사회는 이러한 믿음을 규범화하여 너무나도 당연한 진리로 받아들인다. 미국 작가 데이비드 포스터 월리스David Foster Wallace는 어떤 이념이 사회적으로 당연시된다는 것이 어떤 느낌인지를 절묘한 비유를 들어 설명한다.

> 어린 물고기 두 마리가 물속을 헤엄쳐 가다가 반대편에서 다가오는 나이 든 물고기 한 마리와 마주쳤다. 나이 든 물고기가 고개를 까딱하며 인사를 건넸다. "좋은 아침이야, 얘들아. 오늘 물은 어떠니?" 어린 물고기 두 마리는 별다른 대꾸 없이 지나쳐 가다가, 그중 한 마리가 결국 참지 못하고 다

른 한 마리에게 물었다. "도대체 물이란 게 뭐지?"[16]

부디 이 책이 우리 모두가 헤엄치고 있는 물, 우리를 피곤하게 만드는 바로 그 물을 명확하게 바라보는 데 도움이 되었으면 하는 바람이다.

이 책은 탈진에 관한 짧은 글 모음으로 구성되어 있다. 자본주의, 에너지, 기쁨, 인생의 비용, 휴식, 시간, 완벽주의, 일 등 다양한 주제를 다룬다. 최신 연구부터 역사 속 고대의 지혜에 이르기까지 다양한 문헌을 넘나들며 배울 점을 찾았다. A부터 Z까지 시간이 날 때마다 마음에 끌리는 챕터부터 읽으면 된다. 순서는 상관없다. 이 책을 집어 들었다는 것은 이미 가지고 있는 에너지가 많지 않다는 뜻임을 알기에 모든 글은 짧게 썼다. 하루에 하나 이상 읽지 않는 걸 권장한다. 하루에 하나씩만 제대로 읽고 곱씹다 보면 서서히 새로운 관점이 피어날 것이다. 그러다 보면 한 달쯤 뒤에는 당신이 느끼는 피로감을 완전히 새롭게 인식하게 될 것이다. 무엇보다 피로감을 느끼는 방식이 완전히 달라질 것이다. 진정한 변화는 모름지기 우리가 느끼는 감정의 구조에 변화를 가져온다. 머릿속에만 있는 지식은 아무 쓸모가 없다. 독일 작가 괴테가 남긴 유명한 말이 있다. "아는 것만으로는 충분하지 않다. 적용해야 한다. 의지만으로는 충분하지 않다. 실행해야 한다." 그런 의미에서 삶의 활력을 되찾기 위해 단계별로 실천할 수 있는 구체적인 조언도 함께 제시해 두었다.

이 책은 피로에 지쳐 나를 찾아온 멋진 내담자들이 아니었다면 세상에 나오지 못했을 것이다. 작가, 학자, 운동가, 화가, 의사, 창업가, 군인, 변호사, 직장인, CEO 등 지난 몇 년간 여러 훌륭한 이들과 함께하는 특권을 누렸다. 이들에게서 너무나도 많은 것들을 배웠다. 이론은 이론일 뿐 현실과는 또 다르다. 온갖 혼돈 속에서 때때로 예상치 못한 아름다움을 마주하는 살아 있는 경험담과 더불어 그 과정에서 얻은 지혜와 통찰을 나누어준 내담자들께 이 지면을 빌어 깊은 감사를 전한다.

(A)

받아들임

Acceptance

만사가 귀찮고 심신이 지쳐 탈진 상태에 이르렀을 때, 가장 먼저 해야 할 일은 우리를 이 지경까지 몰아붙인 일을 계속해 나갈 수는 없다는 사실을 받아들이는 것이다. 탈진exhaustion은 몸과 마음이 동시에 보내는 경고음이다. 잠시 멈추고 쉬어 가라는 명령이다. 실제로 탈진 상태에 빠지면 집중력이 저하되고 심지어는 업무와 관련된 그 어떤 일도 수행할 수 없는 상황에 놓이기도 한다. 근본적인 문제를 해결하기 전까지 몸이 기능하기를 거부하는 것이다. 이러한 기능 고장은 우리의 몸이 보내는 더 이상의 손상을 방지하려는 노력이자 무언가 할 말이 있다는 신호다. 그렇다면 탈진 상태가 우리에게 전달하고자 하는 바는 정확히 무엇일까?

어쩌면 그다지 듣고 싶지 않은 진실일 수도 있다. 지금껏 모든 열정과 노력 혹은 그 이상을 바쳐 쌓아온 커리어를 버리고 다른 일을 하면서 살아가는 미래는 상상조차 두려울 것이다. 지금까지와는 다른 직업을 가지고 다른 삶을 살아가는 내 모습을 그려보기란 불가능에 가깝다. 하물며 의욕도, 에너지도 바닥난 상태에서 개인적인 경계personal boundaries를 새롭게 설정하고 공고히 다지는 그 힘든 작업은 시도할 엄두조차 나지 않는다. 당장 눈앞에 놓인 수많은 일을 제대로 해내고 있지 못하다는 사실을 인정할 준비조차 안 된 상태일 경우에는 더욱 그렇다. 그래서 나중에 어떤 대가를 치르더라도 일단 맡은 일은 해내고 보자는 심정으로 이를 악물고 꾸역꾸역 자기 자신을 밀어붙인다. 어쩌면 바로 그 순간이 스트레스에 대응하는 전략을 냉정하고 단호하게 성찰해야 할 시점일 수도 있다. 하지만 벗어나려 할수록 문제가 악화되기도 한다. 철학자 바요 아코몰라페Bayo Akomolafe는 "위기에 대응하는 방식 자체가 위기의 일부라면?"이라고 반문한다.[1] 알코올, 일, 쇼핑, 폭식에 의존해 만성적인 스트레스를 일시적으로만 해소하고 있진 않은가? 현실을 미루거나 회피하고 있진 않은가? 아니면 원망과 분노에 사로잡혀 있지는 않은가?

탈진 상태가 말하고자 하는 바가 무엇이든지 간에, 삶의 활력을 되찾기 위한 출발점은 문제가 있다는 사실을 받아들이는 것이다. 그런 다음 현재 처해 있는 상황에서 우리가 통제할 수 있는 것과 통제할 수 없는 것을 구분하고, 통제할 수 있는 것에 남은 에너지를 집중해야 한다. 스토아 철학자 에픽테토스Epictetus는 이를 다음과 같이 깔끔하게 요약한다. "의견, 동기, 욕망, 혐오는 우리가 통제할 수 있다. 한마디로 의지로 바꿀 수 있는 모든 것이다. 반면에 신체, 재산, 명예, 직위는 우리가 통제할 수 없다. 한마디로 의지로 바꿀 수 없는 모든 것이다."[2] 다시 말해, 자신의 내면, 판단, 반응, 다른 사람을 대하는 태도는 스스로 통제할 수 있다. 그러나 다른 사람이 우리를 어떻게 판단하느냐를 비롯해 그 밖의 대부분의 일들은 통제할 수 없다. 이 사실을 받아들이기란 결코 쉬운 일이 아니다. 대부분의 사람은 인생의 많은 부분을 자신의 의지로 통제할 수 있다고 착각하며 살아가기 때문이다.

만약 탈진의 원인이 지나친 자기 비판적 성향이나 최악의 시나리오를 가정하는 경향 등 개인의 내면에서 비롯되었다면 상담 치료나 조언, 마음 챙김 훈련이 도움이 된다. 심리학자이자 불교 명상가인 타라 브랙Tara Brack은 현재를 있는 그대로 받아들이면서 마음 챙김과 측은지심을 훈련할 수 있는 방법으로 '급진적 수용radical acceptance'이라는 개념을 제시한다. 급진적 수용이란 몸과 마음에서 어떤 일이 일어나고 있는지 온전히 인식하되, 판단하거나 통제하려 하지 않는 것이다. 슬픔이나 고통을 저항하지 않고 있는 그대로 느끼되, 지금 경험하고 있는 모든 일들을 열린 마음과 애정 어린 눈으로 바라보는 것이다. 브랙은 자신의 책에서 이렇게 썼다.

> 급진적 수용은 친숙하지 않거나 두렵거나 강렬한 경험과 맞서 싸우며 사는 습관을 뒤집는다. 급진적 수용은 자신을 무시한 세월, 스스로를 한탄하고 거칠게 다룬 세월, 지금 이 순간의 경험을 거부한 세월에 대한 필수 해독제다. 급진적 수용은 자신의 삶을 기꺼이 있는 그대로 경험하려는 마음이다. 급진적 수용이 이루어지는 순간은 참된 자유의 순간이다.[3]

그러나 탈진의 원인이 외부에서 비롯된 경우에는 문제가 한층 복잡해진다. 스트레스 요인은 내부적일 수도 있고 외부적일 수도 있지만, 탈진 상태는 대개 업무와 관련된 문제에서 비롯되었을 가능성이 크다. 가령 감당하기 힘든 업무량, 비현실적인 마감일, 부족한 자율성과 성과를 인정받지 못하는 현실은 스트레스를 유발한다. 우리는 직장 생활에서 끊임없이 도덕적 상해moral injury(개인의 도덕적·윤리적 신념이나 가치와 충돌하는 경험에서 발생하는 심리적·정신적 고통이나 트라우마-옮긴이)를 입지만, 재정적인 이유로 직장을 그만둘 수 없는 것이 현실이다. '회복탄력성을 길러라', '깊이 심호흡해라', '일과 삶의 경계를 명확히 설정해라' 따위의 조언도 신물이 난다. 그렇다면 탈진 상태에 이르게 한 외부적인 원인을 바꾸는 게 현실적으로 불가능할 때, 우리는 도대체 어떻게 해야 할까?

시인이자 흑인이자 레즈비언이었던 오드리 로드는 "나 자신에 대해 스스로 받아들인 것은 이제 더 이상 나를 축소시킬 수 없다"라고 했다. 급진적 수용, 즉 우리가 바꿀 수 없는 것을 받아들이는 것은 패배주의가 아니다. 오히려 우리가 통제할 수 있는 것에 에너지를 집중할 수 있게 만드는 현명한 결정이다. 자신의 힘으로 바꿀 수 없는 것에 불필요하게 에너지를 낭비하지 않을 수 있기 때문이다. 이를테면 에너지를 절약하는 기술이다. 특히 탈진 상태는 에너지가 극도로 부족한 상태이기 때문에 에너지 보존이 필수다. 일단 자기 자신을 있는 그대로 받아들이고 나면 주변 환경도 편안하게 받아들일 수 있게 된다.

급진적 수용은 내면적 현실과 외부적 현실을 모두 받아들이는 것을 뜻한다. 먼저 내면적 현실부터 살펴보자.

자기 수용self-acceptance은 자신의 장점은 물론이고 원치 않는 단점까지 모두 받아들이는 것을 의미한다. 내면에 존재하는 가장 어두운 부분까지 완전히 인정할 때에만 의미 있는 변화가 시작될 수 있다. 심리학자 칼 로저스Carl Rogers는 '나 자신을 있는 그대로 인정할 때 비로소 변화할 수 있다'는 '이상한 역설curious paradox'을 발견했다.[4] 인지행동치료Cognitive Behavioural Therapy의 창시자인 앨버트 엘리스Albert Ellis는 자존감self-esteem을 중요하게 여기지 않았던 것으로 유명하다. 엘리스는 자존감이 개인의 성취와 타인의 평가에 지나치게 좌우되며, 인간의 가치가 성공 여부로만 측정된다는 생각과 연결되어 있다고 믿었다. 엘리스는 흠이 있든 없든 무조건적인 자기 수용을 실천해야 한다고 주장한다. 엘리스가 말하는 자기 수용이란 업무 성과나 타인의 평가나 자신의 행동과 관계없이 스스로를 흔들림 없이 굳건하게 존중하는 것을 뜻한다. 엘리스에 따르면 '무조건적 수용'이란 '일이 원하는 대로 되지 않고 오히려 원치 않던 결과가 나올지라도 자기 자신과 타인과 세상을 괜찮다고 여기는 것'이다.[5] 엘리스는 성공적이고 생산적인 삶을 살고 있는지 혹은 타인의 인정과 사랑을 받고 있는지에 연연하지 말고 스스로를 '존재 자체로 가치 있는 인간'으로 온전히 받아들이라고 말한다.[6] 물론 말처럼 쉬운 일은 아니다. 더구나 삶에 지쳐 예전처럼 일하지 못하는 자신에게 무력함을 느끼며 무너져 내릴 때 자기 수용을 실천하기란 더더욱 어렵다. 그러나 이러한 순간이야말로 리트머스 시험지와 같아서 자신의 참모습을 선명하게 알아차릴 수 있다.

위험을 감수하고 어떤 일에 도전하다 보면 실수도 뒤따르기 마련이다. 최선을 다해도 결과는 좋지 않을 수 있다. 항상 성공할 수는 없으므로 상처도 받을 수 있다. 무엇에 얼마만큼 노력을 기울일지는 대체로 스스로 결정할 수 있지만, 그 결과까지는 통제할 수 없다. 세상에는 구조적인 문제부터 서로 충돌하는 이해관계와 각자의 욕망에 이르기까지 다양한 장애물이 존재한다. 우리는 과거를 바꿀 수도, 미래를 예측할 수도 없다. 그러나 '이렇게 됐어야 했는데', '이렇게 할 수 있었는데', '이렇게 되어야만 하는데'라는 생각을 내려놓으면 '있는 그대로 받아들이기'가 한결 쉬워진다.

자기 자신에게 무엇이 좋고 무엇이 나쁜지를 판단하는

일은 생각보다 어렵다. 중국 도교에 전해 내려오는 어느 농부의 우화가 이 사실을 잘 보여준다. 농부는 현재를 담담하게 받아들이는 방법의 완벽한 예시를 보여준다. 농부는 부정적으로 보이는 상황에서나, 긍정적으로 보이는 상황에서나 평정심을 유지하며 상황을 섣불리 판단하지 않는다. 아니, 그 어떤 판단도 내리지 않는다.

아주 오랜 옛날 중국에 한 농부가 있었다. 농부에게는 말 한 마리가 있었다. 이웃이 부러워하며 말했다. "수레를 끌어줄 말이 있다니, 당신은 참 운이 좋군요!"

"그럴지도요." 농부가 무덤덤하게 대답했다.

하루는 농부가 마구간 문을 깜박하고 열어두는 바람에 말이 달아나버렸다. "저런! 어떻게 그런 일이! 참 재수가 없네요!" 이웃이 안타까워하며 말했다.

"그럴지도요." 농부가 무덤덤하게 대답했다.

며칠 뒤, 도망갔던 말이 야생마 여섯 마리를 데리고 돌아왔다. "이야! 당신은 정말이지 엄청나게 운 좋은 사람이네요! 이제 부자가 되었네요!"

"그럴지도요." 농부가 무덤덤하게 대답했다.

바로 그 다음주에 농부의 아들이 야생마를 길들이려다가 말 발굽에 채여 다리가 부러지고 말았다. "저런! 어떻게 그런 일이! 참 재수가 없네요!" 이웃이 안타까워하며 말했다.

"그럴지도요." 농부가 무덤덤하게 대답했다.

바로 그 다음 날, 황제의 군사들이 들이닥쳐 마을 청년들을 모조리 전쟁터로 끌고 갔다. 농부의 아들은 다리가 부러진 탓에 강제 징집을 면했다. "당신은 정말 운이 좋네요!" 이웃이 말했다.

"그럴지도요." 농부가 무덤덤하게 대답했다.[7]

지혜로운 농부는 어떤 상황에서도 일희일비하지 않고 주어진 현실을 담담히 받아들인다. 농부는 이미 벌어진 일에 연연하지 않는다. 세상일은 우리 뜻대로 흘러가지 않고, 상황은 변하기 마련이라는 사실을 알고 있기 때문이다. 게다가 어떤 일이 나중에 가서 좋은 일이 될지, 나쁜 일이 될지는 아무도 알 수 없다.

도교의 주된 가르침은 현실을 있는 그대로 받아들이고 '이렇게 되어야 한다'는 생각을 놓아주는 것이다. 도교의 핵심 경전인 『도덕경』에서 노자는 수용의 마음가짐에 대해 혁신적인 주장을 펼친다. 도교에서 수용이란 자연의 질서에 순응하는 것, 자연의 섭리를 거스르지 않고 받아들이며 살아가는 것이다. 노자는 현실을 있는 그대로 받아들이고 어떤 일이든 내 뜻대로 되어야 한다는 집착을 놓아줌으로써 자신의 의지를 우주의 질서에 맡기라고 가르친다. 노자는 인생에 무슨 일이 일어나든지 간에 '급진적 화해radical reconciliation'의 태도로 주어진 운명에 순응하며 살아가라고 말한다. 이 와중에도 모든 것들은 끊임없이 변화하고 있기 때문이다.

이따금 삶에서 당장은 나쁜 일인 것 같아도 나중에 지나고 보면 좋은 일이었음이 드러날 때가 있다. 탈진 상태도 마찬가지다. 어쩌면 지금 느끼는 이 극심한 피로감과 무기력은 우리 몸이 말하는 소리에 귀를 기울이라는 신호일지도 모른다. 그 신호에 귀를 기울이는 시간은 인생이 송두리째 바뀌는 계기가 될 수도 있고, 몸과 마음이 완전히 무너져 버리는 일을 예방하는 기회가 될 수도 있고, 아니면 잠깐 쉬어 가면서 자신을 돌아보고 재충전하는 시간이 될 수도 있다.

(B)

번아웃

Burnout

1970년대 미국에서 '번아웃burnout'이라는 용어가 등장했다. 이 용어는 직장 내 만성적인 스트레스로 인한 정신적·육체적 탈진 상태를 가리키는 은유로 금세 자리 잡았다. 초창기에 번아웃은 사회복지사, 교사, 심리치료사, 상담사, 간병인, 간호사 등 타인을 돕는 직종에서 주로 발생한다고 여겨졌다. 보건 및 교육 분야에 종사하는 사람들은 대체로 물질적인 동기보다는 이타적인 동기에 이끌려 직업을 선택하는 경향이 있다. 일에 대한 기대가 높을수록, 직업에 목적의식과 의미를 더 많이 부여할수록 쓰디쓴 현실을 마주할 때 느끼는 절망과 고통은 커지기 마련이다. 이러한 관점에서 보면 번아웃은 일에 순교에 가까울 정도로 높은 이상을 투영할 때 발현된다.

작가 조나단 말레식은 번아웃을 일에 대한 기대와 현실 사이에서 이리저리 치이는 경험이라고 정의했다. 말레식은 번아웃은 몸이 지친 게 아니라 마음이 무너진 것이라고 말한다. 일을 아무리 사랑해도 그 사랑은 결코 보답받지 못한다. 일은 우리를 존엄하게 만들어주지 않는다. 삶에 목적의식을 부여해 주지도 않는다. 원하는 만큼 인정을 받게 되는 것도 아니다. 말레식은 번아웃은 '영혼의 병'이며 "일이 사회적 · 도덕적 · 정신적으로 성공한 삶에 이를 수 있는 확실한 수단이라고 믿기 때문에 번아웃을 겪는다"고 분석했다.[1]

미국의 사회심리학자 크리스티나 매슬라크Christina Maslach는 1980년대에 최초로 번아웃을 측정할 수 있는 도구와 표준적인 정의를 제시했다. "번아웃 증후군의 대표 증상은 탈진, 괴리감, 능률 저하로, '사람을 상대하는 일'에 종사하는 개인에게서 나타날 수 있다."[2] 여기서 '괴리감Depersonalisation'은 환자, 학생, 손님, 직장 동료, 고객 등 업무적으로 상대하는 사람들에게 냉소적이고 냉담하며 무관심한 태도로 나타난다.

1980년대 후반부터 90년대에는 번아웃이 직종을 막론하고 누구에게나 발생할 수 있는 중대한 직업 관련 질환이라는 인식이 점차 높아지기 시작했다. 이후 번아웃은 '직업의 가치와 자신의 업무 수행 능력에 냉소적이고 회의적인 태도를 보이는 탈진 상태'[3]를 뜻하는 용어로 정의가 확대되었다. 긍정적인 마음가짐이 점진적으로 침식되어가는 과정이라고도 볼 수 있다. 이러한 관점에서 보면 번아웃은 '에너지가 고갈되고 열정이 식고 능률이 저하되어'[4]

의욕이 떨어진 상태를 가리킨다.

번아웃 증후군의 대표 증상은 휴식으로는 해결되지 않는 탈진감이다. 번아웃이 오면 자신이 하는 일의 가치를 매우 부정적으로 평가하게 되고, 몸담은 조직과 함께 일하는 사람들에게 원한과 분노를 느끼게 된다. 또한 머릿속에 안개가 낀 것처럼 집중력이 저하된다. 불면증, 불안, 과음, 나태함, 불안감을 끊임없이 다른 행동으로 덮으려는 대치 행동 등이 나타나기도 한다. 업무 수행 능력이 점점 떨어지면서 예전 같지 않은 무능함에 커다란 수치심을 느끼게 된다. 매우 심각한 번아웃의 경우에는 신경 쇠약으로 치달아 어느 순간 갑자기 직장에서 전혀 기능을 할 수 없는 상태에 놓일 수도 있다.

오늘날 번아웃은 일상적인 담론이 되었다. 많은 사람들이 폭넓은 의미에서 번아웃이라는 용어를 사용하게 된 까닭이다. 이제 이 용어는 개개인이 겪는 다양한 증상을 표현할 수 있는 매력적인 은유로 자리 잡았다. 연구에 따르면 놀라울 정도로 많은 사람이 스스로가 번아웃과 만성 스트레스에 시달리고 있다고 생각한다. 번아웃 관련 통계도 급증했다.[5] 무슨 일이 벌어지고 있는 것일까? 번아웃이 이토록 만연하게 된 이유는 무엇일까? 실제로 우리가 그 어느 때보다도 지쳐서 고갈된 것일까, 아니면 그저 번아웃을 예전보다 일상적으로 이야기하게 된 것뿐일까?

서문에서 언급했듯이 앤 헬렌 피터슨은 밀레니얼 세대에 만연한 번아웃의 원인을 복잡한 사회 구조적 조건에서 찾았다. 밀레니얼 세대는 열심히 노력하면 자아를 실현할 수 있다는 가르침을 듣고 자랐지만 계층 간 상향 이동은 머나먼 옛날이야기가 되어버리고 말았다. 대학 졸업장은 더 이상 안정적인 중산층으로 진입하는 길을 보장해 주지 않는다. 프리랜서나 외주 업체에 업무를 위탁하는 비중이 늘어나면서, 연금 혜택과 합리적인 보수와 고용 안정성이 보장되는 평생 일자리를 찾기란 그 어느 때보다도 어려워졌다. 밀레니얼 세대는 높은 학자금 대출과 감당하기 힘든 월세를 떠안은 채 어떻게든 한정된 기회를 잡으려고 고군분투한다. 지금껏 노력한 모든 일들이 언제든지 물거품이 될 수도 있다는 끝이 보이지 않는 위기감 속에서 하루하루를 살아간다. 그래서 쉬지 말고 끊임없이 일해야 한다는 강박관념이 생겨난다. 이 모든 것이 정신적으로 엄청난 스트레스를 유발한다. 피터슨은 "번아웃은 단순한 일 중독 그 이상이다"라고 말한다.

> (번아웃은) 자아와 욕망의 괴리감을 느끼는 것이다. 업무 능력을 제외하면 당신에게 남는 것은 무엇인가? 발굴할 자아가 남아 있는가? 당신이 가장 쉬운 길을 선택할 수밖에 없을 만큼 지친 상태가 아닐 때 진정으로 무엇을 좋아하고 무엇을 싫어하는지 알고 있는가? 끊임없이 앞으로 나아가지 않고도 살아갈 수 있는 방법을 알고 있는가?[7]

일을 하면서 21세기를 살아가는 사람들만이 경험할 수 있는 시대적인 사회심리학적·경제적 스트레스 요인이 존재하는 것만큼은 분명하다. 그중에 많은 요인은 우리를 교묘하게 괴롭힌다. 무슨 수를 써서라도 최적화된 자원을 추출해 이익을 극대화해야만 하는 신자유주의 시대에 경쟁과 성장의 압박은 심리적으로 큰 부담을 준다. 이메일과 소셜미디어는 어떤 면에서는 분명히 편리함을 가져다 주었지만, 여러 면에서 오히려 어려움을 가중시켰다. 언제 어디서나 연락 가능한 상태가 되면서 우리를 괴롭게 하는 모든 것들로부터 자유로워지기란 더욱더 어려워졌다. 집중력은 떨어지고 외로움은 깊어졌다. 일과 여가의 경계가 모호해지면서 일이 개인의 정신적 공간, 물리적 공간, 디지털 공간을 끊임없이 침범한다. 하지만 가정에서나 직장에서나 우리가 사용하는 대부분의 정보통신 기술은 중독성이 강하게 설계되어 있어 쉽사리 끊어내기가 힘들다. 특히 새로운 기술일수록 우리의 정신 건강에 악영향을 미치고 있다. 게다가 경제적 불안정, 기후 변화, 팬데믹, 전쟁 등 여러 가지 시대적 상황이 우리를 더욱 불안하게 만든다. 불안과 걱정에 휩싸이게 만드는 뉴스는 끊임없이 들려오지만, 오늘날 당면한 시대적 문제를 해결할 수 있는 실질적인 방법은 보이지 않는다. 물론 우리의 조상들도 분명 탈진 상태를 경험했을 것이다. 하지만 현대인들이 변화가 빠르고 복잡하며 걱정거리가 많은 시대를 살아가고 있다는 사실만큼은 의심할 여지가 없다.

그러나 의아하게 들릴지 모르겠지만, 번아웃은 긍정적인 의미를 내포한 진단명이기도 하다. 마치 19세기 번아웃의 전신으로 유행병처럼 번졌던 멜랑콜리아나 신경 쇠약증처럼 말이다. 멜랑콜리아는 창의성, 학문적 소양, 천재성과 깊이 연결되어 있었고, 신경 쇠약증은 높은 지능, 감수성, 예술적 기질과 연결되어 있었다. 번아웃도 적어도 부분적으로는 이들과 유사한 맥락에서 일종의 영웅적 훈장이라고 볼 수 있다. 번아웃 상태에 도달했다는 것은 다시 말해 자신의 모든 것, 혹은 그 이상을 바쳐 일했다는 뜻이기 때문이다. 문자 그대로 모든 것을 불태워 일했다는 뜻이다. 끊임없이 자기 자신을 채찍질하며 맡은 바 임무를 양심에 한 점 거리낌 없이 충실히 수행했다는 뜻이다. 번아웃 상태에 도달한 사람은 성실한 사람이다. 책임감이 지나쳐 감당할 수 있는 일보다 더 많은 일을 맡아 해내고야 마는 사람이다. 언제나 다른 사람을 도와주는 사람이다. 게으름을 모르는 사람이다. 패배자와는 거리가 먼 사람이다. 연구 결과 실제로도 번아웃을 겪는 사람 가운데 상당수가 한때 높은 성과를 내며 잘나가던 사람이었다.[8]

번아웃의 고통을 축소하려는 의도는 아니다. 번아웃이 아무런 문제가 없는 상태라는 의미도 아니다. 오히려 그 반대다. 내게 상담 치료를 받는 환자 대다수에게 번아웃은 존재론적 위협이다. 번아웃으로 말미암아 그들은 지금까지 살아온 삶을 완전히 재평가하도록 내몰리고, 때로는 수년간 준비해온 커리어를 포기할 수밖에 없는 상태에 놓인다. 번아웃이 이토록 위험한 이유는 일과 휴식 어느 쪽도 할 수 없는 불능 상태로 우리를 몰아넣기 때문이다. 많은 이가 번아웃에 빠졌다는 사실 자체에 영웅심은커녕 엄청난 수치심과 죄책감을 느낀다. 여기서 말하고자 하는 바는 번아웃이 문화적으로나 사회적으로 어느 정도 인정받는 진단이라는 사실이다. 가령 우울증이나 다른 정신질환에 걸린 사람이 감당해야 할 사회적 낙인을 떠올려 보면 이해가 쉬울 것이다. 그 이유는 현대 사회가 일 자체를 중시하고 열심히 일하는 사람을 인정해 주며 적어도 일이라는 전쟁터에서 부상당한 사람을 어느 정도까지는 우호적으로 바라보기 때문이다. 번아웃이 왔다는 것은 곧 지금 이 시대가 중요시하는 가치관의 희생자가 되었다는 뜻이다. 이 사실에서 조금이나마 위안과 공감대를 찾을 수 있다.

그렇다면 실제로 번아웃이 왔을 때 우리가 할 수 있는 일은 무엇일까? 어떻게 치유할 수 있을까? 이 논쟁의 중심에는 흥미로운 모순이 도사리고 있다. 세간에서는 번아웃을 개인 차원에서 이겨내야 할 문제라고 이야기하지만 대다수의 연구 결과는 근무 환경을 바꿔야 해결될 문제임을 시사한다. 사회심리학자 크리스티나 매슬라크와 마이클 리터는 조직에서 구성원에게 번아웃을 일으키는 여섯 가지 요인을 규명해냈다. 바로 과도한 업무량, 부족한 자율성, 불충분한 보상, 공동체 의식 붕괴, 가치관 충돌, 불공정한 대우다.[9] 직장에서 이 중에 하나라도 경험할 경우 번아웃으로 이어질 가능성이 크게 높아진다. 많은 보건 의료 전문가들은 번아웃을 직장에서 발생하는 좁힐 수 없는 가치관의 충돌, 윤리적 딜레마, 지속적인 인간의 존엄성 침해로 발생하는 '도덕적 상해'로 인식해야 한다고 주장한다.[10]

세계보건기구WHO는 번아웃을 정신 질환이 아닌 직업 관련 증상으로 명확히 정의하고 있다. 그러나 WHO에서 명시한 번아웃의 정의에는 내가 '번아웃의 역설'이라고 부르는 문제가 존재한다. '번아웃은 만성적인 직장 내 스트레스를 성공적으로 관리하지 못해서 발생하는 증후군이다.'[11] 이는 본질적으로 번아웃의 원인을 당사자가 스트레스를 제대로 관리하지 못한 탓으로 돌린다. 만성적인 스트레스를 '성공적으로 관리'하려면 도대체 어떻게 해야 하는 것일까? 여기서 조직의 역할과 개인의 주체성 사이에 갈등이 빚어진다. 그렇다면 업무 환경 때문에 발생한 번아웃 증후군을 해결할 방법은 없을까? 직장을 그만두거나 근무 환경을 급진적으로 개혁하는 방식은 대부분의 경우 현실적인 해결책이 아니다. 번아웃의 일차적인 책임은 조직 구성원이 아니라 그 조직에 있다. 따라서 조직이 나서서 훈련과 도움을 받아 해결책을 찾아야 한다.

따라서 번아웃 증후군을 겪고 있다면 개인적인 책임과 조직적인 책임을 정확히 분별해야 한다. 번아웃을 치료하기가 어렵고 까다로운 이유는 대부분 그 원인이 구조적인 문제에 있기 때문이다. 하지만 이 사실을 아는 것만으로도 번아웃을 치유하는 데 도움이 될 수 있다. 번아웃의 원인이 자신의 잘못으로 인한 개인적인 실패(실상은 영예의 훈장)가 아니라 사회적 요인 탓이라는 사실을 인식하는 것만으로도 어느 정도 다시 일어설 힘을 되찾을 수 있다.

(C)

자본주의

Capitalism

먼저 짧은 우화를 들려주려고 한다. 어쩌면 이미 본 적이 있을지도 모르겠다.

어느 미국인 투자 은행가가 태국으로 휴가를 떠났다. 일 년 내내 쉬지 않고 일하여 심신이 극도로 지친 탓에 제대로 된 휴식이 절실히 필요한 시점이었다. 그는 자기 자신을 위해 최고급 리조트를 예약했다. 저녁이면 바에서 칵테일을 마시고, 낮이면 바다에서 낚시를 했다. 에메랄드빛 바닷물이 리조트가 자리 잡은 해변의 모래사장을 부드럽게 어루만지고, 인근 어촌 마을의 낡은 부둣가에 정박한 알록달록 조그마한 낚싯배들을 가만가만 흔들었다. 태국에 도착한 첫날, 은행가는 부둣가에 앉아 하릴없이 햇볕을 쬐고 있던 현지 어부에게 다가가 거래를 제안했다. 어부는 날마다 그의 작은 낚싯배로 은행가를 고기가 잘 잡히는 곳에 태워다 주기로 흔쾌히 승낙했다. 셋째 날, 낚싯배에 앉아 있던 은행가가 어부에게 이런저런 질문을 던졌다.

"고기가 많이 잡히는 날에는 얼마나 잡히나요?"

"전 다섯 마리 이상은 잡지 않아요."

"아니, 왜요?" 놀란 은행가가 되물었다. 은행가만 해도 둘째 날 이미 일곱 마리나 잡았고, 그래서 오늘은 어제의 기록을 깰 수 있기를 바라던 차였다.

"그러면 안 되나요?" 어부가 대답했다. "우리 가족이 먹기에 다섯 마리면 충분한 걸요. 그 이상은 먹지도 못해요. 보관할 데도 없고요."

"남는 건 시장이나 호텔에 팔면 되잖소?"

"왜 그래야 하죠?" 어부가 어깨를 으쓱하며 대답했다.

"당연히 돈을 벌기 위해서죠! 몇 주만 그렇게 해도 낚싯배를 한 척 더 장만하고 사람까지 고용할 수 있을 텐데요. 그러면 더 많은 물고기를 잡아서 더 많은 돈을 벌 수 있잖소. 그럼 머잖아 이 동네 낚싯배를 죄다 사들일 만큼 돈을 벌 수 있을 테고, 그 돈으로 물류 창고도 짓고 더 멀리 있는 시장에까지 물고기를 팔 수 있고 말이요."

"하지만 제가 왜 그래야 하죠?" 어부가 정말이지 순수하게 되물었다.

"부자가 될 수 있으니까!"

"부자가 되고 나면요? 그 돈으로 뭘 해야 하나요?"

은행가가 웃음을 터뜨렸다. 어부가 자신을 놀린다고 생각했다. 하지만 돌아오는 침묵에 은행가는 다시 한번 진지하게 설명했다. "포르쉐도 살 수 있고, 에어컨과 수영장이 딸린 저택에서 살 수 있고 값비싼 옷을 입고 최신 기기도 살 수 있지요. 물 대신 샴페인을 마시고, 굴도 매일매일 먹을 수 있고. 아내에게는 명품 가방과 구두를 사줄 수 있고, 아이들은 하버드에 보낼 수 있단 말이오!"

어부는 아무런 감흥이 없었다. 은행가가 말한 것들은 어부에게는 아무런 의미도 없는 것들이었다.

은행가가 어부를 설득하기를 포기하려던 찰나, 좋은 생각이 하나 번뜩 떠올랐다. "돈이 많으면 여기처럼 멋진 곳으로 휴가를 가서 온종일 일광욕과 낚시도 즐길 수 있소!"

"하지만 이미 그렇게 살고 있는 걸요." 어부는 빙그레 미소를 지으며 대답했다. 이윽고 어부는 노를 저어 은행가를 해변으로 데려다 주었다.

이 우화는 일종의 로르샤흐Rorschach 검사(스위스 정신의학자 헤르만 로르샤흐Hermann Rorschach가 1921년 개발한 심리 검사 방법으로, 좌우 대칭의 잉크 얼룩이 그려진 열 장의 카드에서 피험자가 무엇을 떠올리고 반응하는지에 따라 상태를 진단한다-옮긴이)와 같다. 보는 관점에 따라 매우 다른 결론에 도달할 수 있기 때문이다. 자본주의적 사고방식을 뼛속 깊이 탑재한 사람들이 보기에 어부는 어리석음과 게으름 때문에 기회를 흘려보내는 인물이다. 그러나 살기 위해 일하는 것이 아니라 일하기 위해 사는 데 지쳐버린 사람들이 바라보는 그는 충분히 이해할 만한 인물이다. 어느 쪽이든지 간에 이 우화는 심오한 질문을 남긴다. 돈을 버는 데 쓰는 시간과 삶을 사는 데 쓰는 시간 사이에 올바른 균형이란 무엇일까? 행동하는 것과 존재하는 것, 애쓰는 것과 즐기는 것, 야망과 만족, 일과 휴식 사이에 올바른 균형이란 무엇일까? 행복해지려면 돈이 얼마나 필요할까? 안락하고 편안한 생활을 누리기 위해 지불하는 대가, 즉 인생 비용은 정말로 그만큼의 가치가 있을까? 마지막으로, 궁극적인 삶의 목표는 무엇일까?

우리는 대부분 우화 속 은행가처럼 생각한다. 자본주의적 사고방식의 '철장' 안에 갇혀 있는 우리에게는 그렇게 생각하지 않는 편이 더 어렵다. 어부처럼 전통적인 경제 활동과 생활 방식을 고수하는 사람을 마주했을 때 우리는 영감을 받으면서도 동시에 경악을 금치 못한다. 가치 체계의 스펙트럼에서 끝과 끝에 서 있기 때문이다. 어부와 같은 사람들은 기본적인 욕구만 충족된다면 그 이상으로 이윤을 극대화하는 일에는 전혀 관심이 없다. 미래보다 현재가 중요하기 때문이다. 그 결과 돈을 더 벌기보다 일을 덜 하기를, 성취보다는 만족을 추구한다. 아직 가지지 못한 것을 끊임없이 꿈꾸기보다 이미 가진 것에 감사한다.

자본주의 패러다임을 벗어나 생각하기가 어려울 수 있지만, 자본주의의 역사가 그리 오래되지는 않았다는 사실을 기억해야 한다. 일하는 방식이 바뀌기 시작한 건 불과 19세기에 들어서 산업화가 시작되면서부터다. 그전까지는 대자연, 계절의 변화, 종교 기념일, 예측할 수 없는 날씨의 불가항력적인 영향을 받아 집단적으로 일하고 집단적으로 휴식하는 패턴이었다. 수렵 채집 사회는 농경 사회보다 더 많은 시간을 휴식했다. 현대인처럼 항상 기계에 얽매여 있거나 똑똑한 알고리즘에 알게 모르게 조종당하며 살진 않았다. 지금 당장은 현대 사회와 경제를 운영할 다른 대안을 마땅히 떠올릴 순 없지만 아마도 자본주의가 영원히 지속되지는 않을 것이다. 우리 자녀의 자녀대에 이르러서는 오늘날의 이 사회 체제를 구시대적 유물로 바라보게 되기를 바라본다.

여기서 말하고자 하는 바는 탈진의 원인이 단지 내면의 소음이나 유해한 근무 환경 때문만은 아니라는 것이다. 이는 우리 사회가 문화적으로 일과 휴식을 어떻게 생각하는지와 더 깊이 연결되어 있다. 현대 사회학의 창시자라 불리는 막스 베버Max Weber가 쓴 『프로테스탄트 윤리와 자본주의 정신』(1904~1905)은 이러한 주제를 이야기할 때 빼놓을 수 없는 책이다.[1] 이 책에서 베버는 프로테스탄트 윤리(개신교 사상)와 그가 자본주의 '정신'이라고 부르는 것을 평행선상에 놓고 비교한다. 베버는 왜 우리가 선택한 직업에서 효율적으로 일하고 성공하는 것을 성스러운 의무로 여기게 됐는지를 묻는다. 오늘날 직업은 자신이 누구인지를 정의하는 데 있어서 인종, 계급, 성별만큼이나 중요하다. 다른 사람을 처음 만났을 때 우리는 으레 '무슨 일 하세요?'라고 묻는다. 많은 사람들이 직장에서 일을 잘해서 승진하는 것을 열망하고 목표로 삼는다. 그리고 이를 당연하다는 듯 받아들인다. 일은 이제 각자의 정체성과 너무나도 깊게 얽혀 있어서 경제적 필요나 수단을 넘어선 존재론적 의미까지 가진다. 많은 사람에게 일은 곧 신이다. 신까지는 아니더라도 최소한 길잡이 별이다. 우리는 일을 인생의 목적과 의미와 지위는 물론이고 나아가 영적 번영으로까지 연결 짓는다.

베버는 독일어로 직업을 뜻하는 단어 '베루프Beruf'와 소명을 뜻하는 단어 '베루풍Berufung'이 서로 밀접한 관계에 있다는 사실에 주목한다. 나아가 개신교 집단에서 열심히 일할 뿐만 아니라 영혼의 쾌락과 기쁨을 절제하고 소비를 자제하려는 경향을 발견한다. 다시 말해, 개신교도들은 쾌락을 좇는 데 돈을 허비하기보다 저축하고 재투자하는 데 집중하는 작은 자본가들이다. 하지만 이렇다 할 삶의 즐거움도 없이 왜 그렇게 열심히 일하는 것일까?

베버는 이 수수께끼에 대한 해답을 개신교가 금욕주의를 중요하게 생각한다는 점에서 찾는다. 종교 개혁을 이끈 마틴 루터Martin Luther와 존 칼빈John Calvin과 존 녹스John Knox 등은 하나님과 신도 사이에 존재하는 대리자의 역할을 축소하고자 했다. 그 결과 고해성사나 면죄부처럼 사제가 중간에서 대리자 역할을 해야만 가능했던 가톨릭교 관습을 폐지하는 데 성공했다. 단순히 고해성사로 죄를 용서받을 수 없게 되자, 다른 종류의 확신이 필요해졌다. 이때부터 금욕주의와 세속적인 성공이 중요해졌다. 직업적 성공이 구원받은 사람임을 겉으로 드러내는 증표라고 여기게 된 것이다. 쉽게 말해, 개신교도 사이에서는 주어진 일을 잘하는 것이 곧 스스로가 선택받은 사람임을 입증한다는 믿음이 생겨났다.

이 연쇄적인 믿음에는 여러 가지 모순이 있지만 굳이 지적하고 싶은 마음은 없다. 종교는 논리로 설명할 수 있는 영역이 아니기 때문이다. 여기서는 성실함, 효율성, 절제, 강한 책임감이 개신교에서 필수적인 도덕 규범이 되었다는 사실에만 주목하면 된다. 일분일초도 허투루 쓰지 않는 생산적인 삶이 곧 구원의 증표가 되면서 자연스레 그와 반대되는 것들, 즉 안락함, 게으름, 성적 쾌락, 낭비, 휴식 등은 죄악시하게 되었다.[2] 베버의 표현을 빌리자면 "유흥이 아니라 오직 행동만이 하나님의 영광을 드높일 수 있다고 하나님은 분명하게 천명하셨다." 베버는 『프로테스탄트 윤리와 자본주의 정신』에서 이를 보다 구체적으로 설명한다.

> 시간 낭비는 온갖 죄들 중 첫 번째 죄이고 가장 중대한 죄다. 각자에게 주어진 일생은 소명을 다하기에는 너무나 짧고,

> 그렇기 때문에 더욱더 소중한 시간이다. 따라서 사람들과 어울려서 쓸데없이 잡담하거나 사치스럽게 시간을 허비하는 것, 심지어 건강을 유지하기 위해 필요한 6~8시간 이상의 수면으로 시간을 허비하는 것도 도덕적으로 비난받아 마땅한 일이었다.[3]

여기서 우리는 게으름을 부리는 비생산적인 삶이 어떻게 자본주의 시대에 들어서 주요한 죄악이 되었는지를 분명하게 발견할 수 있다. 시간과 에너지를 낭비하는 일은 돈을 낭비하는 일만큼이나 지탄받아 마땅한 행동이 되었다.

자본주의는 서양의 개신교 문화권을 중심으로 전 세계로 퍼져 나갔다. 이제는 종교를 믿지 않는 사람이 더 많지만 선조들의 도덕 규범은 여전히 우리의 삶에 커다란 영향력을 미치고 있다. 하지만 아직 희망은 있다. 현대 사회를 지배하는 신념과 가치관을 자동으로 받아들이지 않고 비판적으로 바라본다면, 우리가 원하는 규범에 따라 주체적으로 보다 자유로운 삶을 살아갈 수 있다. 그러다 보면 동남아시아의 어부처럼 나와는 아예 다른 선택을 하는 이들에게서 영감을 받게 될지도 모른다.

(D)

단테

Dante

단테가 탈진과 도대체 무슨 관련이 있는지 의아할 것이다. 단테는 『신곡』(1308~1321)의 지자로 잘 알려진 이탈리아 시인이다. 이 서사시는 작가의 상상 속에서 탄생한 장대한 복수극이다. 단테 자신의 정적이나 원수를 끔찍하게 단죄하는 과정을 상세하게 묘사하고 있기 때문이다. 『신곡』은 작가의 분신이 지옥에서 천국으로 가는 여정을 기록하고 있으며, 여정의 끝에서 너무나 사랑했지만 이른 나이에 요절한 연인 베아트리체와 마침내 재회한다. 그는 지혜로운 안내자인 로마 시인 베르길리우스를 따라 지옥과 연옥을 지나간다. 그곳에서 살아생전 저지른 악행 때문에 형벌을 받고 있는 수많은 죄인을 마주친다. 단테가 이 책에 한 꼭지를 차지하게 된 이유는 어둠에서 빛으로 나아가는 그의 여정이 정신적·신체적으로 지쳐버린 상태에서 이를 점진적으로 극복해 나가는 과정으로도 해석될 수 있기 때문이다. 『신곡』에는 탈진, 아세디아(신학적인 관점에서 멜랑콜리아에 대응하는 우울증이 점차 변모해 나태라는 죄에 이른 상태), 피로, 졸음, 무기력 등에 대한 언급이 수없이 나온다. 그중에서도 나태와 무기력은 가장 잔인한 형벌을 받는 죄목이다.

이 서사시에서 단테가 여정을 떠나는 때는 1300년 이른 봄으로 그의 나이 서른다섯이었다. 인생의 중반에 막 접어든 그는 어두컴컴한 숲속에서 홀로 길을 잃고 헤매는 자신을 발견한다. 길을 잃었다는 건 비유적 표현인 동시에 문자 그대로의 뜻이기도 했다. 당시 단테는 의심에 가득 차 있었고 신앙심은 약해진 상태였다. 고향 피렌체는 정치적 혼란에 휩싸여 있었고, 그는 연인 베아트리체가 세상을 떠났는데도 제대로 추모조차 하지 못했다. 『지옥』편 서두에 등장하는 그는 영적으로 길을 잃었을 뿐만 아니라 완전히 지쳐버린 모습이다. 지옥으로 가는 동안 단테는 수차례 혼절한다. 마치 '잠에 취한 사람처럼' 정신을 잃고 쓰러진다.[1] 그는 '올바른 길을 잃어버렸을 때 나는 / 무척이나 잠에 취해 있어서, 어떻게 / 거기 들어갔는지 자세히 말할 수 없다'[2]고 말한다. 수차례 쉬어 갈 수밖에 없을 만큼 지쳐버린 자신의 육신을 한탄한다. '잠시 지친 몸을 쉰 다음 나는 / 황량한 언덕 기슭을 다시 걸었으니 / 언제나 몸 아래의 다리가 힘이 들었다.'[3] 그러나 지옥 길을 인도하는 스승 베르길리우스의 선한 영향력에 힘입어 그의 상태는 점차 호전된다. 천국에 가까워질수록 그는 기력을 점점 되찾아간다. 마지막에 이르러서는 육체적인 무기력함과 영적인 냉담함을 허물처럼 벗는다. 도대체 어떻게 해낸 것일까? 우리가 단테에게서 배울 점은 무엇일까?

우선 단테는 죄악의 끔찍한 결과를 목격한다. 그중에는 나태의 죄가 포함되어 있다. 앞에서도 언급했지만 예로부터 나태는 7대 죄악 가운데 하나였다. '칠죄종Seven Deadly Sins'에 포함되는 나태는 육체적인 게으름을 넘어서 정신적으로 불량한 태도를 말한다. 즉, 부족한 신앙과 하나님이 창조하신 아름다운 세상을 돌보는 일을 소홀히 하는 것을 뜻한다. 게으른 자는 곧 교만하고 감사할 줄 모르는 사람이다. 『신곡』의 『지옥』 편과 『연옥』 편은 고전적인 권선징악의 교훈을 담고 있다. 단테는 독자들에게 이러한 행동을 바꾸지 않으면 동일한 운명이 기다릴 것이라고 경고한다. 공포심과 두려움을 자극해 행동을 바꾸도록 위협하는 건 섬세한 전략은 아니지만 종종 효과적일 수는 있다. 단테에게는 이 전략이 확실히 유효했다.

단테가 지옥에서 만난 수많은 죄인은 '인과응보'의 법칙에 따라 형벌을 받는다. 예를 들어 아첨의 죄인들은 더러운 똥물 속에 처박혀 있다. 탐욕의 죄인들은 살아생전 물질적인 재화에 집착한 죄로 손과 발이 묶인 채 땅에 매여 있다. 분노와 침울의 죄인들은 스틱스 늪에서 흙탕물 속에 잠겨 진흙을 삼키는 벌을 받고 있다. 베르길리우스는 이들을 가리켜 다음과 같이 설명한다.

> 진창 속에서 저들은 말하네.
> '찬란한 햇살이 비추는 달콤한 대기 속에서도
> 마음속에서 부정함과 나태함의
> 아지랑이를 피워 올리며 슬퍼했는데,
> 이제는 칠흑 같은 진창 속에서 허우적대며 슬퍼하는구나.'[4]

여기서 침울이라는 죄는 까닭 없는 슬픔에 잠겨 햇살 아래서도 슬퍼하며 하나님이 베풀어주신 은총을 깨닫지 못한 것을 말한다. 즉, 감사하는 마음이 부족한 것이다. 나중에 단테는 나태의 죄인들과 마주친다. 이들은 살아생전 게으름을 부린 결과로 끊임없이 쉬지 않고 뛰어다녀야 하는 형벌을 받는다. 나태의 죄를 지은 영혼들은 살아 있을 때 만끽했던 휴식을 영원히 박탈당한 채 광기 어린 모습으로 단테와 베르길리우스 앞을 빠르게 달려 지나간다.

일평생을 나태하고 태만하고 의욕도 열정도 없이 보낸 대가는 영원히 열정적으로 바쁘게 움직여야 하는 형벌이다. 어찌나 조급한지 이들은 잠시 멈춰 서서 단테와 이야기를 나눌 겨를조차 없다.

주목할 점은 단테의 주요 죄목 역시 나태함이라는 사실이다. 베르길리우스는 반복해서 단테의 무기력함을 꾸짖는다. 베르길리우스는 인생을 휴식으로 흘려보낸 사람은 아무런 명예도 이룰 수 없다며 단테에게 게으름을 탈피하라고 엄중히 경고한다. 게으른 자는 인생을 통째로 낭비하여 이 땅에 아무런 흔적을 남기지 못한다. 어떠한 자랑거리나 유산도 남기지 못한 채 물거품처럼 흩어지고 만다. '그러니 일어나라'고 베르길리우스는 단테에게 말한다. '무거운 육신과 함께 주저앉지 않으려면, 모든 싸움을 / 이기는 정신으로 그 숨 가쁨을 이겨내라.'[5] 이 대목뿐만 아니라 『신곡』 전반에 걸쳐 지치고 무기력한 태도는 엄중한 죄악으로 묘사된다. 베르길리우스는 올바른 자세와 의지로 육신의 한계와 연약함을 극복할 수 있다고 선언한다. 베르길리우스는 영혼은 언제나 육신의 무기력을 이겨낼 수 있다고 믿는다.

단테와 베르길리우스는 연옥 산 입구에서 벨라콰라는 인물과 마주친다. 벨라콰는 연옥 산을 오를 수 없기에 결코 구원에 이를 수 없다. 벨라콰는 연옥 산 아래 큰 바위 뒤 그늘에 주저앉아 하릴없이 시간을 흘려보낸다. 껴안은 무릎 사이에 고개를 처박고 있는 벨라콰는 무기력하고 지쳐 있다. 그는 움직임도 느리고 말도 짧으며 눈앞의 방문객을 겨우 식별할 수 있을 정도로만 눈을 힐끗 들어 올린다. 연옥 산을 올라갈 힘이 없다며 구원을 받으려는 노력조차 하지 않는다. 그는 성공하리라는 보장이 없으므로 어떤 노력도 무의미하다고 생각한다. 그래서 시도조차 하지 않고 포기해 버린 것이다.

벨라콰는 만성적인 피로의 굴레에서 빠져나오기가 왜 그토록 어려운지를 보여준다. 탈진 상태를 극복하려면 성공의 가능성을 믿는 것이 첫걸음이다. 그러나 탈진 상태에 이르면 믿음과 희망이 가장 먼저 사라져 버리고 만다. 절망감은 대부분의 탈진 관련 상태에서 나타나는 주요 증상이다. 때때로 이 상태에서 벗어나기가 상상조차 불가능하게 느껴지곤 한다.

하지만 단테에게는 옆에서 그를 북돋아 주는 스승이

있었다. 베르길리우스가 현명하게 이끌어준 덕분에 단테는 꾸준히 천국으로 나아가며 점차 자신의 죄를 씻어낸다. 죄가 떨어져 나가면서 단테의 발걸음은 점차 가벼워지고 힘이 들어간다. 마침내 단테는 베르길리우스에게 이렇게 묻는다. '스승님, 말해 주십시오, / 어떤 무거운 것이 제게서 없어졌기에 / 걷는 데 피곤함을 느끼지 않습니까?' 그러자 베르길리우스는 단테의 죄가 씻겨 나가면서 그 발걸음이 '좋은 의지에 사로잡혀 / 피곤함을 느끼지 못할 뿐만 아니라 / 위로 올라감이 즐거워지게 되리라'라고 대답한다.[6] 죄의 무게는 단테의 영혼뿐만 아니라 육신도 무겁게 짓눌렀던 것이다.

『신곡』에서 육체적·영적인 탈진 상태를 극복하는 과정은 네 단계로 이루어진다. 첫째, 형벌에 대한 두려움. 둘째, 죄의 정화. 셋째, 믿음과 희망의 회복. 그리고 이 마지막 네 번째 단계가 중요하다. 넷째, 단테는 이 모든 일을 혼자 힘으로 이루어낸 것이 아니었다. 스승이자 영적인 안내자가 없었다면 단테는 결코 탈진 상태에서 벗어나지 못했을 것이다. 우리 중 대다수는 탈진 상태를 영혼의 죄악으로 생각하지도 않거니와, 내세에서 잔혹한 처벌이 기다리고 있다는 위협에 꿈쩍도 하지 않을 것이다. 그렇지만 여전히 『신곡』에서 몇 가지 실용적인 교훈을 얻을 수 있다.

우선 첫 번째로 일과 삶의 균형을 바로잡지 않으면 어떤 일이 벌어지는지 깊이 생각해볼 수 있다. 탈진 상태는 오늘날 우리의 생활 방식이 지속 가능하지 않다는 경고음이다. 이 경고음을 무시했을 때 장기적으로 어떤 대가를 치르게 될까? 무엇을 잃게 될까? 단기적인 이익에 비추어 그만한 상실을 감수할 가치가 있을까? 계속해서 지금처럼 살아간다면 가령 5년 뒤에는 어떤 모습일까? 단테처럼 어두컴컴한 숲속에서 홀로 길을 잃고 헤매게 되진 않을까?

두 번째로 우리를 짓누르는 크고 작은 수많은 '죄악', 즉 탈진 상태에 이르게 한 건강하지 않은 습관과 해로운 관습은 무엇일까? 어떻게 이 모든 것을 정화해 발걸음을 가볍게 만들 수 있을까? 또한 우리가 이고 다니는 죄책감과 수치심은 어떻게 처리해야 할까?

세 번째로 절망감과 부정적인 사고방식을 부추겨 긍정적인 방향으로 나아가지 못하도록 우리를 가로막는 삶의 영역은 무엇일까? 벨라콰처럼 그늘 속에 웅크린 채 무릎 사이에 고개를 처박고 어차피 실패할 텐데 시도해봤자 소용없다고 생각하는 순간은 언제일까? 시도조차 하지 않으면 구원은커녕 현재 상태를 개선할 기회조차 포기하는 셈이다. 나에게는 유독 벨라콰가 안타깝고 비극적인 인물로 다가온다. 짧은 산등성이만 오르면 천국의 문턱에 닿을 수 있는데 벨라콰는 자신에게 기회조차 주지 않는다. 진정 혼자 힘으로는 무기력한 상태를 벗어날 수 없는 것인지 아니면 노력하고자 하는 마음이나 의지가 부족한 것인지 알아낼 도리는 없다. 과연 벨라콰에게는 자신의 운명을 스스로 결정할 권한이 있었을까?

마지막으로 나를 어둠 속에서 빛으로 인도해줄 수 있는 내 인생의 베르길리우스는 누구일까 한번 생각해 보라. 친구일 수도 있고, 전문 치료사나 상담가일 수도 있다. 간혹 길을 잃었을 때는 누군가에게 도움을 청하는 것도 나쁘지 않다.

(E)

에너지

Energy

탈진의 반대는 활력, 몰입, 생동감, 정력, 힘이 넘치는 상태다. 이는 공통적으로 에너지가 가득하다 못해 남아도는 상태를 가리킨다. 활력은 에너지를 충분히 혹은 그보다 더 많이 소비할 수 있는 상태를 뜻한다. 오락거리에 흥청망청 탕진해도 부족하지 않을 만큼 에너지가 넘치는 상태다. 반면 탈진 상태가 되면 결핍이 중심이 되는 사고방식에 사로잡히게 된다. 에너지를 조금이라도 아끼려고 전전긍긍하고, 어떤 활동을 하든 감당해낼 수 있을지를 먼저 걱정하게 된다. 꼭 필요하지도 않은 활동에 에너지를 낭비하게 될까 봐, 영원히 에너지가 부족한 상태로 살아가야 할까 봐 두려워하게 된다. 그렇다면 인간이 지닌 에너지란 정확히 무엇일까? 어떤 방식으로 측정할 수 있을까? 복원할 여력조차 없을 정도로 에너지가 바닥났을 때는 어떻게 보충할 수 있을까?

인간의 에너지는 매우 중요한 존재지만 서양에서는 여전히 호기심을 자아내는 모호한 개념으로 남아 있다. 주로 에너지가 바닥났을 때 발생하는 현상으로 에너지를 정의한다. 서양 의학에서는 우울증, 만성 피로, 번아웃 등 에너지가 부족하거나 고갈됐을 때 나타나는 여러 가지 증후군을 분석했다. 그러나 서양 문화권에서는 영양학에서 사용하는 단순 칼로리 계산 말고는 인간의 에너지에 관해 널리 정립된 이론이나 개념이 존재하지 않는다. 심지어 정신분석학에서 프로이트와 그 후계자들이 정립한 리비도 이론조차도 자세히 들여다보면 놀라울 정도로 모호하다.

반면 동양에서는 인간의 에너지에 관해 폭넓게 정립된 이론이 문화권마다 다양하게 존재한다. 인도 전통 문화에는 차크라와 '프라나prana'라는 개념이 있고, 중의학Traditional Chinese Medicine에는 '기氣'라는 개념이 있다. (산스크리트어로 '생명력'을 의미하는) 프라나는 『우파니샤드』와 『베나』 같은 여러 힌두교 경전에서 핵심 개념이다. 다양한 전통 요가에서도 중심 개념이다. 중남미 문화권에서도 원주민 사회를 중심으로 오라를 정화하고 에너지 장을 풀어주는 샤머니즘적 관습이 많다. 이를 위해 아마존 원주민들은 '아야와스카Ayahuasca'라는 약용 식물을 달여 마셨다고 한다.

서양의 경우 전근대에 들어서야 인간의 에너지에 관한 기록을 겨우 찾아볼 수 있다. 가령 (갈레노스라고도 알려진) 그리스 의사 갈렌Galen은 '동물적 영혼animal spirits'(그리스어로는 프네우마 프시키콘pneuma psychickon, 라틴어로는 스피리투스 아니말리스spiritus animalis)에 관한 책을 남겼다. 전근대 초기에 생기론을 주창한 사상가들은 '엘랑 비탈élan vital'이라는 개념을 이론화했다. 엘랑 비탈은 '생의 약동'을 뜻하며 무생물과 구별되는 생물이 가진 능동적이고 근원적인 힘을 의미한다. 그러나 서양 문화권에서 인간의 에너지에 관한 과학적 이론으로 인정받은 것은 프로이트의 리비도 이론이 마지막이다.

일상 대화나 의학 토론에서도 인간의 에너지를 자주 언급하지만 그 개념은 명확하지 않다. 왜 그럴까? 현대 서양 문화권에서는 왜 인간의 에너지에 대한 논의가 신비주의나 유사 과학으로 치부될까? 우리는 측정할 수 있는 것만을 실재한다고 간주하는 과학적 유물론의 시대에 살고 있다. 증거를 기반으로 한 서양 의학이 등장하면서 몸과 마음을 연결된 것으로 보는 전인의학은 인기를 잃었다. 그러나 최근 들어 서양 의학의 맹점이 점차 드러나면서 전인의학이 다시 부활하고 있다.

커피, 설탕, 알코올, 암페타민은 일시적으로 에너지 수준을 높여줄 수 있지만, 장기적으로는 아무것도 해결해

주지 않는다. 오히려 이러한 임시방편은 종종 상황을 악화시킨다. 반면에 아시아 문화권에서는 에너지 수준을 유지할 수 있는 장기적이고 지속 가능한 기법을 고안했다. 예를 들어 중의학에서는 자기 관리의 일환으로 에너지가 고갈되지 않도록 예방하는 데 초점을 맞춘다. 중의학 이론의 근간인 『황제내경』(기원전 300~100년경)은 이러한 접근법이 타당한 이유를 다음과 같이 설명한다.

> 옛날 현인들은 질병에 걸리기 전에 질병을 예방하는 것이 곧 치료라 생각했다. 마치 훌륭한 황제나 정권이 전쟁을 사전에 막기 위해 필요한 조치를 취하는 것처럼 말이다. 질병이 발병한 이후에 치료하는 것은 반란이 일어난 후에 진압하는 것과 같다. 목이 마른 뒤에야 우물을 파거나 전쟁이 시작되고 나서야 무기를 만든다면 이렇게 되묻지 않을 수가 없다. "그러기엔 너무 늦지 않았나?"[1]

고대의 에너지 개념과 자기 관리 기법에서 우리가 배울 점은 무엇일까? 침술이나 호흡 훈련, 요가 등이 얼마나 도움이 되는지 이미 경험해본 독자도 많을 것이다. 보다 지속 가능한 방식으로 에너지를 관리하는 법을 배우기에 앞서 현재 자신의 에너지 상태를 전반적으로 돌아보는 것도 좋은 출발점이다. 나의 에너지를 고갈시키는 것은 무엇이고, 회복시키는 것은 무엇인가? 어떤 행동을 하고 어떤 사람을 만나면 흡혈귀를 만난 것처럼 에너지를 빼앗기고 마는가? 빼앗긴 에너지를 충전하는 방법은 무엇인가? 나를 다시금 활기차게 만들어주는 것은 무엇인가? 이를 목록으로 만들어 정리해 보면 자신의 에너지 패턴을 이해하는 데 도움이 될 수 있다.

우리는 자신 안에 있는 에너지에 더 많은 주의를 기울여야 한다. 다시 말해, 에너지 리듬을 더 면밀히 느낄 수 있어야 한다. 에너지는 밀물과 썰물처럼 들어왔다 나가기를 반복하며, 그 흐름은 여러 내부적인 요인과 외부적인 요인이 복잡하게 상호 작용한 결과다. 생각과 감정이 에너지 수준에 얼마나 큰 영향을 미치는지를 깨달을 때마다 나는 매번 새삼스레 놀라곤 한다. 우연히 이루어진 즐거운 만남, 친구에게 받은 메시지, 집 앞을 흘러가는 강가에서 마주친 왜가리, 반가운 소식 같은 소소한 사건으로도 가라앉아 있던 기분이 반짝 개곤 한다. 반면에 하기 싫지만 해야만 하는 업무 이메일 쓰기나 별로 만나고 싶지 않은 사람과의 약속은 생각만으로도 기운이 빠지고 몹시 피곤해진다.

내 여덟 살 난 딸아이의 경우, 에너지 리듬이 극단적으로 오르락내리락한다. 일단 관심 있는 일에 몰입하면 끊임없이 말을 하며, 걷지도 않고 사방팔방 뛰어다닌다. 그러나 숙제나 방 청소처럼 하기 싫은 일을 해야 하거나 지루한 이야기를 듣거나 가기 싫은 곳에 가야 할 때면 시든 꽃처럼 시들시들해진다. 그럴 때면 고개를 들 힘조차 없어지는 모양이다. 겨울잠을 앞둔 동물처럼 하품을 하고 눈을 비비며 금방이라도 기절할 사람처럼 안색이 창백하게 변한다. 몸과 마음이 밀접하게 연결되어 있다는 사실을 믿지 않는 사람이 있다면 아이들을 관찰해 보라. 생각이 바뀔 것이다.

욕구, 관심사, 낙관적인 태도는 에너지 수준을 결정하는 중요한 요소다. 하지만 에너지가 부족한 상태가 지속된다면 질병이나 나쁜 생활 습관 또는 심리적 스트레스 요인 등 신체적 문제가 원인일 수도 있다. 사람마다 선천적으로 타고나는 에너지 수준이 다르며, 따라서 태어날 때부터 쓸 수 있는 에너지양이 많은 사람들이 있다는 연구 결과가 있다. 더 넓은 관점에서 인간의 에너지는 생명정치의 관심사이기도 하다. 지쳐서 몰입 능력이 떨어진 노동력은 잠재적으로 심각한 경제적 문제를 초래할 수 있다. 대부분의 기업은 직원들의 에너지 수준을 향상시키는 쪽이 기업 차원에서도 이익이라는 사실을 오래전에 깨닫고 다양한 방면으로 직원 복지에 기꺼이 투자하고 있다.

물리학에서 에너지란 일을 할 수 있는 능력을 뜻한다. 에너지 보존 법칙은 물리학의 기본 원리다. 즉, 에너지는 생성되거나 소멸되지 않고 단지 형태를 바꿔 변환된다는 것이다. 비극적인 사실은 인간에게는 이 원리가 적용되지 않는다는 점이다. 오히려 정반대다. 우리의 신체 에너지는 20대 중반부터 지속적으로 감소하며 점점 약해지다가 결국에는 흔적도 없이 사라진다.

과학에서는 에너지를 깔끔한 공식으로 표현할 수 있다. 정량화해서 측정할 수 있으며 그 움직임을 법칙으로 설명할 수 있다. 하지만 인간의 에너지는 그럴 수 없다. 단지 에너지가 있을 때 혹은 없을 때 우리에게 어떤 영향을 미치는지만 가늠할 수 있을 뿐이다. 인간의 에너지를 다른 관점에서 탐구하려면 선조들의 지혜를 참조하거나 비유적으로 접근하는 수밖에 없다. 에너지가 넘쳐서 몸과 마음이 날아갈 듯 가볍고 온몸에서 기운이 샘솟는 날이 있는가 하면, 몸과 마음이 무겁고 공허하여 다 타고 남은 재가 된 양 온몸에서 기운이 빠져나가 껍데기만 남은 듯한 날도 있다.

하지만 에너지를 이야기할 때 비유적으로 표현해야만 한다는 사실이 반드시 나쁜 것만은 아니다. 저마다 자신만의 방식으로 에너지를 표현할 수도 있다는 뜻이기 때문이다. 당신의 에너지는 어떤 모습이며 어떤 느낌인가? 당신의 에너지에는 형태나 이름이나 색깔이 있는가? 공기나 빛이나 입자의 소용돌이처럼 느껴질 수도 있고, 흐름이나 진동이나 거품처럼 느껴질 수도 있고, 끌어당기거나 멈춰 있는 상태처럼 느껴질 수도 있다. 신체의 어느 부위에서 에너지가 느껴지는가? 의지, 육신, 정신, 영혼 중에 에너지는 어느 영역에 속한다고 생각하는가? 현재 또는 미래에 어떻게 자신의 에너지를 관리할 계획인가?

(F)

실패

Failure

"또 실패했는가? 괜찮다. 다시 도전하라. 그리고 더 나은 실패를 경험하라."[1] 『고도를 기다리며』를 쓴 아일랜드의 극작가 사무엘 베케트Samuel Beckett가 남긴 이 명언은 비즈니스 관리와 자기 계발 분야에서 널리 인용하는 문구가 되었다. 그러나 대다수의 사람들은 실패하는 법을 잘 모른다. 그만큼 어려운 일도 없기 때문이다. 그러니 실패를 잘하는 법은 더더욱 알기 어렵다. 실패는 우리가 가장 두려워하는 상황 중 하나다. 최선을 다했는데 성공하지 못했을 때 커다란 수치심과 괴로움이 밀려오기도 한다. 게다가 실패로 의욕과 희망을 상실했을 때 존재 자체가 소진된 듯한 경험을 하게 되기도 한다. 때때로 우리는 자신의 가치를 일이나 놀이나 사랑의 영역에서 거두는 성공으로 결정짓는다. 시간과 노력을 들인 활동에서 바라던 성과를 얻지 못하면 두 가지 종류의 타격을 입는다. 먼저 외부 세계에서 지위와 존엄성을 상실한다. 그리고 내부 세계에서 자아상에 손상을 입는다. 실패는 우리의 자부심과 성취감을 동시에 위협한다.

따라서 커리어에서든지 인간관계에서든지 실패는 존재론적으로 중대한 문제로 여겨진다. 특히 경쟁이 치열한 개인주의 사회에서 실패는 곧 사회적 낙인이나 다름없다. 도널드 트럼프는 다른 사람을 패배자라고 부르는 데 거침이 없다. 트럼프가 쓴 책을 보면 패배자야말로 가장 최악의 인간상이다. 트럼프는 타인에게 무관심한 사람, 거짓말쟁이, 비도덕적인 사람, 심지어 범죄자보다도 패배자가 더 최악이라고 말한다. 트럼프의 정의에 따르면 패배자는 돈이나 권력을 잃은 사람 혹은 돈이나 권력을 극대화할 기회를 탕진하는 사람이다. 가장 강하고 똑똑한 사람, 더 정확하게는 가장 무자비한 사람만이 성공하는 현대 사회에서 살아남을 능력이 없는 나약한 인간이다. 문제는 이렇게 생각하는 사람이 비단 트럼프뿐만이 아니라는 사실이다. 우리는 '패배자'를 악인으로 간주하는 문화에서 살고 있다. 이러한 문화적 태도의 이면에는 부와 권력은 언제든지 사라질 수 있고, 그로 인해 무력하고 의존적인 처지로 전락할지도 모른다는 시대를 초월한 뿌리 깊은 불안감이 자리 잡고 있다.

그렇다면 베케트가 남긴 명언을 실천할 방법은 없을까? 어떻게 하면 잘 실패할 수 있을까? 잘 실패하려면 수용과 학습이라는 두 가지 조건이 충족되어야만 한다. 먼저 수용하는 법부터 살펴보자. 통계적으로 우리는 인생을 살아가면서 어떤 방면으로든 실패할 가능성이 매우 높다. 서양에서는 결혼한 부부 가운데 50퍼센트 이상이 이혼한다. 장기적인 관계를 맺고 유지하는 것이 그 어느 때보다도 어려운 일이 되었다. 전 세계적으로 스타트업의 약 90퍼센트가 실패한다. 영국에서는 신생기업 5곳 가운데 1곳이 창업 첫해에 문을 닫는 것으로 조사되었다. 현대 사회에서 구성원 간의 상호 작용은 제로섬 게임의 특성을 보인다. 한 구성원의 이익은 다른 구성원의 손해로 이어지기 때문에 승자와 패자가 명확히 구분된다. 이러한 사회 구조인데도 모두가 생존자 편향에 사로잡혀 있다. 다시 말해, 우리는 치열한 경쟁을 뚫고 살아남은 성공한 소수의 사람이나 제품이나 기업에만 주목한다.

일반적으로 용기 있는 사람일수록, 그래서 도전을 두려워하지 않는 사람일수록 실패할 가능성은 더 높아진다. 실패는 위험을 감수할 때 자연스레 따라오는 결과이며, 인간이라면 누구나 크든 작든 위험을 감수하며 살아갈 수밖에 없다. 데이트 신청을 할 때는 거절당할 위험을 감수해야 한다. 친구든 연인이든 인간관계를 맺을 때는 마음을 다칠 수도 있다는 위험을 감수해야 한다. 자신의 마음이나 생각을 솔직하게 드러낼 때는 내 말에 누군가는 기분이 나쁠 수도 있다는 위험을 감수해야 한다. 창업을 하거나 신제품을 개발하거나 경력에 변화를 꾀할 때는 시간과 돈을 잃을 수도 있다는 위험을 감수해야 한다. 운동 경기나 게임 같은 경쟁적인 활동에 참가할 때는 자신보다 재능이나 경험이 뛰어난 사람에게 질 수도 있다는 위험을 감수해야 한다. 소설이나 음악이나 미술 같은 창작 활동에 마음과 영혼을 쏟아부을 때는 이 작품이 다른 사람들에게는 인정받지 못할 수도 있다는 위험을 감수해야 한다. 이건 우리가 선택할 수 있는 문제가 아니다. 이러한 종류의 위험을 회피하는 일은 삶을 회피하는 일이나 다름없기 때문이다.

실패를 대하는 현명한 태도는 실패가 단순히 우리 인생의 영원한 동반자라는 사실뿐만 아니라 실패가 열정의 또 다른 이면이라는 사실 또한 받아들이는 것이다. 가치 있는 일을 하고 가치 있는 물건을 소유하고 가치 있는 사람이 되려면 위험이 따를 수밖에 없다. 결과에 신경이 쓰일수록 위험도 커지기 마련이다. 매 순간 위험을 감수하기란 불가능하고 그래서도 안 되지만 인생에서 모든 위험을 제거하려고 해서도 안 된다. 그건 곧 자신에게 중요한 일, 행복을 가져다줄 수 있는 모든 가능성을 제거해 버리는 것이나 다름없기 때문이다. 위험을 회피하다 보면 가장 기본적인 욕구를 충족할 기회를 스스로 걷어차 버리는 결과를 낳을 수도 있다. 가령 서로에게 도움이 될 인간관계를 키워나갈 기회라든지, 새로운 지식과 경험을 쌓을 기회, 지위나 명예를 얻거나 이타주의를 실천할 기회 등을 놓치게 될 수도 있다.

미국 26대 대통령이었던 시어도어 루스벨트는 "실패하는 것은 힘든 일이지만, 그렇다고 시도조차 하지 않는 것은 더 나쁜 일이다"라고 말했다. 실패의 두려움 때문에 시도조차 하지 않는 것이야말로 최악의 실패다. 스스로에게 가할 수 있는 가장 심각한 존재론적 범죄로서 자기 자신을 가해자이면서 동시에 피해자로 만드는 행위다. 실패를 더 너그럽고 열린 마음으로 받아들일 수 있다면, 그래서 자기 자신에게 엄격한 잣대를 들이미는 일을 그만둘 수 있다면, 감수해야 할 위험 부담은 훨씬 줄어들고 인간으로서 가진 근본적 가치를 실패와 분리할 수 있을 것이다.

일의 성공과 실패를 우리가 결정할 수는 없지만 어떤 결과가 나오든지 자기 자신을 바라보는 관점은 스스로 결정할 수 있다. 정말로 실패해도 괜찮다고 자신을 다독일 수 있다면 인생에서 도전하지 못할 일이 무엇이겠는가? 미국 배우이자 작가인 마야 안젤루Maya Angelou는 이렇게 말했다. "인생에서 수많은 패배를 직면하겠지만 결코 진실로 패배해서는 안 된다. 어쩌면 패배를 직면하는 순간이 꼭 필요할지도 모른다. 그래야 내가 어떤 사람인지 알 수 있기 때문이다. 그래야 그런 일이 일어나도 나는 다시 일어설 수 있는 사람임을 알 수 있기 때문이다. 온 세상이 지켜보는 앞에서 완전히 쓰러졌지만 나는 다시 일어섰다. 쓰러진 그 자리에서 나는 온전히 다시 일어섰다."[2] 다시 말해, 실패를 거듭할수록 우리는 더욱 강해지고 더 빨리 다시 일어서는 방법을 배우게 된다.

실패의 의미를 곰곰이 생각해 보는 일도 가치가 있다. 물론 일차적으로 실패는 성공의 반대말로 원하는 것을 얻지 못하거나 목표한 바를 이루지 못했음을 뜻한다. 그러나 똑같이 실패하더라도 완전히 다른 관점에서 실패를 바라볼 수 있다. 먼저 실패는 일시적일 수 있다. 예를 들어

전투에서 한 번 패배할 수 있지만 전쟁에서 승리할 가능성은 여전히 남아 있다. 윈스턴 처칠은 이렇게 말했다. "성공했다고 해서 끝나는 것이 아니며 실패했다고 해서 끝나는 것이 아니다. 중요한 것은 계속해서 앞으로 나아가는 용기다." 전쟁터뿐만 아니라 일상에서도 마찬가지다. 실패는 궁극적인 승리를 향해 나아가는 기나긴 여정에서 겪는 일시적인 장애물에 불과할 수 있다. 수많은 옛날이야기 속 주인공이 삼세번은 시도하고 나서야 성공하는 클리셰는 결코 우연이 아니다.

그러나 무엇보다 중요한 사실은 실패가 훌륭한 스승이라는 점이다. 실패를 통해 우리는 배우고 성장한다. 아무리 수치스럽고 고통스러운 경험일지라도 말이다. 전구를 발명한 토머스 에디슨이 남긴 유명한 말이 있다. "나는 실패한 적이 없다. 그저 작동하지 않는 1만 가지 방법을 찾아냈을 뿐이다." 발명가와 과학자는 특히나 실패에서 무언가를 배우는 데 능숙한 사람들이다. 끈기 있게 시도하고 체계적으로 평가하여 결국에는 유효한 방법을 찾아낸다. 우리들 대부분은 이러한 범주에 속하지 않을 것이다. 눈앞에 있는 문제를 실험적인 관점으로 바라보기란 결코 쉽지 않기 때문이다. 그러나 실패가 분석적 연구의 대상이 되는 업계에서 우리가 배워야 할 중요한 교훈이 있다.

영국 언론인 매슈 사이드Matthew Syed는 실패에서 배우는 방법으로만 책 한 권을 썼다. 『블랙박스 시크릿: 치명적 실수를 위대한 성공으로 바꾸는Black Box Thinking: Marginal Gains and the Secrets of High Performance』(2015)에서 사이드는 실패를 바라보는 집단적 태도를 바꾸어야 한다고 설득력 있게 주장한다. 대부분의 사람들은 실패하면 부끄러워하거나 남 탓을 하거나 실수를 숨기려 한다. 사이드는 실패를 대하는 이러한 태도가 어떻게 발전이 일어나는지를 잘 모르기 때문이라고 주장한다. 실패에 대한 진지한 대면 없이는 과학도 없고 발전도 없고 성장도 없다. 나아가 사이드는 '블랙박스 사고방식'을 가져야 한다고 주장한다. 블랙박스 사고방식이란 실패에 사회적 낙인을 찍는 대신 그 이점을 활용하려는 마음가짐을 뜻한다. 사이드는 항공 업계에서 모범적인 사례를 찾아냈다. 항공 업계에서는 비행기 추락 사고가 발생하면 블랙박스에 담긴 비행 정보를 회수하고 분석하는 데 엄청난 노력을 기울인다. 그래서 무엇이 잘못되었는지를 파악한 뒤 생산 과정에 반영한다.

통계적으로 비행기가 가장 안전한 여행 수단이 된 것도 이러한 까닭이다.

사이드는 의료 업계를 지배하는 사고방식은 항공 업계와는 정반대라고 주장한다. 실수에서 배울 수 있는 효과적인 시스템이 존재하지 않는다는 뜻이다. 예방 가능한 의료 과실로 인한 사망률이 엄청나게 높다는 사실을 감안하면 여간 충격적이지 않다. 매년 피할 수 있었던 의료 과실로 사망하는 미국인 수는 10만 명에 달한다. '24시간마다 대형 여객기 두 대가 추락하는 것에 해당하는' 사망자 숫자다. 미국에서는 심장병과 암에 이어 예방 가능한 의료 과실이 세 번째로 많은 사망 원인이다. 영국에서는 환자 10명 중 1명이 '의료 과실로 사망하거나 부상을 입는다.'[3] 프랑스에서는 심지어 그 수가 더 높아 의료 과실로 피해를 입은 환자가 전체 중 약 14퍼센트를 차지한다. 의료 업계와 항공 업계 사이에 존재하는 핵심적인 차이점은 바로 실패를 대하는 태도다. 실패를 공개적으로 분석하고 검토하며, 비난하거나 부정하지 않고 피드백을 적용하는 조직 문화에서는 자연스레 성장과 개선이 뒤따른다. 반면에, 투명한 공개를 꺼리고 은폐하기 급급한 조직 문화에서는 비난과 수치심만이 만연하게 된다.

그러나 우리가 실패에서 배우기를 꺼리는 이유가 단지 조직 문화 때문만은 아니다. 심리적인 이유도 큰 역할을 한다. 그중에서도 가장 큰 원인은 미국 사회심리학자 레온 페스팅거Leon Festinger가 주창한 '인지부조화cognitive dissonance'로, 필요하다면 아무리 큰 대가를 치르더라도 회피하려는 성향을 뜻한다. 페스팅거는 가치관과 신념과 행동과 외부 정보 사이에 모순 없이 조화를 이루려는 인간의 욕구가 매우 강하다고 주장한다. 만약 개인적인 신념과 외부적인 증거 사이에 모순을 인식하게 되면 우리는 이 부조화를 없애고자 노력한다. 하지만 대다수가 깊이 뿌리 내린 믿음을 바꾸기보다는 이미 정립된 세계관에 부합하지 않는 증거를 무시하거나 재해석하는 경향이 있다. 그게 가장 저항이 적은 길이기 때문이다. 인지부조화는 우리의 내적 균형과 자존감을 위협하기 때문에 우리는 신념을 방해하는 현실을 걸러 내거나 왜곡하는 길을 택하기도 한다. 이 과정에서 자신의 잘못을 무시하거나 합리화하기도 한다. 자신이 저지른 실수를 의식적으로 차단하려면 상당한 정신적 에너지가 소모된다. 자기 합리화를 하거나, 변명을 지어내거나, 남 탓을 해야 하기 때문이다.

실패에 보다 건강하게 대처하는 방법을 배우고자 할 때 문화적 장벽이나 심리적 장벽이 방해가 될 수 있다. 그러나 꾸준히 노력하다 보면 실패를 바라보는 관점이 바뀌기 시작할 것이다. 실패는 용기 있는 삶을 살기 위해서 반드시 필요한 경험이라고 말이다. 인생에서 어쩌다 추락 사고가 일어날 경우 우리 인생의 블랙박스를 들여다보고 그 안에 담긴 새로운 정보를 마주할 마음이 생겨날 것이다. 에스파냐 시인 안토니오 마차도Antonio Machado는 과거의 실패에서 지혜를 수확하라고 격려한다.

지난밤 잠을 자며 꿈을 꾸었네.
어찌나 황홀한 꿈이었나!
여기 내 마음 깊은 곳에
벌집이 있었네.
꿀벌들이 내 오랜 실패에서
흰 벌집과 달콤한 꿀을 만들고 있었네….[4]

(G)

유령

Ghosts

살다 보면 모든 활력을 잃고 심지어 살고 싶은 의지마저 상실할 만큼 어려운 상황에 부닥치기도 한다. 그렇게 불운이 덮쳐올 때면 우리는 산 것도 아니요, 죽은 것도 아닌 유령 같은 존재가 되고 만다. 몸은 기능하지만 영혼은 떠나버린 것 같은 상태다. 빈껍데기처럼 아무런 기쁨도 느낄 수 없다. 사실상 기쁨뿐만 아니라 아무런 감정도 느끼지 못할 때가 많다. 일부러 감정을 마비시켜 고통의 실제 크기를 가늠조차 하지 못한다. 우리가 느끼는 감정 이면에 있는 현실이 너무나 괴로워서 차라리 아무런 감정을 느끼지 않는 편이 더 안전하기 때문이다. 이처럼 감정을 마비시킨 채 불편하게 살아가고 있는 사람이 얼마나 많을까? 얼마나 많은 사람이 스스로 영혼을 파괴하며 내면이 꽁꽁 얼어붙은 채 진정한 자아를 잃고 허깨비처럼 살아가고 있을까?

그중에서도 가장 유명한 유령 같은 노동자는 허먼 멜빌Herman Melville의 소설 『필경사 바틀비Bartleby, the Scrivener: A Story of Wall Street』(1853)에 등장한다.[1] 소설은 화자가 변호사 사무소에서 바틀비라는 남자를 새 필경사로 고용했다고 알리며 시작된다. 화자는 소심한 변호사로 수년간 게으르고 일 못하며 상호 보완적인 장점이 아니라 약점을 가진 필경사 두 명을 참고 또 참다가 결국 추가로 필경사를 고용하는 지경에 이른다. 변호사 사무실은 '풍경화가들이 '생명'이라고 부르는 것이 결여된' 공간이다. 창문 밖으로 보이는 풍경이라곤 건물과 건물 사이로 난 좁은 길과 벽돌 벽과 막다른 골목뿐이다.[2] 이 무덤 같은 환경 속으로 '창백하리만치 말쑥하고, 가련하리만치 점잖고, 구제할 수 없으리만치 쓸쓸한 모습'[3]의 바틀비가 걸어 들어온다. 바틀비는 아무런 풍경도 보이지 않고 빛도 거의 들지 않는 창문 앞자리를 배정받는다.

바틀비는 초반에는 성실하게 자신의 업무를 수행하지만 그 외에 다른 업무는 일체 거부한다. 화자가 다른 업무를 도와달라고 부탁할 때마다 바틀비는 정중하게 대답한다. "하지 않는 편을 택하겠습니다." 이 말은 바틀비를 상징하는 문구가 된다. 실제로 소설 속에서 바틀비가 하는 말은 이것밖에 없다. 바틀비는 점차 더 많은 업무를 거부하기 시작하고, 끝내 화자에게 필경사 업무마저 하지 않겠다고 선언한다. 모든 업무를 거부한 바틀비는 초점 없는 눈으로 창문 너머 '죽은 벽돌 벽'이 내려다보이는 그의

자리에 앉아 '죽은 벽 사색'에 잠긴 채 하릴없이 시간을 보낸다.[4]

화자는 바틀비를 해고하기로 결정한다. 하지만 사무실에서 먹고 자며 아예 그곳에서 살기 시작한 바틀비는 떠나기를 거부한다. 유령 같은 바틀비의 존재는 화자를 점점 더 불안하게 만든다. 결국 소심한 화자는 그냥 사무실을 옮기기로 결정한다. 변호사 사무소가 이전한 뒤에도 바틀비는 여전히 그곳에 남아 꿈쩍도 하지 않는다. 새로운 세입자가 강제로 끌어낸 뒤에도 마치 정의가 회복되고 영혼의 상처가 치유될 날을 꿈꾸며 살해당한 장소를 떠나지 못하는 유령처럼 건물 복도와 계단을 배회한다. 결국 바틀비는 그의 '무덤'이 될 구치소로 연행되고, 그곳에서 일체의 음식을 거부한 채 차츰 쇠약해져 간다. 화자는 자신의 양심을 달래고자 면회를 가고, 간수에게 돈을 쥐여주며 온순한 바틀비에게 사식도 넣어준다. 그러나 두 번째로 면회를 갔을 때 감옥 벽에 등을 대고 태아처럼 몸을 구부린 채 숨을 거둔 바틀비를 발견한다. 바틀비는 '무릎을 껴안고 벽 아래 웅크린 채 모로 누워 차가운 돌바닥에 머리를 대고' 마침내 사라지는 데 성공한다.[5]

소설 속 화자는 바틀비를 '움직임이 없다', '온화하다', '시체 같다' 같은 단어로 묘사하며, 유령 같은 창백함을 반복해서 강조한다.[6] 바틀비는 어떠한 욕구도 없는 산송장이나 다름없는 상태로 "하지 않는 편을 택하겠습니다"라는 말만 되풀이한다. 대답할 때를 제외하고는 결코 먼저 말하는 법이 없다. 오늘날로 치면 바틀비는 아마도 번아웃이나, 삶의 경험에서 그 어떤 즐거움도 느끼지 못하는 무쾌감증을 앓고 있다고 묘사될 것이다. 세상과 단절되고 소외된 채 바틀비는 아무것에도 관여하고 싶어 하지 않으며 누구의 도움도 받아들이려 하지 않는다. 화자인 변호사가 다른 일을 제안하자 바틀비는 자신이 까다롭지 않다고 주장하면서도 모조리 거절한다. 입에 맞는 음식만 있으면 기꺼이 먹겠다고 주장하면서도 끝끝내 굶어 죽고 마는 카프카의 단편 소설 「굶주린 예술가A Hunger Artist」(1924)의 주인공과도 닮았다.

바틀비도 처음에는 맡은 업무를 제대로 수행하는 예의 바르고 생산적인 근로자였다. 그러나 얼마 지나지 않아 따분하고 억압적인 근무 환경이 그에게서 생기를 모조리 앗아가 버린다. 반복적이고 기계적인 필사 업무, 제대로 된 창문이 없는 사무실, 끔찍한 동료들, 위선적인 상사는 바틀비의 급격한 쇠락을 가속화한다. 마르크스주의 비평가들은 단조롭고 창의성을 말살하며 영혼을 파괴하는 노동이 바틀비를 죽음에 이르게 만들었다고 주장한다. 바틀비의 건강을 악화시킨 법률 사무소가 자본주의의 중심을 상징하는 월가에 있다는 사실 또한 중요하다. 그러나 일부에서는 바틀비가 마땅히 해야 할 업무를 대담하게 거부하는 태도를 두고 생산성을 강요하는 명령, 즉 언제나 근면 성실해야 한다는 지시에 대한 영웅적 저항 행위로 보는 시각도 있다. 탈진 상태에 이른 바틀비가 결국 죽음에 이르는 결말을 영적인 관점으로 해석해서, 오늘날 공허한 물질주의가 초래한 결과로 보는 시각도 여전히 존재한다.

이 소설은 해로운 근무 환경이 인간의 몸과 마음과 영혼을 어떤 위험에 빠뜨릴 수 있는지를 보여주는 사례이기도 하다. 번아웃이 심각해지면 바틀비처럼 직장에서 업무 수행이 완전히 불가능해진다. 아니 어쩌면 바틀비는 그저 일하고 싶지 않았는지도 모른다. 이 부분은 해석하기 나름이다. 어찌 됐건 바틀비는 문자적으로나 비유적으로나 영양을 공급받기를 거부한 채 점차 신체 기능을 상실하고 세상과 단절되어 간다. 더 이상 일하지 않으면서도 사무실을 떠나지는 못한다. 하염없이 벽돌 벽과 막다른 길만 쳐다보며 시간을 보낸다. 여기서 벽돌 벽과 막다른 길은 절망적인 그의 상태를 나타내는 상징이다. 바틀비는 말 그대로 막다른 골목에 다다랐다. 외부의 도움 없이는 진전이나 치유의 가능성이 없는 지점에 도달한 것이다. 그를 고용한 상사에게 바틀비는 심각한 인사 문제다. 현대적으로 보면 피고용인의 직업 건강 및 존엄성에 관한 정책을 위반하고 피고용인을 보호할 의무를 다하지 못한 것이기 때문이다. 그런 의미에서 바틀비는 피해자이자 명령 불복종자이자 비난의 대상이면서 경쟁적 자본주의 사회의 부품으로서 연민과 공포를 동시에 자아내는 존재다.

그렇다면 바틀비에게서 얻을 수 있는 교훈은 무엇일까? 바틀비처럼 유령 노동자로 전락하지 않으려면 어떻게 해야 할까? 물론 바틀비의 이야기는 경고일 뿐이다. 절망에 빠져 죽음으로 나아간 이 필경사의 뒤를 쫓아서는 안 된다. 그리고 가능하다면 소설 속 월가의 변호사 사무실 같은 근무 환경은 멀리해야 한다. 인생에서 마주하는 시련이나 절망을 멍하니 바라만 보며 생의 의지를 놓아버리는 것은 결코 올바른 길이 아니다. 다만 바틀비가 입버릇처럼 되뇌던 "하지 않는 편을 택하겠습니다"라는 말에는 부드러우면서도 어마어마한 힘이 들어 있다. 바로 여기서부터 출발해 보자. 더 이상 하지 않는 편을 택하고 싶은 일은 무엇인가?

최근 자기 계발 분야에서는 하고 싶지 않은 일을 시키는 사람에게 "씨*, 너나 하세요"라고 말하라는 조언이 대세다. 솔직한 말로 이 유치하기 짝이 없고 반사회적인 태도가 영적인 행위랍시고 시장에서 팔리고 있다. 일례로 『씨*, 너나 하세요: 최고의 영적 방법 F**k it: The Ultimate Spiritual Way』(2007)이라는 책에서 저자 존 파킨 John C. Parkin은 이렇게 주장한다. "'씨*, 너나 하세요'라고 말하는 것은 (사실상 최고의) 영적 행위다. 포기하고, 내려놓고, 저항을 멈추고 (혹은 신이라고도 부르는) 자연스러운 인생의 흐름에 순응하는 행위이기 때문이다."[7] 파킨은 '청소하기 싫으면 '씨*, 너나 하세요'라고 말하고 전문 청소 업체를 고용하라', '하기 싫은 일은 하지 마라', '초콜릿을 먹고 싶으면 질릴 때까지 먹어라', '병가를 쓰고 싶으면 쓰고 싶은 만큼 쓰라'고 조언한다.[8] 자신의 행동이 타인에게 미칠 영향력과 각자가 처한 경제적 현실을 무시한 아주 유치하고 오만하기 이를 데 없는 처사다. 대부분의 사람들은 아무리 힘들어도 일을 그만둘 경제적인 여유가 없다. 지불해야 할 청구서가 있고 먹여 살려야 할 아이들이 있기 때문이다. 당연히 전문 청소 업체를 고용할 여유가 없는 가정이 대다수다. 설사 경제적으로 여유가 있다 하더라도 집 청소를 거부한다는 것은 다른 사람에게 그 일을 떠넘기는 것을 뜻한다. 당장 편하고 즐거운 일만 좇아 마땅히 해야 할 일을 회피하는 태도는 우리의 건강과 인간관계에 엄청난 악영향을 끼칠 것이다.

바틀비의 "하지 않는 편을 택하겠습니다"는 우리에게 부과된 수많은 의무에 단순히 "씨*, 너나 하세요"라고 말하는 것보다 훨씬 윤리적이다. 다른 사람의 욕구를 침해하지 않으면서 자기 자신의 욕구는 명확히 전달할 수 있는 더 부드럽고 덜 공격적인 표현 방식이기 때문이다. 이 말 뒤에 숨겨진 바틀비의 진심은 다음과 같다. '이 일을 더 이상 하고 싶지 않습니다. 정말이지 더 이상은 할 수가 없습니다. 내 영혼을 상처 입히고 마음을 망가뜨리니까요.' 바틀비는 '이 일은 저를 아프게 만드니 시키지 말아주세요'라고 말하고 있는 것이다. 바틀비는 '다른 방법은 없을까요? 다른 타협안은요?'라고 물어볼 생각까지는 하지 못한다. 하지만 우리는 물어볼 수 있어야 한다.

우리의 삶에서 근본적인 가치관과 충돌하거나 기본적인 욕구와 대립하거나 자신을 우울하거나 불안하게 만드는 것은 무엇인가? 무엇이 혹은 누가 우리를 사는 것도 아니요, 죽은 것도 아닌 유령 같은 상태로 밀어 넣는가? 번아웃은 바로 그러한 경계의 상태다. 번아웃은 건강과 질병의 경계이자 삶과 죽음의 경계이자 일할 수도 없고 쉴 수도 없는 상태다. 바틀비처럼 그 어느 곳으로도 떠나지 못하고 그 어떤 기쁨도 느끼지 못하는 상태다. 우리는 때때로 자신에게 즐거움을 주고 기운을 불어넣어주는 일이 무엇이었는지 완전히 잊어버리곤 한다. 급기야 바틀비처럼 더 이상 하고 싶지 않은 일밖에 떠오르지 않는 상태가 되고 만다.

상담 치료에서는 이처럼 부정적이고 회피 지향적인 목표를 '죽은 사람의 목표'라고 부른다. 죽은 사람은 더 이상 일을 하거나 담배를 피우거나 술을 마시거나 과식을 할 수도 없고 운동 부족이나 그밖에 다른 걱정을 할 필요도 없고, 더 이상 피로를 느낄 일도 없다는 사실을 감안하면 이보다 더 적절한 표현은 없다. 그러므로 바틀비의 '하지 않는 편을 택하겠습니다' 대신에 스스로에게 이렇게 질문해 보자. '그렇다면 대신에 무엇을 하고 싶은가?' 몸과 마음이 온전히 회복되었을 때 하고 싶은 일에 대한 긍정적인 목표가 없다면 번아웃은 결코 치유될 수 없다. 바틀비가 생을 마감할 수밖에 없었던 이유는 바로 긍정적인 목표는커녕 단 하나의 소망조차 없었기 때문이다. 바틀비를 반면교사 삼아 긍정적인 미래를 그려보고 이를 현실로 만들고자 노력할 때 우리는 그의 이야기에서 진정한 교훈을 얻을 수 있다.

(H)

삶의 무게

Heaviness

나는 언제나 인간의 내면을 표현하는 은유에 매력을 느껴왔다. 은유적 표현은 아름다우면서도 동시에 의미심장하다. 그중에서도 마음을 표현하는 은유는 우리에게 매우 중요하다. 은유는 감정, 경험, 감각을 다른 대상에 빗대어 포착하려는 시도다. 일상적인 언어로는 내면에서 일어나는 일을 정확하게 표현해내기 어려울 때가 많다. 은유는 자신의 생각과 감정을 다른 사람과 공유할 수 있게 도와준다. 언어로 표현된 심상은 마음속에서 일어나는 일을 인식하고 이해하는 데 도움을 준다. 마음을 묘사하는 은유는 변화무쌍한 인간 내면의 빛과 어둠을 환히 밝혀준다.

문화권마다 내면을 표현할 때 흔히 사용하는 은유가 개개인의 인식에 영향을 미치기도 한다. 예를 들어 마음을 컴퓨터에 비유하는 경우를 생각해 보자. 이 비유는 내면에도 변경 불가능한 설정값이 있고, 프로그래밍할 수 있으며, 오류나 과부하가 발생할 수 있고, 전원을 켜고 끌 수 있으며, 심리적 악성웨어가 존재할 수 있다고 생각하게끔 만든다. 하지만 이러한 비유는 전혀 도움이 되지 않는다. 인간은 컴퓨터와 전혀 닮지 않았기 때문이다. 컴퓨터처럼 되고 싶어 해서도 안 된다. 인간은 사회적이고 창조적인 존재다. 이 세상의 구성원으로서 사회와 문화의 영향을 받으며 주변 환경과 끊임없이 상호 작용하며 살아가는 존재다. 우리는 자동화된 기계가 아니다. 피로와 피곤을 느낄 수 있으며 세심한 주의를 기울이지 않으면 탈진할 수도 있는 존재다. 우리는 정기적으로 쉬어 가며 에너지를 보충해야 한다. 인간이기 때문이다.

나를 찾아온 내담자들이 피로감을 설명할 때 자주 사용하는 비유는 방전된 배터리, 바닥난 연료통, 마이너스 통장, 자원 고갈 등이다. 이러한 비유는 사람이 가진 생명력을 소중하고 한정된 자원으로 보고 신중하게 관리해야 한다는 생각에 기반한다. '번아웃'이라는 개념은 (그 자체가 비유로서) 촛불을 양쪽에서 태우는 바람에 너무 빨리 닳아 버렸음을 나타낸다. 다시 한번 말하지만 이러한 비유는 전혀 도움이 되지 않는다. 행동이나 노력으로 상황을 바꿀 수 없다는 의미를 내포하기 때문이다. 번아웃이 되면, 즉 배터리가 방전되고 모든 에너지를 소진해 버리면 스스로의 힘으로는 재충전할 수가 없다. 할당된 에너지를 모두 탕진해 버렸다는 표현 역시 자신에게 잘못이 있다는 의미를 담고 있다.

'무게'로 비유하는 편이 탈진 상태를 표현할 때 훨씬 더 유용하다. 생각과 육체와 업무와 슬픔에 짓눌리는 중압감을 표현해 보는 것이다. 개인적으로 내게는 이 무게 비유가 가장 잘 와닿는다. 탈진감을 느낄 때면 걷거나 서 있는 일조차 버겁게 느껴진다. 발이 땅에 붙은 것처럼 한 발을 떼기가 너무나 힘들다. 누군가 보이지 않는 실로 나를 묶어놓은 것처럼 몸이 마음대로 움직이지 않는다. 살아 숨 쉬는 일조차 노동으로 느껴진다. 말이 느려지고, 눈이 가늘어지며 이대로 질끈 감아버리고 싶다. 중력의 법칙이 고문이 된다. 온 우주가 나를 끌어내리려고 작당한 것만 같다.

독일어에는 이러한 힘겨운 심상을 아름답게 표현한 '슈베어무트Schwermut'라는 단어가 있다. 이 단어는 '무거운'과 '용기'의 합성어로 용기를 쥐어짜는 일의 어려움 또는 무언가에 짓눌린 우울한 영혼을 뜻한다. 또한 슬픔과 절망과 공허함으로 마비된 마음의 상태를 뜻한다. 마음과 영혼을 짓누르는 육중한 무게감을 나타낸다. 이 단어는 '짓누르다, 우울하게 하다'를 뜻하는 라틴어 '데프리메레deprimere'에서 유래했다.

오늘날 우울증 진단 기준에도 생각이나 움직임의 둔화

나 '정신 운동 지연' 등 중압감과 관련된 항목이 포함되어 있다. 미국 정신의학회에서 출간하는 『정신질환의 진단 및 통계 편람 5판Diagnostic and Statistical Manual of Mental Disorder』에서도 '(주관적 느낌이 아니라 다른 사람이 관찰할 수 있는 수준의) 생각의 둔화와 신체 움직임의 감소'를 우울증의 핵심 증상으로 나열하고 있다.

과거에도 탈진 상태에 빠져 중력이 자신을 무자비하게 끌어내리는 듯한 느낌을 호소하는 시인과 화가들이 많았다. 단테의 『신곡』에 나오는 벨라콰를 다시 한번 떠올려 보라. 너무 지쳐서 산을 오를 힘이 없는 벨라콰는 두 팔로 무릎을 껴안고 그 사이에 고개를 처박은 채 큰 바위 뒤편 그늘에 무기력하게 앉아만 있다. 단테는 벨라콰를 가리키며 '너무나도 게을러 보이는군요 / 게으름이 자기 누이라도 되는 것처럼'[1]이라고 말한다. 단테는 벨라콰가 움직임이 둔하고 입을 떼는 일조차 귀찮아하며 방문객이 와도 고개를 숙인 채 눈만 힐끔 들어 얼굴을 확인할 정도로 게으르다는 점을 지적한다.

독일 화가 알브레히트 뒤러Albrecht Dürer의 유명한 동판화 〈멜랑콜리아 I〉(1514)는 생각하는 데 드는 무거운 에너지 비용을 묘사한다. 작품 속 여인은 한 손에 턱을 괸 채 낙담한 모습이다. 주변에는 과학 도구와 예술 도구가 여기저기 흩어져 있다. 여인은 우울한 눈빛으로 먼 곳을 응시하고 있다. 다른 한 손에는 기하학 도구가 들려 있지만 사용할 기력은 남아 있지 않다. 배경에 보이는 모래시계는 얼마 남지 않은 시간을 낭비하고 있음을 보여준다. 텅 빈 저울은 여인이 균형 감각을 상실했음을 상징한다. 어지러이 흩어진 도구들은 아마도 그녀가 열심히 일했으며, 여러 가지 다른 프로젝트를 동시에 수행했음을 짐작게 한다. 비쩍 마른 몰골로 축 늘어진 채 잠들어 있는 개와 우울한 표정으로 고개를 푹 숙이고 있는 아기 천사는 작품 전체에서 풍기는 탈진감을 더욱 강조한다. 손을 뻗으면 닿을 거리에 비판적 추론의 도구가 있지만 여인은 문자적으로나 비유적으로나 무한한 가능성에 짓눌려 손 하나 까딱할 힘조차 없다. 머리는 들 수조차 없을 만큼 무겁다. 생각하는 일, 나아가 사고 능력과 추론 능력 자체가 견디기 힘든 부담이 되었다.

덴마크 감독 라스 폰 트리에Las von Trier의 영화 〈멜랑콜리아〉(2011)에는 탈진 상태에서 무거운 몸을 이끌고 이 세상을 살아가려면 얼마나 어마어마한 노력이 드는지 보여주는 인상적인 장면이 나온다. 영화 속 주인공 저스틴은 결혼한 그날 밤부터 임상적 우울 상태에 빠진다. 너무 지쳐서 혼자서는 씻을 수도 없고 방 밖으로 벗어나지도 못한다. 저스틴은 언니에게 상태를 설명하며 잿빛의 엉킨 실타래가 자신을 휘감고 있는 것 같다고 말한다. 저스틴은 좀비처럼 집 안을 배회한다. 자꾸만 감기는 눈꺼풀을 완전히 들어 올릴 힘조차 없어서 눈은 언제나 반쯤 감겨 있다.

탈진 상태를 무게와 중력의 무자비한 폭정으로 묘사하는 이유는 무엇일까? 미국 언어학자 조지 레이코프George Lakoff와 마크 존슨Mark Johnson은 『삶으로서의 은유Metaphors We Live By』(1980)라는 저서에서 해답이 될 만한 설명을 제시한다. 이 책은 우리가 사용하는 은유가 실제 경험과 인식에 기반하고 있다고 주장한다. 그래서 무겁다는 표현은 탈진과 슬픔을 우리 몸이 실제로 어떻게 느끼는지를 반영한 것일 수도 있다. 지치고 우울할 때 우리는 말 그대로 서 있을 기력조차 없다. 고개를 숙이고 등을 구부리고 어깨를 늘어뜨린다. 마치 등에 돌무더기를 이고 가는 사람처럼 걷고 앉고 일어선다. 또한 부정적인 생각이 폭군처럼 우리를 억압할 때도 있다. 마치 우리의 영혼과 생명력을 짓눌러 기력을 빼앗고 무너뜨려 버리는 어둠의 세력처럼 말이다.

하지만 내가 무게 비유를 좋아하는 이유는 무거움은 영구적 상태가 아니라 일시적 상태를 나타내기 때문이다. 다 타버린 잿더미나 방전된 배터리나 바닥난 저수지처럼 고갈된 상태와는 달리 무거운 상태는 극복할 수 있다. 무거운 것은 들어 올리면 된다. 그러면 다시 가벼워진다. 드넓은 초원을 겅중겅중 자유롭게 뛰어다니는 새끼 사슴처럼 발걸음에 활기를 되찾을 수 있다. 바람에 몸을 맡기고 하늘을 나는 새처럼, 순풍에 돛을 단 배처럼 힘들이지 않고 나아갈 수 있다. 그때 우리의 몸은 더 이상 짐이 아니다. 생각은 공중으로 떠오르고 존재는 하늘 높이 솟구친다. 우리는 별로 힘들이지 않고 다시 고개를 치켜든 채 위풍당당한 첨탑처럼 두 발을 딛고 설 수 있게 된다. 중력은 더 이상 문제가 되지 않는다.

(I)

내면의 비평가

Inner Critic

우리 중 대부분은 머릿속에서 자신을 끊임없이 비판하고 판단하는 부정적인 목소리에 익숙할 것이다. '넌 똑똑하지 않아', '넌 별로 매력이 없어', '넌 너무 뚱뚱해', '넌 너무 말랐어', '넌 키가 너무 작아', '넌 키가 너무 커', '네가 쓴 책 별로야', '새로 산 원피스 너한테 안 어울려', '네가 친구한테 준 그 선물은 적절하지 않았어', '오늘 저녁에 손님들한테 대접한 요리 엉망진창이었어', '너 오늘 직장에서 형편없었어', '넌 친구들이랑 잘 지내는 법을 몰라'라며 끊임없이 타박하는 바로 그 목소리 말이다. 이 목소리는 내면의 비평가, 심판자, 방해꾼, 악마, 그렘린, 침팬지, 초자아 등 여러 가지 이름으로 불린다. 이 중 마음에 드는 이름을 하나 골라보라.

심리학에서는 내면의 비평가가 내는 목소리를 가리켜 '부정적인 자동적 사고' 또는 '부정적인 자기 대화'라고 칭한다. 이 내면의 비평가는 결코 만족할 줄 모르며 우리가 어떤 성취를 이루어 내더라도 깎아내리고 망쳐버릴 수 있다. 내면의 비평가는 부정적인 면을 확대하는 데서 그치지 않고 끊임없이 불평불만을 늘어놓기도 한다. 몹시 잔인하게 굴어대면서 인생에 크나큰 악영향까지 미칠 수 있다. 내면에서 에너지를 소모시켜 탈진 상태에 이르게 하는 주원인이 될 수도 있다. 내면의 비평가가 지나치게 활동적이면 우리는 대부분의 에너지를 자기 자신과의 끝없는 심리적 전쟁에 소비할 수밖에 없다. 그렇게 되면 다른 외부적인 업무를 수행하거나, 우리가 사랑하고 또 우리를 사랑하는 사람들과의 인간관계를 구축하는 데 쓸 에너지가 부족해진다.

만약 주변에 내면의 비평가 같은 사람이 있다면 우리는 마치 전염병 대하듯 그 사람을 피해 다닐 것이다. 그런 사람은 누가 봐도 따돌림의 주동자나 폭력의 가해자 범주에 들어갈 것이다. 타인의 가치를 체계적으로 폄하하고, 조롱하고, 비난하고, 모욕하며, 상대를 끔찍한 범죄자로 몰아가는 그런 부류의 인간 말이다. 내면의 비평가는 우리가 수치심과 죄책감, 초라함과 비참함을 느끼도록 만드는 경향이 있다. 만약 우리에게 이런 식으로 말하는 사람이 있다면 우리는 결코 용납하지 않을 것이다. 우리의 자녀나 친구나 사랑하는 사람에게 이런 식으로 말하는 사람이 있다면 곧바로 저지할 것이다. 그렇다면 도대체 왜 그토록 많은 사람들이 자기 자신은 왜 그런 소리를 들어도 마땅하다고 여기는 것일까?

불교 심리학자 타라 브랙은 대부분의 사람이 '무가치함이라는 미망trance of unworthiness'에 사로잡혀 있다고 말한다. 많은 사람이 자신에게 결점이 있다고 생각해서 개인의 부족함을 전제하고 세상을 바라본다.[1] 심리 상담가로서 일하면서 이 통찰이 진실임을 알게 되었다. 나를 찾아온 내담자 가운데는 아무런 근거도 없이 부정적인 자기 인식이 확고하게 자리 잡은 경우가 많았다. 정말이지 가슴 아픈 일이 아닐 수 없다. 겉으로 보기에는 사회적으로 성공한 삶, 남 부러울 것 없는 삶을 살고 있는데도 자신에 대한 부정적인 믿음으로 괴로워한다. 유명한 CEO, 성공한 사업가, 국제적으로 존경받는 학자가 스스로가 사기꾼에 불과하다고 믿으며, 그 사실이 만천하에 공개될까 봐 전전긍긍한다. 재능 있는 예술가와 작가가 자신의 작품이 가치가 없다고 믿으며, 작품을 구매하고 전시하고 출간하고 사랑하는 사람들이 심각한 판단 오류를 범했다고 생각한다. 헌신적이고 사랑이 넘치는 부모가 자신이 자녀들의 정신 건강을 망치고 끊임없이 트라우마를 안겨주는 끔찍한 부모라고 생각한다. 매우 똑똑한 여성이 스스로를 매우 멍청하다고 생각한다. 팀원들에게 신망이 높고 영감을 주는 팀장이 스스로를 형편없고 무능하다고 생각한다. 도대체 무슨 일이 일어나고 있는 것일까?

심리학자 대부분은 이러한 비판적 목소리가 어린 시절에 뿌리를 두고 있다는 데 동의한다. 정신분석학의 창시자인 지그문트 프로이트Sigmund Freud는 인간의 정신이 세 부분으로 구성되어 있다고 주장했다. 바로 원초아(이드), 자아(에고), 초자아(슈퍼 에고)다. 원초아는 인간이 가진 원초적인 욕구와 충동, 환상과 어두운 욕망으로 이루어져 있다. 자아는 현실의 원칙에 충실한 인간 정신의 일부로, 원초아의 본능적 욕망과 초자아의 이성적 판단 사이에서 균형을 맞추려고 한다. 초자아는 도덕적 판단을 내리는 인간 정신의 일부로, 내면의 비평가라는 개념에 깔끔하게 들어맞는다. 프로이트는 초자아가 주로 자신을 바라보는 외부의 시각을 내면화함으로써 형성된다고 주장한다. 이 외부의 시각은 주로 부모의 시각인 경우가 많다.[2] 매우 비판적이고 엄격한 부모 밑에서 자랐다면 초자아도 그런 부모의 모습을 투영해 형성될 가능성이 높다.

그러나 초자아는 점차 사회적 기대와 문화적 규범도

내면화하여, 프로이트가 '자아 이상ego idelas'이라고 부르는 개념을 생성하기 시작한다. 자아 이상이란 우리가 자신을 평가하는 도덕적 기준의 독특한 혼합물로, 대부분 이 기준에 자주 못 미치게 된다. 이 이상적 자아는 '하면 좋은 것', '반드시 해야 하는 것', '할 수 있는 것'의 형태로 마음속을 가득 채우고 있다. 초자아는 자아를 처벌하고 지배하는 잔인하고 자학적인 권력자가 될 수 있다. 만약 초자아가 과도하게 작동할 경우 우리는 대부분의 심리적 에너지를 내면의 싸움에 투입해야 하기 때문에 외부 세계에서 쓸 수 있는 에너지가 바닥나게 된다.

프란츠 카프카는 이러한 경험을 가장 잘 탐구해낸 사람이다. 유명한 소설 『변신Metamorphosis』(1915)에서 카프카는 자신을 해충보다 못한 존재로 생각하던 주인공이 실제로 그렇게 변해버리고 마는 모습을 보여준다. 카프카의 소설 속 많은 등장인물은 내면의 비평가와 소모적이고 때로는 치명적인 싸움을 이어간다. 이는 실제 카프카와 그의 아버지 헤르만 카프카와의 관계를 반영하고 있다. 카프카의 소설 속에 등장하는 인물들처럼 우리도 스스로를 무가치한 경멸의 대상으로 여기며 세상이 자신을 바라보는 시각 또한 다르지 않으리라 생각한다. 이러한 상태는 불쾌할 뿐만 아니라 많은 에너지를 소모시키기 때문에 우리는 머릿속에서 끊임없이 자신을 고문하는 이 비평가를 잠재우려다가 잘못된 길로 빠지기가 쉽다. 나는 20년이 넘는 세월 동안 내 안에 있는 비평가를 레드와인으로 익사시키려고 시도했다(물론 실패했다).

내면의 비평가의 기원에 관한 더 과학적인 설명도 존재한다. 내면의 비평가가 뇌의 특정 부분에서 탄생했다는 이론이다. 심리학자들은 인간의 뇌에는 뇌간을 포함하는 원시적인 '생존 뇌'가 존재한다고 주장한다. 위험이 닥쳤을 때 생존과 투쟁-도피 반응을 담당하는 아주 오래된 뇌 영역으로, 잠재적인 위협에 매우 민감하다. 항상 위험 요소를 주시하고 감지한다. 또한 스트레스 호르몬인 코르티솔을 방출하는 변연계 및 편도체에도 관여한다.[3]

이 원시적인 기능을 거슬러 올라가 보면 내면의 비평가가 원래는 긍정적인 기능을 가졌음을 알 수 있다. 바로 생존을 보장해 준다는 점이다. (날카로운 이빨을 가진 호랑이와 같은) 위협을 발견할 수 있게 해줄 뿐만 아니라 자신과 타인에 관한 납득할 만한 이야기를 만들어 들려준다.

예를 들어, 부모에게 사랑받지 못하고 지속적으로 비판받으며 정서적으로 학대받은 아이들은 부모를 탓하기보다 자기 자신을 탓하는 경향이 있다. 얼핏 직관에 반하는 것처럼 들리지만 그렇지 않다. 어린아이들은 생존을 위해서 부모의 보살핌에 전적으로 의존할 수밖에 없다. 그런 상황에서 부모가 불공정하고 잔인하고 무능력하고 자신을 사랑하지 않는다는 사실은 어린아이가 받아들이기에는 너무나 가혹한 현실이다. 성인이 되어서도 수년간 치료를 받은 후에야 겨우 직면할 수 있는 사실이기 때문이다. 그조차도 견디기 쉽지 않다. 따라서 어린아이의 경우 자기 비판을 내면화하고 모든 불행을 자신의 탓으로 돌리는 편이 훨씬 더 안전하다. 슬프지만 생존을 위해서는 현명한 판단이다. 그러나 성인이 된 이후에는 심각한 장애를 일으킬 수 있다.

인지행동치료CBT에서는 내면의 비평가를 자동으로 떠오르는 부정적 사고로 간주한다. 이런 부정적인 생각은 우리가 가지고 있는 핵심적인 믿음에서 비롯된다고 본다. 즉, 자기 자신에 대해 가지고 있는 가장 부정적인 생각이 특정 상황에서 저절로 떠오른다는 것이다.[4] 이 유해한 핵심적인 믿음은 대체로 '나는 …이다', '사람들은 …이다', '세상은 …이다'와 같이 단정적인 문장 형태로 나타난다. 예를 들어 '나는 사랑받을 수 없는 사람이다', '나는 무능하다', '나는 못생겼다', '나는 멍청하다', '나는 근본적으로 결함이 있는 사람이다'라는 믿음이다. 내면의 비평가는 이런 문제가 있는 가정에서 나온 메시지를 공개 방송하듯이 우리에게 끊임없이 공표한다. '넌 뚱뚱한 패배자야. 넌 인생에서 아무것도 이루어내지 못할 거야.' '아무도 너를 좋아하지 않아. 넌 친구가 없어.' 이런 식으로 내면의 비평가는 우리가 인지하고 있는 결점과 단점으로 끊임없이 주의를 환기한다. 성취를 폄하하며 운이나 우연으로 치부해 버리기도 한다. 과거의 실수를 끄집어내 괴롭히거나, 현재 상황을 비난하며 아무 일도 할 수 없게 만들어 버리기도 한다.

내면의 비평가는 우리를 불안하고 두렵게 만드는 능력도 지녔다. 과민하게 신경을 곤두세우고 우리의 신체적·심리적 건강을 위협할 수 있는 요소를 끊임없이 지적하기도 한다. 나쁜 일은 과장하여 확대 해석하고 좋은 일은 축소해 버린다. 편집증 환자처럼 다른 사람의 의도를 확대

해석해서 상대의 말이나 행동에 불순한 의도가 숨어 있다고 치부해 버리기도 한다. 인간관계에서도 행여나 잘못을 저질러 사랑받지 못하게 될까 봐 전전긍긍하며 상대의 말과 행동 하나하나에 예민하게 반응하고 집착한다. 위험요소에 과민하게 신경을 곤두세우고 일어나지도 않은 일을 걱정하면서 만성적인 불안 장애에 빠질 수 있다.

그러나 내면의 비평가의 핵심 기능에는 커다란 모순이 존재한다. 바로 우리가 느끼고 싶지 않은 감정을 느끼지 못하도록 해준다는 것이다. 내면의 비평가는 본질적으로 생각이기 때문에 내면의 비평가가 활성화될 때 우리는 감정이 아니라 생각에 사로잡힌다. 비록 부정적인 생각이기는 하지만 부정적인 감정은 아니다. 내면의 비평가가 활동할 때면 나는 아무것도 느끼지 못한다. 슬픔, 분노, 두려움 같은 감정에서 멀어진다. 물론 부정적인 생각으로 기분이 좋지 않지만, 이는 자기혐오나 자기비하에서 비롯된 것이다.

내면의 비평가가 우리에게 느끼지 못하게 하는 감정은 보통 슬픔이다. 실제로 슬픔을 몰아내는 일이 내면의 비평가가 지닌 핵심 기능 중 하나다. 슬픔은 감정인 반면에 자기비하나 자기혐오는 마음이 만들어낸 (보통은 근거 없는) 인지적 판단에 기반한 정신 상태다. 그래서 내면의 비평가가 활동할 때 우리는 분석적인 사고의 영역에 머물게 된다. 불쾌한 기분이 드는 건 어쩔 수 없지만 이미 익숙한 경험이니 예기치 못한 감정에 휩싸이는 것보다는 낫다.

그렇다면 내면의 비평가가 우리에게 미치는 악영향을 줄이고, 그로 인한 에너지 소모에서 해방되려면 어떻게 해야 할까? 첫 번째 방법은 CBT 방식으로, 내면의 비평가에게 논리적으로 맞서는 것이다.[5] 내면의 비평가가 말하는 내용을 진지하게 받아들이고 객관적인 사실을 앞세워 그 말이 틀렸음을 입증해야 한다. 이는 언론에서 가짜 뉴스를 반박하고 무효화하는 과정과 유사하다. 하지만 내면에서 부정적인 생각이 떠오를 때마다 논리적으로 대응하는 일은 그 자체로 피곤할 수 있다. 한편 수용전념치료ACT에서는 다른 접근법을 제시한다. ACT 방식에서는 부정적인 인식과 믿음을 바꾸기보다 받아들이고 내려놓는 데 초점을 맞춘다.[6] 인간이 사고와 감정을 통제할 수 있는 능력이 생각만큼 크지 않다는 사실을 인정함으로써 내면의 비평가가 우리에게 미치는 영향력을 줄이는 것이다.

내 상담 치료 현장에서는 ACT 방식이 가장 효과적이었다. 이 방식은 내면의 비평가를 알아가고, 이름을 붙이고, 객관적으로 관찰하고, 놓아주는 순서로 진행된다. 첫 번째 단계에서는 내면의 비평가가 정확히 무슨 말을 하고 있으며, 무엇이 그 말이 나오도록 유도했고, 어디서 유래했는지를 이해해야 한다. 핵심 내용과 패턴과 기원을 이해하면 자신에게 더 관대해질 수 있다. 그러고 나면 이러한 생각이 진실도 아니고 본인의 잘못도 아니라는 사실을 깨닫게 되고, 자신과 내면의 비평가 사이에 거리를 둘 수 있게 된다.

ACT 전문가 러스 해리스Russ Harris는 내면의 비평가가 하는 이야기를 잡담으로 치부하고, (말하는) 내용이 아니라 (머릿속에서 들리는 중요하지 않은 소음이라는) 형태에 주의를 기울이라고 말한다.[7] 해리스는 무엇보다 내면의 비평가가 말할 때 관찰만 하고 그 내용과 '결합'되지 않는 것이 중요하다고 말한다. 이런 식으로 자신의 진정한 본질을 내면의 비평가의 목소리와 분리하는 방법을 터득할 수 있다. ACT 전문가들은 우리 자신에 대한 부정적인 생각이 곧 우리는 아니라고 가르친다. 부정적인 생각을 진실로 받아들이는 대신 비판적 사고의 대상으로 바꿀 때 이를 '해제'하는 법을 배울 수 있다.

내면의 비평가가 활동하면서 부정적인 생각이 떠오를 때, 생각은 그저 단어일 뿐이고 믿음은 사실이 아니라 그저 믿음일 뿐이라는 사실을 기억하라. 마음속에서 끊임없이 들려오는 시답잖은 소음일 뿐이다. '나는 사랑받지 못하는 사람이며 친구도 없어'라고 스스로 생각하는 것과 내면의 비평가가 '너는 사랑받지 못하는 사람이며 친구도 없어'라고 말하고 있다고 생각하는 것 사이에는 엄청난 차이가 있다. 내면의 비평가가 하등 도움이 되지 않는 생각들로 자신을 폭격할 때 너무 심각하게 받아들이지 말자고 다짐해 보라. '내 안의 비평가가 또 더러운 입을 놀리고 있네'라고 소리 내어 말해 보라. 부정적인 생각이 떠오를 때 '내가 …라고 생각하고 있네'라는 객관화만으로도 내면의 비평가가 미치는 부정적인 영향력을 크게 축소할 수 있다.

해리스는 인간의 마음을 회전 초밥집에서 초밥 접시를 실어 나르는 컨베이어 벨트에 비유한다. 여러 가지 초밥이 우리 앞을 끊임없이 스쳐 지나간다. 그중에 먹고 싶은 것만 집어서 먹으면 된다. 먹고 싶지 않은 것은 그대로 지나가게 두면 된다. 우리에게 도움이 되지 않는 생각도 마찬가지다. 마음속에 떠오르는 모든 생각에 일일이 주의를 기울일 필요도 없고, 그런 생각으로 괜히 식사 시간을 망칠 필요도 없다.

ACT에서는 인간의 마음을 버스 승객에 비유하기도 한다. 해리스는 우리가 운전하는 버스 뒷좌석에 다른 승객들이 타고 있는 모습을 상상해 보라고 말한다. 이들을 강제로 하차시킬 수는 없다. 같은 버스에 올라탄 이상 운명으로 묶인 여행의 동반자이기 때문이다. 그중에는 선량하고 친절한 승객도 있을 것이고, 까다롭고 꼴불견인 승객도 있을 것이다. 조용한 승객도 있을 것이고, 시끄러운 승객도 있을 것이다. 이들은 저마다 버스가 어디로 가야 하는지를 두고 왈가왈부한다. 귀담아들을 만한 현명한 조언도 있고 그렇지 않은 조언도 있다. 내면의 비평가도 바로 그들 중 한 명이다.

내면의 비평가는 버스에서 가장 시끄럽고 공격적인 승객으로, 뒷좌석에서 소리를 지르며 우리를 비난한다. 내면의 비평가는 우리가 정말로 가고 싶은 곳으로 가지 못하게 막으려고 갖은 수를 동원한다. 버스를 멈춰 세우려 하고, 방향을 돌리려 하고, 위험한 길로 들어서도록 유도한다. 물론 이 승객을 영원히 내쫓을 수 있으면 더할 나위 없이 좋겠지만 그럴 수 없다는 사실을 받아들여야만 한다. 대신에 이 승객의 말을 무시하는 법을 배워야만 한다. 더 현명하고 친절한 다른 승객의 말에 귀를 기울이면 된다. 문제는 그런 승객일수록 목소리가 작아서 잘 들리지 않을 가능성이 크지만 귀한 지혜를 나누어줄 것이다. 우리는 내면의 비평가가 뭐라고 하든지 간에 의미 없는 소음으로 치부하는 훈련을 해야 한다. 그리고 무엇보다 내면의 비평가가 뒷좌석 운전기사가 되도록 내버려 두어서는 절대 안 된다는 사실을 명심하라.

(J)

기쁨

Joy

삶이 단조롭게 느껴지고 영혼이 시들어갈 때 우리는 '무쾌감증anhedonia'의 먹잇감이 될 수 있다. 무쾌감증이란 인생에서 아무런 즐거움을 경험하지 못하는 상태를 일컫는다. 감각이 무뎌지고 감정이 마비되어 마치 누군가 우주적 차원에서 잿빛 필터를 가동한 것처럼 세상이 온통 무채색으로 보인다. 무쾌감증의 손아귀에 붙잡히면 예전에 자신에게 기쁨을 가져다주었던 것들을 기억하지 못하게 된다. 진정으로 살아 있다는 느낌, 어떤 일에 몰입한다는 느낌, 세상과 연결되어 있다는 느낌, 생동하는 느낌 그 어느 것 하나 기억이 나질 않는다.

만약 지금 이런 상태라면 취미를 갖기를 권한다. 농담처럼 들리겠지만 아니다. 취미 활동의 목적은 행복해지는 것 그 이상도 그 이하도 아니다. 마치 아이들의 놀이처럼 취미는 수단이 아니라 그 자체가 목적이다. 취미 활동은 돈벌이의 수단일 필요도 없고, 다른 유용한 일일 필요도 없다. '취미'라는 단어는 '활발한 작은 말'을 뜻하는 단어 'hobi'에서 유래했으며, 나무로 만든 몸뚱이에 천으로 만든 머리를 단 조그만 장난감 말을 뜻하는 단어 'hobbyhorse'의 줄임말이다. 취미는 가장 좋아하는 활동이나 대상이나 주제를 의미하기도 하지만 무엇보다 '목적 없는 활동'을 뜻한다. 바로 그 '목적 없음' 덕분에 취미는 탈진 상태라는 황량한 불모지에서 우리를 구출해낼 수 있다.

실제로 다른 부수적인 가치 창출 없이 순전히 즐겁기만 한 취미를 찾기란 거의 불가능하다. 엄밀히 말해 새로운 기술을 습득하거나, 문화적 자본을 취득하거나, 인스타그램에서 관심을 끌 만한 사진을 찍어 올리는 등의 활동은 취미가 아니다. 건강을 증진하거나 스트레스를 줄이려는 목적으로 하는 활동이 취미가 되어서도 안 된다(물론 취미 활동이 건강을 증진하고 스트레스를 감소시킨다는 연구 결과가 많지만 말이다).[1] 또한 취미 활동이 완벽주의를 추구하거나 최고가 되겠다는 목표로 또 하나의 경쟁의 장이 되어서도 안 된다. 취미 활동으로 즐거움 외에 또 다른 가치를 창출해서는 안 된다. 취미는 본질적으로 공리주의적 신념에 반하는 행위다. 공리주의는 최대 다수에게 최대 행복을 가져다주는 활동을 윤리적이라고 보는 반면에 취미는 오로지 개인의 행복만을 추구하는 활동이기 때문이다. 취미는 최종 목적인 '텔로스telos'가 결여된 '아텔릭atelic' 활동이다.

취미는 경쟁과 성과를 중시하는 오늘날의 에토스ethos, 즉 사회적·문화적·윤리적 규범에 반한다. 취미를 가지고 있고 취미 활동에서 행복을 느끼는 사람일수록 '실패나 완벽이라는 강박관념에서 자유롭다. 이들은 탁자를 제작할 때 완성된 탁자를 팔아야 한다는 압박을 느끼기보다는 탁자를 만드는 과정 그 자체를 즐긴다.'[2] 다시 말해서, 취미는 성취와 경쟁이라는 압박에서 자유로운 활동이어야 한다. 이는 취미를 선택하는 기준이 아니라 취미 활동에 참여하는 우리의 태도에 관한 이야기다. 어떤 취미를 선택하든지 간에 잘하고 못하고는 중요하지 않다. 아무리 엉망진창이라도 아무런 상관이 없다.

나의 아버지는 열두 살 때부터 트롬본을 연주하셨다. 당시 학교에서 악기를 배우고 싶지만 악기를 구입할 경제적 여유가 없는 학생들에게 대여해 줄 수 있는 유일한 악기가 트롬본이었다고 한다. 낡은 금관 악기인 트롬본을 빌려 가겠다고 나서는 학생은 아무도 없었고, 그래서 아버지가 가져왔다고 한다. 그 이후 아버지는 맹렬히 연습에 매진했다. 하루도 빠지지 않고 트롬본을 불었다. 수십 년이 흘러 아버지는 본인이 구매할 수 있는 가장 좋은 트롬본을 새로 장만하셨다. 개인 교습도 받고, 재즈 밴드에서도 연주한다. 하지만 과거에나 지금이나 특별히 재능이 있는 것 같진 않다고 본인 입으로 인정하신다. 트롬본은 시끄러울 뿐만 아니라 연주하기가 여간 까다롭지 않다. 구부러진 두 개의 금속관을 끼워 맞추고 그 끝에 나팔을 달아 만든 이 악기는 컵 모양의 마우스피스를 불어 소리를 내고 슬라이드로 음을 조절해야 한다. 소리다운 소리를 내려면 입술의 떨림을 이용해야 하는데 음악적 재능이 평범한 이들이 트롬본을 능숙하게 연주하기란 너무나도 어려운 일이다. 60년간 꾸준히 연습해온 아버지조차 아직 트롬본을 능숙하게 연주하지는 못한다고 말씀하실 정도니까 말이다. 하지만 그 사실은 전혀 중요하지 않다. 중요한 건 아버지가 트롬본 연주를 너무나도 사랑한다는 사실이다.

오늘날 취미 활동이 혁명적 행동으로 여겨지는 까닭은 취미가 아무런 가치를 창출하지 않는 활동이라는 점에서 현대의 문화적 조건과 완전히 반대되기 때문이다. 시간 관리 전문가 올리버 버크먼Oliver Burkeman은 『4000주: 영원히 살 수 없는 우리 모두를 위한 시간 관리법Four Thousand

Weeks: Time Management for Mortals』(2021)에서 이렇게 말한다. "도구화된 시대에 취미를 즐기는 사람들은 분명 흐름을 거스르고 있다. 취미에 열성적인 이들은 생산성에 도움이 되지 않고 어떤 이익도 가져다주지 않아도 그 자체만으로 가치 있는 일이라고 주장한다."[3] 우리는 결코 시간을 낭비해서는 안 되고, 일단 무슨 일이든지 탁월하게 해내는 것을 목표로 삼아야 하며, (여가 활동을 포함해) 어떤 활동을 하든지 개인적인 교훈과 유익을 쥐어 짜내야 한다는 지시를 완전히 내면화했다. 건강에도 도움이 안 되고 남들이 부러워할 만큼 멋진 일도 아니라면 왜 굳이 취미를 가져야 하는 걸까? 이 의문에 대한 단순하고 혁명적인 대답은 바로 우리에게 기쁨을 가져다주기 때문이다. 안타깝게도 탈진 상태의 불모지에서 인류를 구원해줄 이 기쁨을 찾고 키워나가는 방법을 모르는 이들이 점점 더 늘어나고 있다.

취미는 '자기돌봄self-care'과도 다르다. 서양에서 이 자기돌봄 개념은 마케팅 목적으로 대중에게 전파되기 시작했고, 따라서 엄연히 목적이 있는 활동이다. 자기돌봄의 목적은 에너지를 회복시켜 직장에서는 생산성을 유지하고 가정에서는 부모나 배우자나 양육자로서 맡은 역할을 무리 없이 수행할 수 있게끔 하는 것이다. 따라서 자기돌봄은 사실상 돌봄이라고 할 수 없으며, 적어도 순수한 의미에서 자기를 돌보는 방식과는 거리가 멀다. 자기돌봄은 '혼자만의 시간'을 일과에 끼워 넣어 번아웃이 오지 않도록 에너지를 재충전하고 더 생산적으로 관리하라고 재촉하는 또 다른 방법론에 불과하다. 기쁨이나 즐거움과는 전혀 상관이 없을 뿐만 아니라 오히려 인간의 도구화를 부추기는 개념이다. 독일 철학자 프리드리히 니체Friedrich Nietzsche는 일찍이 이러한 딜레마를 알아차렸다. 『즐거운 학문The Gay Science』(1882)에서 니체는 오늘날 서양에서 이야기하는 자기돌봄이라는 개념 이면에 있는 뒤틀린 논리를 예견했다.

> 우리 지식인들은 이 얼마나 … '기쁨'에 인색한가! 도대체 왜 갈수록 모든 기쁨이란 기쁨에 회의적으로 변해 가는가! 노동은 점점 더 양심을 가진 모든 사람을 자신의 편으로 끌어들이고 있다. 기쁨을 찾고자 하는 욕망은 이미 '회복이 필요한 (질병)' 취급을 받고 있으며, 점점 더 수치스러운 일이

되고 있다. 교외로 소풍이라도 갔다가 발각되는 날에는 '요양차 다녀왔어요'라고 변명을 늘어놓기 바쁘다. 머잖아 관조적 삶vita comtemplativa(산책을 하며 사색에 잠기거나 친구와 대화하는 것)을 살고 싶다는 욕망조차 자기비하와 양심의 가책을 불러일으키는 지경에 이를 것 같다.[4]

취미는 이와 다르다. 근본적으로 목적이 없다. 순전히 즐거움을 위한 활동일 뿐 더 나은 사람이 되거나 에너지를 재충전하기 위함이 아니다. 취미를 진정으로 즐기는 사람들은 그 쓸모없음을 포용하고 목적 없음을 탐닉한다. 유리병 속에 들어가는 배를 만들기도 하고 날지 못하는 모형 비행기를 만들기도 한다. 지하실에서 몇 시간씩 장난감 병정을 색칠하거나 복잡하고 정교한 철도 모형을 만들기도 한다. 누군가에게 선물할 생각도 없고 온라인 장터에 내다 팔 생각도 없지만 퀼트, 바느질, 뜨개질 작품을 만들기도 한다. 온갖 종류의 새나 기차를 찾아다니기도 한다. 희귀한 다육식물이나 굽은 분재를 키우기도 한다. 미니어처 천사 조각상 수천 개를 수집하기도 한다. 17세기 요리책 초판본이나 콧수염 난 빅토리아 시대 남성들이 그려진 엽서나 희귀한 아르누보 식기 세트나 구멍 난 새하얀 조약돌을 수집하기도 한다. 취미가 무엇이든지 간에 일이 아닌 이상 즐겁기는 매한가지다.

내게는 세 가지 취미가 있다. 첫 번째는 조깅이다. 나는 일주일에 서너 번씩 아침 해가 뜨자마자 나가서 달린다. 캔터베리를 굽이굽이 흐르는 강가를 따라 달리거나 집 근처 숲속이나 들판을 가로질러 달리거나 도시가 한눈에 내려다보이는 우리 대학이 위치한 언덕 꼭대기까지 달린다. 달린 거리나 속도는 따로 측정하지 않는다. 마라톤 경기에 출전할 생각으로 훈련하는 게 아니기 때문이다. 날씨가 좋은 날에는 더 오래 그리고 더 빨리 달린다. 날씨가 흐린 날에는 더 짧은 경로로 천천히 달리다가 녹슨 자전거를 탄 할머니에게 추월당하기도 한다. 조깅으로 살을 뺄 생각도, 근육을 키울 생각도 없다. 지금 내 모습에 충분히 만족하기 때문이다. 단지 달릴 때 행복하기 때문에 달릴 뿐이다. 잠에서 깨어나는 자연을 보는 것이 행복하다. 두 다리에 들어가는 힘과 속도를 느낄 때 즐겁다. 내 심장 박동과 새들이 지저귀는 소리와 바람에 나부끼는 버드나무 이파리와 스투어강이 졸졸졸 흘러가는 소리가 합쳐져 아름다운 음악이 된다. 푸르른 들판이 황금빛으로 물들었다가 스러져가는 계절의 변화를 지켜보는 것이 좋다. 잿빛 솜털이 보송보송하던 새끼 백조 일곱 마리가 눈부시게 새하얀 털을 가진 어엿한 백조로 자라나 V자 대열로 하늘 높이 날아가는 모습도 목격했다. 개인적으로 제일 좋아하는 계절은 가을이다. 저무는 아름다움을 지켜보며 감상에 젖을 수 있기 때문이다. 나뭇잎 썩는 냄새도 좋아한다.

또 다른 취미는 피아노 연주다. 엄밀히 말하면 바로크 음악만 연주하고 1750년 이후로 작곡된 밝고 경쾌한 템포의 무조 음악은 일절 연주하지 않는다. 나는 오로지 나 자신만을 위해 연주한다. 내가 가진 음악적 재능은 딱 우리 아버지만큼이다. 하지만 내 영혼을 울리는 어떤 악곡은 연주하고 또 연주하며 깊은 감동을 받기도 한다. 나와 가장 안 어울리지만 가장 좋아하는 세 번째 취미는 무에타이이다. 10대 시절 농구에 열정을 불태웠지만 160센티미터라는 작은 키 때문에 그만두었다. 돌이켜보면 현명한 결정이었다. 농구나 무에타이나 재능이 없기는 마찬가지기 때문이다. 복싱, 발차기, 레슬링, 점프 중에 제대로 할 줄 아는 것이 단 하나도 없었다. 집 안으로 용암이 흘러

들어와도 의자 위로 뛰어오르지 못할 정도로 내 운동 신경은 바닥이다. 그나마 장거리 달리기는 지구력을 요구하는 종목이라 잘하는 편이다. 끈기라면 자신 있기 때문이다. 무에타이의 세계에서 나는 완전히 문외한이다. 결코 격투기 선수나 스턴트우먼이 될 수 없을뿐더러, 실제로 강도를 만나기라도 한다면 30초도 버티지 못할 것이다. 아직 가벼운 대련조차 불가능한 수준이다.

나는 이 모든 사실을 누구보다 잘 알고 있다. 커다란 글로브와 정강이 보호대를 착용하고 한두 박자씩 느리게 움직이는 내 모습은 아마도 보기 짠할 것이다. 내 동작은 왕가위 감독의 〈일대종사The Grandmaster〉(2013)에 나오는 배우들이 보여주는 격투라기보다는 예술에 가까운 유려하면서도 역동적인 동작과는 거리가 멀다. 하지만 일주일에 두 번씩 하는 무에타이 수련에서 나는 깊은 만족감을 느낀다. 지금까지 단 한 번도 빠진 적이 없다. 내 트레이너는 놀랍도록 지혜롭고 인내심이 크다. 아마도 트레이너로서 나를 일생일대의 도전과제로 여기거나 전생에 지은 죄에 대한 업보쯤으로 생각하지 않을까 싶다. 내가 첫 번째 승급 심사를 통과했을 때 우리는 둘 다 엄청나게 놀랐고 동시에 안도했다. 50번째 개인 교습을 받고 나서 치른 심사였다. 나는 아버지가 지금까지도 트롬본을 연주하시듯이 나이가 들어서도 무에타이 수련을 이어나갈 계획이다.

이렇듯 얼핏 스스로에게 어울리지 않고, 딱히 쓸모도 없고, 기이한 취미가 삶의 기쁨을 되찾아 줄 수 있다. 또한 기쁨은 전혀 예상치 못한 장소에서 전혀 예상치 못한 순간에 찾아오기도 한다. 우연히 마주한 아름다운 광경, 길을 가다 맞닥뜨린 귀여운 생명체, 기대하지 않았던 타인의 친절, 즉흥적인 사랑과 관심의 표현처럼 말이다. 자신의 영혼을 따라가기만 하면 꽃밭과 쓰레기 더미에서도, 시와 노랫말 속에서도 기쁨을 찾게 될 것이다. 어쩌면 빗물을 머금은 빨간 손수레와 그 옆에서 모이를 쪼아 먹는 흰 닭들을 떠올리며 기쁨을 찾게 될지도 모른다. 지나가던 사람이 장바구니에서 떨어진 레몬을 주워서 건네주는 모습에서, 밤거리를 아름답게 거니는 한 쌍의 남녀에게서, 영혼의 횃대에 걸터앉아 노래하는 날개 달린 것에서(에밀리 디킨슨의 「희망은 날개 달린 것」이라는 시에서 인용한 구절-옮긴이), 커다란 해오라기가 먹이를 잡고 있는 고요한 물가에서 기쁨을 찾게 될지도 모른다. 아침 식사가 차려진 식탁 위로 힘들이지 않고 사뿐히 뛰어 올라오는 고양이에게서, 서툰 솜씨로 춤추는 늑대를 그렸다는 아이의 그림에서, 우리가 던진 농담에 웃음을 터뜨리는 연인의 눈 속에서 기쁨을 찾게 될지도 모른다. 기쁨은 쾌락뿐만 아니라 돌 틈에도, 흙 속에도, 먼지 속에도 숨어 있다.

(K)

카이젠(개선)

Kaizen

무슨 일이든지 지속 가능한 변화를 이끌어내려면 끈기가 필요하다. 마법처럼 눈 깜짝할 새 변화가 일어나는 건 말 그대로 환상에 불과하다. 탈진 상태도 마찬가지다. 탈진 상태에서 벗어나려면 지속적인 노력이 필요하다. 자신이 진정으로 가치 있게 여기는 것과 중요하게 생각하는 것을 되찾겠다고 마음을 다잡는 동시에 그렇지 않은 것은 과감히 놓아주고 거부하는 법을 배워 나가야 한다. 내가 내담자들에게 공통으로 묻는 질문은 '이제 더 이상 하지 않아도 되는 일은 무엇입니까?'다. 여기에는 다른 사람에게 위임해도 되는 일뿐만 아니라 보다 실존적인 차원의 일을 포함한다. 가정과 직장에서 시간과 노력을 들여야 하는 일을 요구받을 때 거절해도 되는 걸까? 상대방의 기분을 맞춰주려고 노력하지 않아도 되는 걸까? 친구들 사이에서 인정받기 위해 사회적 지위를 좇는 일을 그만두어도 되는 걸까? 더 이상 부모님의 기대에 맞춰 살지 않아도 되는 걸까?

탈진 상태에서 활기찬 삶으로 나아가는 여정에서 올바른 방향으로 잘 가다가도 도로 제자리로 끌려오는 경우가 많다. 그러나 굴하지 않고 또다시 나아가기를 반복한다면 조금씩 나아지는 자신을 발견하게 될 것이다. 사실 우리에게 점진적인 개선 말고 다른 길은 없다. 급진적인 변화는 결코 효과가 없다. 일본에서 통용되는 '카이젠kaizen'이라는 개념을 들여다보면 이 자기 개선이 평생에 걸쳐 지속되는 과정임을 이해하는 데 도움이 된다. 카이젠은 '개선' 혹은 '더 나은 변화'를 의미하며, 지속적이고 점진적인 개선 과정이 중요하다는 철학을 담고 있다.[1]

고대에서부터 유래한 이 개념은 제2차 세계대전 이후 일본에서 '토요타Toyota 방식'으로 알려지며 주목받기 시작했다. 토요타는 간단하지만 급진적인 방식을 자동차 제조 공정에 도입했다. 아무리 사소한 개선점이라도 하찮게 여기지 않았다. 생산 공정에서 누구든지 오류나 최적화에서 벗어난 부분을 발견하면 그 즉시 모든 공정을 중단하고 부서 전체가 모여 분석에 들어갔다. 그리고 개선 사항은 바로 실행에 옮겼다.

프레더릭 윈즐로 테일러Frederick Winslow Taylor와 헨리 포드Henry Ford도 생산 공정을 개선하고자 시도했지만 그 과정에 노동자를 참여시키지는 않고 과학적으로 도출한 효율성 향상 조치를 일방적으로 지시하는 하향식 접근 방식을 택했다. 반면에 토요타는 노동자들의 집단적인 경험에 의존하는 상향식 접근 방식을 택했다. 노동자들에게도 브랜드를 성공으로 이끄는 데 참여할 수 있는 권한을 준 것이다. 노동자들의 아이디어와 의견을 중요하게, 그리고 가치 있게 여겼다. 그러자 자연스레 지속적이고 체계적인 개선에 참여하는 기업 문화가 형성되었다. 그 결과 노동자 참여도와 직무 만족도가 높아졌을 뿐만 아니라 효율성과 생산성도 함께 올라갔다.

이러한 토요타의 경영 방식은 '여러 번 찍어 안 넘어가는 나무 없다'는 일본 속담에서도 엿볼 수 있듯이 일본의 뿌리 깊은 문화적 신념에서 자연스럽게 유래한 것으로 보인다. 그러나 이 단계적이고 협력적인 개선 방식의 시초는 제2차 세계 대전 당시 미국에서 개발한 산업 내 훈련Training Within Industry이었다. 전시 상황에서 시간과 자원이 절대적으로 부족하기 때문에 이 TWI 방식은 긴급한 전쟁 장비를 생산하는 업체가 언제든지 즉시 실행할 수 있도록 소규모 개선 방법에 초점을 맞춘다. 대규모의 전략적 변화를 목표로 삼기에는 시간이 부족하기 때문이다. 대신 TWI의 목표는 이미 있는 자원을 최대한 활용하고, 노동자들에게 개선점을 직접 제안하도록 격려하는 것이었다.

전쟁이 끝난 후 마셜 플랜(제2차 세계대전 이후 완전히 무너진 유럽 경제를 재건하기 위해 미국이 실행한 대규모 경제 지원 프로그램으로 당시 미 국무장관이었던 조지 마셜의 이름을 따서 마셜 플랜이라고도 불린다-옮긴이)의 일환으로 미국은 1950년대에 일본에도 전문 인력을 파견했다. 이때 미국이 전수한 TWI 방식은 일본 문화에 맞게 변형되어 자리 잡았고, 훗날 카이젠 원칙이라는 이름으로 다시 미국에 소개되었다. 1980년대에 일본의 자동차 산업이 크게 부흥하면서 미국의 자동차 산업을 위협하기에 이르렀고, 미국에서는 일본의 성공 요인을 분석하기 시작했다. 일본의 비즈니스 컨설턴트 마사키 이마이Masaaki Imai가 집필한 베스트셀러 『카이젠: 일본이 경쟁 시장에서 승리할 수 있었던 비결Kaizen: The Key to Japan's Competitive Success』(1986)에는 이러한 성공 요인이 자세히 담겨 있다.[2]

이후 카이젠 원칙은 산업 분야를 넘어 심리학, 보건 의료, 상담 등 다양한 영역으로 퍼져 나갔다. 지속 가능한 습관 변화를 위한 계획적인 접근 방식이었던 카이젠 원칙은 이제 작은 단계, 세부 사항, 사소한 이익에 집중해 점진적 개선을 이루어 나가는 철학을 일컫는 말로 자리 잡았다. 물론 인간은 생산 공정과는 다르며, 해결해야 할 경영 문제도 아니다. 나 역시도 최적화와 극대화의 언어를 선호하지 않는다. 그러나 카이젠이 강조하는 매일매일의 작은 개혁은 화려하고 급진적인 혁명보다 우리에게 시사하는 바가 크다. 임시방편에 불과한 해결책이 판치는 자기 계발 분야에서 카이젠이 제시하는 현실적인 해결책이 눈길을 끄는 이유다. 카이젠은 가치 있는 일은 결코 노력 없이 이루어지지 않으며, 성공하려면 노력해야 한다는 점을 강조한다. 나아가 카이젠은 예로부터 중요한 덕목이었던 인내와 끈기와도 관련이 있다.

심리학자 앤절라 더크워스Angela Duckworth는 인생에서 성공하기 위한 필수 요건으로 끈기를 강조한다.[3] 베스트셀러 『그릿: IQ, 재능, 환경을 뛰어넘는 열정적 끈기의 힘 Grit: Why Passion and Resilience are the Secrets to Success』(2017)에서 더크워스는 타고난 재능도 중요하지만 그보다 더 성공을 정확하게 예측할 수 있는 변수가 바로 그릿, 즉 열정적인 끈기라고 주장한다. 더크워스의 발견은 유명한 이솝 우화 「토끼와 거북이」의 교훈과도 일치한다. 토끼는 거북

이보다 달리기에 훨씬 더 뛰어난 재능을 가졌지만 결국 경주에서 승리한 건 끝까지 포기하지 않은 거북이였다. 토끼는 타고난 재능을 믿고 오만하게 게으름을 부리며 자신의 능력은 과대평가하고 거북이의 능력은 과소평가한다. 토끼는 달리기 실력을 뽐내며 앞서 나가지만 승리를 확신하고 도중에 낮잠을 청한다. 거북이가 결승선을 통과하는 순간 토끼는 낮잠에서 깨어난다. 더크워스는 그릿을 끊임없는 노력으로 능력과 성과를 개선하려는 의지라고 정의한다. 그릿이 있는 사람은 끈질기고, 언제나 열심히 배우려고 하며, 결코 만족하거나 자만하지 않는다.

중요한 사실은 그릿이 실패에서 배우는 능력을 요구한다는 것이다. 카이젠에서도 효과가 없거나 개선의 여지가 있는 방식에서 새로운 무언가를 배우는 일은 필수다. 그릿을 가진 사람은 실패를 부끄러워하거나 낙심하기보다 배울 수 있는 기회로 여긴다. 심리학자 캐롤 드웩Carol Dweck은 이러한 마음가짐을 가리켜 '성장의 사고방식growth mindset'이라고 부른다.[4] 드웩은 이러한 마음가짐의 특징은 '더 나은 사람이 되려는 열정과 끈기, (특히) 실패에도 좌절하지 않는 태도'[5]라고 주장한다. 성장의 사고방식을 가진 사람은 자신이 가진 능력을 계속해서 발전시킬 수 있다고 굳게 믿는다.

토요타 노동자들처럼 성장의 사고방식을 가진 사람은 실수나 실패의 원인을 진심으로 이해하고 싶어 한다. 카이젠은 단순히 점진적인 개선을 지향하고, 끈기와 성장의 사고방식을 기르며, 실패를 처리하는 진보적인 문화를 확립하는 데서 그치지 않는다. 카이젠은 지금 당장 해야 할 일을 하는 것 또한 포함한다. 영혼이 칠흑 같은 어둠 속에 잠겨 있을 때, 모든 희망이 사라지고 나 홀로 길을 헤매고 있는 듯한 기분이 들 때, 그럴 때도 우리가 선택할 수 있는 단 하나의 길이 있다면 그것은 바로 지금 당장 해야 할 일 한 가지를 하는 것이다.

디즈니 영화 〈겨울왕국 2Frozen II〉(2019)에서 안나는 세상에서 가장 사랑하는 두 사람, 언니 엘사와 친구 울라프가 죽은 줄 알고 깊고 어두운 동굴 속에서 방황한다. 태아처럼 몸을 말고 누운 채 울음을 터뜨린다. 너무 큰 슬픔에 몸을 일으킬 힘조차 없다. 그런데 그때 어떤 목소리가 들려온다. 그 목소리는 차분하지만 단호한 말투로 안나에게 지금 당장 해야 할 일을 하라고 말한다. 마침내 안나는 칠흑 같은 동굴 바닥에서 몸을 일으켜 빛을 향해 힘들고 기나긴 등반을 시작한다. 안나의 시선은 결코 먼 곳을 바라보지 않는다. 그저 한 발 한 발 앞으로 내딛는 데 집중할 뿐이다. 안나는 동굴 벽을 오르고 또 오른다. 마침내 입구에 다다른 안나는 환한 빛 속으로 걸어 나온다. 이 장면은 공자가 남긴 '티끌 모아 태산'이라는 명언을 떠올리게 한다.

모든 인간은 심리학자 로버트 케건Robert Kegan이 말하는 '변화면역immunity to change'을 지녔다. 자신에게 너무 많은 일들을 요구하거나, 지나치게 급진적이고 위협적인 변화를 추구하거나, 급작스럽게 습관을 180도 바꾸려고 시도할 때, 투쟁-도피 반응이 활성화될 수 있다. 대부분의 사람은 본능적으로 변화를 꺼리고, 득보다는 실에 초점을 맞추는 경향이 있다. 그래서 아예 실행을 미루거나 실패를 자초하기도 한다. 비생산적인 행동에서 오는 이득을 포기하지 못하고, 나쁜 습관인 줄 알면서도 계속 고수하기도 한다. 급작스러운 변화가 가져올 미지의 결과보다는 '이미 알고 있는 악마'가 더 안전하다고 느끼기 때문이다.

반면에 카이젠 방식의 변화는 현재 상태를 유지하려는

것처럼 우리를 속인다. 아주 조금씩 점진적이고 쉬운 변화를 꾀하기 때문에 이러한 변화가 불러올 미지의 결과를 크게 염려하지 않게 된다. 따라서 직장이나 가정에서 스트레스 요인을 전부 제거하려고 시도하지 말고, 한 번에 하나씩 작은 일부터 해결해 보라. 근무 패턴을 바꾸고 싶다면 바람직하지 않은 작은 습관을 한 가지만 찾아서 그것부터 고치려고 노력해 보라. 일과 삶의 균형을 맞추고 싶다면 매일 짧게나마 산책하러 나가거나 아니면 일주일에 한 번씩 친구를 만나 커피를 마시는 일부터 시작해 보라.

카이젠에서는 결과보다 과정을 중요하게 생각한다. 평생에 걸쳐 끊임없이 성장과 지식을 추구하며 죽을 때까지 발전할 수 있다고 우리를 격려한다. 영국 철학자 조너선 로손Jonathan Rowson은 이렇게 말한다. "우리는 미완의 존재다. 지적으로, 도덕적으로, 인식론적으로, 그리고 영적으로 성장할 여지가 항상 존재한다."[6] 더 나은 삶을 살기 위해 지금 당장 실천할 수 있는 작은 변화가 무엇인지 스스로 질문해 보자. 지금 당장 마땅히 해야 할 일은 무엇인가?

(L)

인생의 비용

Life-Cost

미국 철학자 헨리 데이비드 소로Henry David Thoreau는 19세기 중반 매사추세츠주 콩코드에 있는 월든 호숫가에 작은 오두막집을 짓고 은둔생활을 한 것으로 유명하다. 숲속에서 2년이 조금 넘는 시간 동안 소로는 자급자족으로 모든 것을 해결하며 간소한 삶을 살고자 노력했다. 소로는 '생활필수품'만 갖추고 살기를 원했다.[1] 음식, 주거, 의복, 연료만 포함된 소로의 생활필수품 목록은 그야말로 짧고 간결하다. 소로는 그 외에는 대부분 '사치품'이고 '안락한 생활을 누리기 위한 편의품'으로 '필요도 없을뿐더러 오히려 인류의 발전을 방해'한다고 말한다.[2] 소로의 목표는 소박하고 독립적인 삶을 사는 것이었다.

무엇보다 소로는 '조용한 절망'에 빠진 삶을 피하고자 했다. 그가 보기에 대부분의 사람은 이 조용한 절망의 삶을 피해 가지 못할 운명이었다.[3] 소로는 '간소하게 살자, 간소하게 살자'를 인생의 신조로 삼았다. 그는 값비싼 카펫과 가구, 명품 옷과 고급 요리보다 자유를 더 가치 있게 여겼다.[4] 소로가 남긴 글 중에 가장 유명한 단락은 '내가 숲속으로 들어간 이유는 삶을 온전히 내 의지대로 살면서, 삶의 본질적인 부분만을 대면하기 위해서였다'라는 문장으로 시작한다.

> … (삶이) 가르쳐주는 바를 내가 깨달을 수 있는지 알아보고, 마지막 날 숨을 거둘 때 헛된 삶을 살았다고 후회하지 않기 위해서였다. … 삶을 깊이 음미하며 삶의 정수를 모두 빨아들이고, 날카롭게 벼린 칼날로 삶이 아닌 모든 것은 짧게 쳐내고 삶을 극한으로 몰아세워 가장 근본적인 것만 남긴 채 스파르타인처럼 강인하게 살고 싶었다.[5]

이건 단순히 미니멀리스트를 표방한 문구가 아니다. 소로는 간소한 생활의 경제학을 진지하게 받아들였다. 소로가 쓴 베스트셀러 『월든Walden』(1854)에서 '인생 비용life-cost'이라는 개념이 눈길을 잡아끈다. 인생 비용은 생활비와는 전혀 다른 개념이다. 소로가 설명하기를, 인생 비용이란 '무언가를 얻기 위해 그 대가로 지금 당장 혹은 장기적으로 교환해야 하는 인생의 양'이다.[6] 우리 대다수는 별 생각 없이 최대한 많이 벌고 최대한 많이 소유하고자 노력한다. 혹은 학위 취득, 수상, 승진, 명예 등 사회적 지위를 좇는다. 최대한 많은 부를 쌓고 최대한 높은 지위를 얻기 위해 최대한 많은 일을 하려는 경향이 있다. 다시 말해, 이런 것들을 얻고자 기꺼이 인생을 지불한다.

소로는 일에 관한 문제를 급진적일 만큼 실용적인 관점에서 바라보았다. 사실상 사회 통념을 완전히 뒤엎어 버렸다. 먼저 소로는 생존하려면 반드시 필요한 기본적인 욕구가 무엇인지 추렸다. 그러고 나서 매년 필요한 식량과 땔감과 기타 타협 불가능한 생필품의 양을 계산했다. 그리고 이를 구입하는 데 드는 비용을 산출했다. 소로의 목표는 기본 생활비를 충당할 수 있을 만큼만 일하고 그 이상으로는 단 한 시간도 더 일하지 않는 것이었다. 소로는 최소한의 지출을 충당하려면 일 년에 딱 6주만 일하면 된다는 사실을 파악했다. 돈을 벌기 위한 수단으로는 일용직 노동을 선택했다. 시간을 유연하게 조정할 수 있기 때문이었다. 그래서 소로는 노동이 끝나면 일에서 완전히 벗어날 수 있었다.

일 년의 나머지 시간 동안 소로는 정말로 가치 있게 여기는 일, 즉 철학과 자연을 탐구하는 일에 시간을 자유롭게 쏟았다. 재물과 지위와 사회적 명성은 그의 개인적인 가치 체계 안에서 아무런 가치가 없었다. 소박하고 비물질적인 생활 방식 덕분에 소로는 자기 인생의 유일한 주인이 될 수 있었다. 그는 궁극적으로 자신에게 아무런 가치도 없는 일과 자신의 시간을 교환하기를 거절했다. 소로에게 시간은 최고의 화폐이자 가장 귀중한 상품이었다. 그는 시간 관리에 매우 엄격했으며 일 분 일 초를 귀하게 여겼다. 우리는 깨어 있는 시간의 대부분을 일에 헌신하고 있는 반면에 소로는 절대적으로 필요한 최소한의 시간만 일했다. 그보다 더 많은 시간을 일에 투자하는 것은 존재론적으로 낭비라고 느꼈을 것이다. 그렇다면 소로가 오늘날 일과 삶의 균형에 관한 문제를 예견했으며, 후자를 극단적으로 우선시했다고 말할 수 있다. 소로는 유급 노동을 필요악으로 여겨 가능한 한 적은 시간을 투자해야 한다고 생각했다.

오늘날에도 물질적 보상을 거절하고 행복을 가져다주는 활동을 선택하는 현대판 소로가 많다. 지구 환경을 오염시킨다는 윤리적인 이유로 과도한 소비를 지양하는 '간소한 삶을 추구하는 사람들의 모임Simplicity Collective' 같은 단체도 있다. 이들은 자발적으로 적게 벌고 그보다 더 적게 소비하며 다른 곳에서 삶의 의미와 만족을 찾는 데 더 많은 시간과 에너지를 쏟는다.[7] 소로의 정신을 계승한 미국의 사회운동가 듀안 엘진Duane Elgin은 자발적인 간소함을 '겉보기에는 소박하지만 속을 들여다보면 풍성한 삶의 방식으로 … 간소하게 살수록 그 과정에서 더 많은 인생의 의미를 찾을 수 있다는 믿음에 근거한 자발적인 선택'이라고 정의한다.[8] 자발적 간소함을 지향하는 사람들은 과시적인 소비보다 창의성과 사색을 우선시한다. 이들은 '공동체나 사회 활동에 참여하고, 가족과 시간을 보내고, 예술 활동이나 지적 탐구에 매진하고, 보람 있는 직업에 종사하고, 정치 활동에 참여하며, 지속 가능한 삶을 추구하고, 영성을 탐구하며, 독서하고, 사색하고, 휴식하고, 즐거움과 사랑을 좇는 일'에 온전히 시간을 할애하고자 노력한다.[9]

자발적 간소함은 아직까지 소수의 사람만이 추구하는 대안적인 삶의 방식이지만, 수많은 심리학 연구에 따르면 대다수가 따르는 물질주의적인 생활 방식보다 우리를 더 행복하게 만들어줄 가능성이 높다. 심리사회학자 팀 캐서Tim Kasser는 물질주의가 인간의 정신에 어떤 영향을 미치는지를 자세히 연구했다. 캐서의 연구 결과에 따르면 소비가 많을수록 삶에 대한 만족도는 떨어지는 경향을 보였다. 탐욕과 소유욕은 행복으로 가는 지름길이 아니다. 돈보다 의미가 더 중요하고 소비보다 인간관계가 더 중요하기 때문이다. 물질주의자는 물건과 지위를 과대평가하는 반면에 우정, 경험, 이타주의는 과소평가한다. 물질주의자들은 그렇지 않은 사람들보다 긍정적인 감정은 덜 느끼고 불안감과 우울감은 더 높다. 캐서는 물질주의가 인간의 정신 건강에 심각한 악영향을 미친다고 결론 짓는다.[10]

재정적 독립과 조기 퇴직 운동, 일명 파이어FIRE 운동도 이러한 맥락과 관련이 있다. 파이어 운동은 이상적으로 소득의 70퍼센트를 저축하도록 장려한다. 다시 말해, 지출을 급격히 줄이고 장기 자산에 투자해서 재정적으로 독립된 삶을 사는 것이 목표다. 이러한 저축 전략을 실천하려면 극단적으로 허리띠를 졸라매야 한다. 어디든 걸어다니고, 방 한 칸에 세 들어 살고, 잠은 소파에서 자며, 노란색 세일 스티커가 붙은 물건만 사야 한다. 파이어 운동의 궁극적인 목표는 최대한 빨리 은퇴하는 것이다. 일반적인 정년퇴임 시기보다 수십 년 일찍 은퇴하는 것이 목표다. 소로가 우리에게 '인생 비용'을 성찰하게 했다면, 파이어 운동은 우리가 얼마나 많은 '인생 시간'을 직장에서 보내는지, 그 대가로 얻는 것이 정말로 그만한 가치가 있는지 성찰하게 한다. 우리는 이 모든 시간을 일에 투자한 만큼 충분한 행복을 누리고 있는가? 일한 대가로 받는 급여가 그 과정에서 겪게 되는 그토록 수많은 희생을 감수할 만큼 가치가 있는가? 우리는 정말로 예순다섯 살이 될 때까지 일하고 싶은 것일까, 아니면 다른 길도 있는 것일까?

그러나 파이어 운동이 소로의 철학이나 자발적 간소함 운동과 결정적으로 다른 점은 목표 달성 시한이 훨씬 단기적이라는 것이다. 파이어 운동은 빨리 돈을 벌고 빨리 목표 저축액을 달성해서 빨리 자신이 좋아하는 일을 하며 살아가는 것이 목표다. 파이어 운동에서 권장하는 소박한 생활 방식은 근본적으로 미래 지향적인 성격을 띤다. 미래에 일에서 자유로워질 수 있다는 희망으로 현재에 극단적인 절약을 감수하는 것이다. 따라서 간소함이나 적게 벌어 적게 쓰는 것은 그 자체가 목적이라기보다는 수단에 불과하다. 진짜 목표는 미래에 최대한 빨리, 최대한 많은 자유 시간을 확보하는 것이다. 소로는 1년을 기준으로 인생 비용을 계산한 반면 파이어 운동에서는 인간의 수명을 기준으로 시간을 계산한다.

물질적인 풍요보다 시간을 중요하게 여긴 소로나, 소비보다 내적 경험을 중요하게 여기는 자발적 간소함을 추구하는 사람들이나, 미래의 자유를 위해 현재의 기본적인 안락함을 포기하는 파이어 운동 지지자들이 어쩌면 지나치게 극단적으로 보일 수 있다. 이러한 삶의 방식은 현대인의 삶 깊숙이 뿌리 내린 문화적 가치에 반하기 때문이다. 사회적으로 승인된 삶의 방식에서의 일탈을 의미하며, 정상으로 간주되는 삶의 방식과 단절을 요구하기 때문이다. 지금 당장 집을 팔고 숲속 오두막으로 은둔하거나, 과시적인 소비를 모조리 중단하거나, 소득의 70퍼센트를 저축하고 싶은 마음은 들지 않더라도, 스스로 이런 질문을 던져볼 마음은 생길 수도 있다.

내 선택에 따른 실제 인생 비용은 얼마일까? 정말로 그만한 가치가 있는 투자일까? 가령 연봉과 지위는 더 높아지지만 통근 시간과 근무 시간이 더 늘어나는 일자리로 이직을 고민하는 상황이라고 가정해 보자. 이직을 하게 되면 가족이나 친구들과 보낼 수 있는 시간이 줄어들고, 스트레스와 불안 수준은 높아질 가능성이 크다. 연봉 증가분이 이러한 손실을 상쇄할 만큼 가치가 있을까? 늘어난 수입으로 정확히 무엇을 구입하게 될까? 과연 그렇게 구입한 물건이 배우자, 자녀, 친구들과 함께 보내는 시간보다 더 큰 가치가 있을까?

오늘날 우리가 살아가는 시대는 생활비가 너무 많이 들어서 사실상 소로처럼 인생 비용을 계산할 여유가 없다. 대부분은 사치품에 돈을 쓸 수 있을 만큼 경제적으로 여유롭지 않다. 현실적으로 소득은 제한되어 있고 부양해야 할 가족도 있는 처지에 선택권은 거의 없다고 봐야 한다. 여기서 소로는 부유한 집안 출신의 미혼 백인 남성이었다는 사실을 기억할 필요가 있다. 그에게는 경제적으로 그를 지원해줄 가족과 친구들이 있었다. 숲속 오두막을 짓는 데는 많은 돈이 들지도 않았고, 보육료나 가스비나 전기세 때문에 걱정할 일도 없었다. 그러나 아무리 선택권이 적더라도 모든 결정에는 대가가 따른다는 사실을 기억하라. 게다가 우리가 지불하는 수단은 인생, 즉 진정으로 중요한 일에 쓸 수 있는 시간이라는 사실 또한 잊지 말아야 한다.

(M)

죽음을 기억하라

Memento Mori

수명이 유한하다는 사실은 누구나 알고 있다. 하지만 수명이 얼마나 남았는지는 절대다수가 알지 못한다. 우리에게 남은 시간은 수십 년일 수도 있고, 불과 몇 달이나 몇 주일 수도 있고, 단 며칠일 수도 있다. 인간은 누구나 죽는다는 사실을 머리로 받아들이기란 어렵지 않지만, 이 사실을 인식하고 매일매일을 살아가기란 쉽지 않다. 그래서 고대 그리스 철학자, 동양의 현자, 기독교 신학자 등 수많은 사상가들은 인간이라면 언젠가는 죽는다는 사실과 소중한 것은 영원하지 않다는 사실을 기억하며 살아가고자 여러 가지 방법을 고안했다. 철학자들에게도 '메멘토 모리memento mori', 즉 죽음을 기억하며 살아가는 일이 어렵기는 마찬가지였다. 메멘토 모리는 인지 운동이 아니다. 삶이 유한하다는 사실을 진정으로 깨닫고 받아들이는 법을 배워 나가는 것이다. 그렇게 할 수 있다면 우리는 훨씬 더 충만한 삶을 살아갈 자유를 얻게 될 것이다.

전통적으로 예술은 철학이나 설교보다 감정을 더 자극하고 인간이 감정을 느끼는 방식에 더 큰 영향을 미친다. 메멘토 모리는 중세 시대와 르네상스 시대 예술가들에게는 일상적인 주제였다. 당시의 화가, 조각가, 건축가들은 작품 속에 죽음을 떠올리게 하는 시각적 단서를 자주 집어넣었다. 해골이나 뼈를 비롯해 관, 모래시계, 썩은 과일, 시든 꽃 등 형태도 다양했다. '바니타스Vanitas'는 아예 죽음을 주제로 한 회화의 한 장르다. 중세 장례 예술이나 정물화는 인생의 무상함, 한때에 불과한 쾌락과 아름다움, 부와 명예의 덧없음을 보여준다.

스토아 철학자이자 로마 황제였던 마르쿠스 아우렐리우스Marcus Aurelius는 인간의 욕망이 얼마나 헛된지 자주 언급했다. 아우렐리우스는 모든 세상 만물의 유한함, 끊임없이 흘러가며 순환하는 자연, 그리고 만인에게 평등한 죽음을 기억하며 살아가고자 노력했다. 아우렐리우스는 죽음을 별로 대수롭지 않은 일로 여겼다. "항구를 떠나 항해를 하다가 목적지에 도착한다. 이제 육지로 올라선다. … 인간의 인생이란 짧고 덧없음을 항상 기억해야 한다. 어제는 한낱 세포에 불과했고 내일은 미라나 재가 되어 사라질 것이기 때문이다."[1]

비록 죽음에 초연했지만 아우렐리우스는 모두가 언젠가는 죽는다는 사실을 진지하게 받아들이고 살아가야 한다고 주장했다. 인생이라는 시간은 한정되어 있으므로 낭비해서는 안 되며, 귀중한 선물이라고 생각하고 매 순간 최선을 다해 살아야 한다고 생각했다. 언젠가 죽는다는 사실을 염두에 두고 살아갈 때 우리는 해야 할 일을 미루지 않고 정말로 중요한 일에 집중하게 된다. 아우렐리우스는 죽음을 앞둔 사람처럼 매 순간 생각하고 말하고 행동하며 살아야 한다고 말한다. 죽음을 두려워하지 말고 단 한 순간도 자기 자신에게 충실한 삶을 살지 못하는 것을 두려워해야 한다고도 말한다. 『스토아 철학자의 편지 Letters from a Stoic』에서 세네카는 이렇게 썼다. "인생의 마지막 날이 눈앞에 닥쳤다고 생각하며 살자. 아무것도 미루지 말자. 오늘이 마지막 날인 것처럼 매일을 살자." 시간은 쏜살같이 흐른다. 그러니 지금 이 순간을 충실히 살아가자.

그렇다면 어떻게 매일 죽음을 기억하며 살아갈 수 있을까? 이마에 해골 문신을 하거나, B단조의 장송곡을 최대 볼륨으로 틀어놓거나, 공동묘지를 배회하지 않고도 죽음을 기억하며 살아가는 방법은 없을까? 대답은 아마도 '없다'일 것이다. 인간은 누구나 언젠가는 죽는다는 사실을 의식적으로 억누르며 살아간다. 마음을 불편하게 만들기 때문이다. 그러나 동시에 삶에 활력을 불어넣어줄 수 있다. 고대 스토아 철학에서 이야기하는 것처럼 강한 목적의식과 집중력과 결단력으로 하루하루를 살아가기란 쉬운 일이 아니다. 금세 지쳐버리고 말 것이다. 기독교에서 머리에 재를 떨어내며 인간이 흙에서 와 흙으로 돌아갈 것이라는 사실을 되새기는 의식을 행하는 재의 수요일이 괜히 일 년에 한 번만 있는 게 아니다. 매일이 재의 수요일이라면 그 의미는 퇴색되고 말 테다. 멕시코에서 일 년에 한 번 돌아오는 망자의 날 또한 마찬가지다. 망자의 날은 죽은 자를 기리는 기념일이지만 그 이름과는 달리 역설적으로 생명을 긍정하는 전국적인 축젯날이다.

때때로 일상적인 문제에서 벗어나 장기적인 관점에서 큰 그림을 보려고 노력하는 일은 분명 도움이 된다. 임종을 앞두고 나는 어떤 후회를 하게 될까? 장기적으로 볼 때 내게 가장 중요한 일은 무엇일까? 후회는 가장 효과적인 가르침을 주는 스승이다. 『톰 아저씨의 오두막집』을 쓴 해리엇 비처 스토Harriet Beecher Stowe는 "하지 못한 말과 하지 못한 행동은 가장 쓰디쓴 눈물이 되어 무덤을 적신다"라고 했다. 생의 마지막 날에 무엇 때문에 눈물을 흘리게 될지 생각해 보면 자신이 진정으로 소중하게 여기는 것이 무엇인지 알 수 있다.

'내 장례식 상상해 보기'는 진정으로 가치 있게 여기는 것에 집중할 수 있도록 도와주는 아주 강력한 심리학적 도구다. 장례식에서 가족과 친구들에게 듣고 싶은 말을 생각해 보는 것이다. 어떤 인격을 가지고 어떤 행동을 한 사람으로 기억되길 원하는가? 자녀들에게 항상 스트레스에 시달리며 끊임없이 일만 하고 한시도 편하게 쉴 줄 모르던 부모로 영원히 기억되기를 원하는 사람은 아마 없을 것이다. 자녀들이 보기에 한 손에 와인 잔을 들고 있을 때만 유일하게 행복해 보였다고 기억되기를 원하는 부모는 없을 것이다. 마찬가지로 부모님에게 항상 제때 세금 신고를 하고 상사에게 높이 평가받던 자랑스러운 자식이었지만 정작 근 몇 년간 얼굴도 보지 못한 아픈 손가락으로 영원히 기억되기를 원하는 사람은 없을 것이다. 항상 걱정과 불안에 시달리며 삶의 다음 단계를 계획하고 잠재적 위기를 준비하느라 가족들에게도 신경 쓸 여력이 없던 사람으로 배우자에게 기억되기를 원하는 이는 없을 것이다. 그렇다면 어떤 사람으로 기억되기를 원하는가?

개인적인 경험에 비추어볼 때 시간의 가장 큰 역설은

인간은 시간이 많다고 생각할수록 낭비하는 경향이 있다는 것이다. 신화나 이야기 속에서 불멸을 얻게 된 존재 대부분이 영원한 삶을 축복이 아니라 저주로 여긴다는 사실은 흥미롭다(신들은 예외지만 그 내면적 삶이 어떠했는지는 알 수 없다). 고대 그리스 신화에 등장하는 예언자 시빌Sibyl은 태양의 신 아폴론에게 영원한 생명을 요구해 얻어내지만 영원한 젊음은 얻지 못한다. 수백 년이 지나 시빌의 육신은 너무 늙어 병 안에 들어갈 만큼 쪼그라들고 목소리만 남게 된다. 뱀파이어도 불멸을 달가워하지 않는다. 뾰족한 송곳니를 지닌 이 불멸의 존재들은 수 세기 동안 세상과 인생에 지쳐 영원한 안식을 갈망한다. 영화 〈뱀파이어와의 인터뷰Interview with the Vampire〉(1994)에 등장하는 드라큘라와 루이가 그랬듯이 말이다.

물론 예외도 있다. 영화 〈오직 사랑하는 이들만이 살아남는다Only Lovers Left Alive〉(2013)에서 틸다 스윈튼이 연기한 뱀파이어 이브다. 이브의 연인으로 등장하는 또 다른 뱀파이어 아담은 우울증에 빠진 구식 기계 수집광으로 자살 충동을 느끼며 영원한 안식을 갈망한다. 반면 이브는 끊임없이 지식을 탐구하고 지혜를 축적한다. 단 한 번도 불멸의 삶이 지겨웠던 적이 없다. 세상에는 언제나 배워야 할 새로운 지식이 있고, 읽어야 할 새로운 책이 있으며, 감탄을 자아내는 새로운 예술 작품이 있다. 감상할 수 있는 아름다움이 무한히 공급된다. 그러나 우리는 대부분 이브와 같지 않다. 일반적으로 우리는 대량으로 존재하는 것보다는 희소하고 유한한 것을 훨씬 더 가치 있게 여긴다. 우리는 인생에 주어진 시간이 전자라고 생각하고 행동하는 경향이 있지만 사실은 명백히 후자에 속한다는 사실을 기억해야 한다.

구약성경 시편 90편 12절에서 모세는 하나님께 '우리에게 우리 날 계수함을 가르치사 지혜의 마음을 얻게 하소서'[2]라고 간청한다. 하나님은 모세의 간청을 들어주셨고 인간은 삶의 유한함을 깨닫게 되었지만 그 깨달음이 지혜로 이어지지는 않았다. 물론 기독교인은 천국을 기대하며 살아간다. 기독교인에게 이 땅에서의 삶은 리허설이자 동시에 자신의 도덕성을 증명해 천국으로 들어갈 자격을 얻는 시험대다. 환생을 믿는 이들 역시 현생이 끝이라고 생각하지 않는다. 그러나 사후세계나 환생을 믿지 않는 사람에게는 인생은 한 번뿐이기 때문에 주어진 시간이 얼마든지 간에 이 기회를 최대한 잘 활용해야 한다는 압박감이 주어진다.

독일 출신의 세계적인 영성가 에크하르트 톨레Eckhart Tolle는 그의 저서 『지금 이 순간을 살아라The Power of Now: A Guide to Spiritual Enlightenment』(1997)에서 지금 이 순간이 현재에도 미래에도 우리가 가진 전부이기에 소중히 여기는 법을 배워야 한다고 말한다. 대부분의 사람은 현재를 소중히 여길 줄 모른다. 우리의 생각과 감정은 대부분 과거나 미래를 맴돈다. 기억과 기대 사이에서 갈팡질팡한다. 과거는 우리에게 정체성을 부여하며, 원인과 결과라는 서사를 제공한다. 반면에 '미래는 어떤 형태로든 구원과 성취를 약속한다.'[3] 그러나 둘 다 환상에 불과하다. 우리가 실제로 소유하고 있는 것은 현재뿐이다. 현재는 가장 소중한 것일 뿐만 아니라 존재하는 유일한 것이다. 우리에게 남은 현재가 얼마나 되는지 아는 사람은 아무도 없다. 결국 살아서 이 세상을 떠나는 사람은 아무도 없을 테니까 말이다.

(N)

내러티브

Narratives

지금이 역사상 가장 피곤한 시기라고 생각하는 것도 무리는 아니다. 기억 속에서 지금보다 덜 힘들었던 과거를 그리워하는 사람들이 많다. 자동차, 패스트푸드, 소셜 미디어, 아이폰, 신자유주의가 아직 존재하지 않았던 그때 그 시절로 되돌아가고 싶어 하는 사람들도 있다. 그러나 탈진과의 전쟁은 비단 우리 세대만의 일은 아니다. 선조들 또한 탈진 상태가 몸과 마음과 공동체에 미치는 영향을 크게 걱정했다. 모순적인 사실은 선조들도 기억 속에서 더 단순했지만 행복했던 황금시대를 그리워하며, 자신들이 살아가는 시대가 유난히 더 힘들고 피곤하다고 느꼈다는 것이다. 그러나 탈진의 원인을 설명하는 내러티브는 시대마다 천차만별이었다.

현대인이 경험하는 탈진감을 과거에는 멜랑콜리아, 아세디아, 신경 쇠약증이라는 이름으로 불렀다. 이 세 가지 증후군의 핵심 증상은 번아웃이나 우울증과 크게 다르지 않다. 전부 다 하나같이 무기력, 사고와 행동의 둔화, 신경 쇠약, 신경 과민, 절망감, 비관주의를 동반한다. 무엇보다 피로와 관련된 이 오랜 증후군들을 살펴보면 과거에는 구체적으로 어떤 불안 정서가 만연했는지를 엿볼 수 있다.

탈진의 원인을 설명하는 이야기는 언제나 흥미롭다. 그 내러티브 속에서 우리는 역사의 어느 시점에 어떤 걱정이 만연했고, 당시 사람들은 어떤 사회적·기술적 발전이 기존의 생활 방식을 뒤흔들고 정신 건강과 신체 건강을 위협한다고 느꼈는지를 엿볼 수 있기 때문이다.

오늘날 사람들은 탈진 상태를 일으키는 원인이 만성적인 업무 스트레스, 소셜미디어와 이메일, 경쟁적 개인주의로 인한 외로움, 공동의 목표 및 소속감 상실이라고 이야기한다. 전근대에는 체액의 불균형과 영적 실패를 탈진 상태의 원인으로 생각했다. 르네상스 시대 학자들은 지나친 학문 활동과 행성의 정렬, 특히 토성이 내뿜는 사악한 기운을 탈진 상태의 원인으로 지목했다. 18세기 의사들은 자위행위를 에너지가 고갈되는 주요 원인으로 여겼다. 19세기에는 지나친 두뇌 활동, 민감한 체질, 과도한 자극을 탈진 상태의 원인으로 꼽았다.[1] 이처럼 탈진 상태를 바라보는 다양한 역사적 관점에서 무엇을 배울 수 있을까?

멜랑콜리아는 탈진 상태와 관련된 가장 오래된 진단명이다. 히포크라테스와 갈렌이 처음으로 기술한 이 질병은 두려움과 원인 없는 슬픔이 합쳐져 허탈감, 무기력함, 혐오감을 유발하는 상태로 알려졌다. 19세기 현대 의학이 등장하기 전까지 대부분의 질병은 피, 점액, 황담즙, 흑담즙으로 구성된 네 가지 체액의 불균형에서 비롯된다고 생각했다. 체액의 균형을 맞추고자 당시 의사들은 사혈이나 방혈 같은 치료 기법을 사용했다. 멜랑콜리아는 흑담즙의 과도한 분비 때문에 발생한다고 생각했다. 당시 의사들은 흑담즙이 과도하게 분비되면 몸이 초과량을 태워서 자체적으로 체액의 균형을 맞춘다고 생각했다. 그 과정에서 연기와 그을음 같은 부산물이 생기는데, 이때 발생한 연기가 환자의 머리까지 타고 올라가 판단력을 흐리게 만들고 그을음이 세상을 보는 눈을 어둡고 음울하게 만든다고 믿었다.

당시에는 멜랑콜리아 환자는 까다롭고 무례하며 비관적이고 인간을 혐오하는 사람이라는 인식이 만연했다. 4체액설에서는 가장 큰 비중을 차지하는 체액이 무엇이냐에 따라 인간의 성격과 체질도 다혈질, 점액질, 담즙질, 흑담즙질 네 가지로 분류했다. 이 가운데 멜랑콜리아 환자가 속한 흑담즙질이 가장 인기가 없었을 것으로 추정된다. 그러나 멜랑콜리아를 천재성이나 창의성과 관련이 있다고 여기며, 학자들의 일반적인 상태로 간주하기도 했다. 멜랑콜리아에 빠진 천재 이미지는 낭만주의 시대에 가장 큰 인기를 끌었다. 당시 피곤하고 지친 모습으로 세상의 규칙을 따르지 않는 시인들에게 사람들은 매력을 느꼈다. 그러나 그보다 훨씬 더 오래전인 고대 그리스 시대에 이미 멜랑콜리아와 천재성이 서로 관련이 있다는 인식이 존재했다. 아리스토텔레스는 '왜 뛰어난 철학자, 정치가, 시인, 예술가는 하나같이 멜랑콜리아에 빠져 있을까?'라는 의문을 제기하기도 했다.[2]

고대 후기 기독교 시대에 이르러 멜랑콜리아는 아세디아로 이름이 바뀌었다. 아세디아는 무관심과 무기력과 무감각을 의미하는 고대 그리스어에서 유래했다. '만사에 무관심한 상태'를 가리키는 아세디아는 당대에 '마음의 피로'라고 불렀다. 정신적이나 신체적인 증상은 아세디아도 멜랑콜리아나 번아웃과 크게 다르지 않았다. 그러나 그 원인에 대한 해석은 달랐다. 당시 사람들은 아세디아를 체액의 불균형에 따른 유기적 질병이나 성격의 문제가 아니라 영적·도덕적 실패의 결과라고 생각했다. 수도자이자 신학자로서 각각 4세기와 5세기에 활동했던 에바그리우스

폰티쿠스Evagrius Ponticus(346~399)와 요한 카시아노John Cassian(360~435)를 비롯해 13세기 이탈리아에서 활동한 신학자 토마스 아퀴나스Thomas Aquinas(1225~1274)는 아세디아를 신앙과 의지가 부족해서 걸리는 질병으로 간주했다. 따라서 아세디아는 곧 죄였다. 심지어 주어진 삶에 감사할 줄 모르고 하나님이 창조하신 세상을 경멸하는 태도라고까지 여겼다.[3] 또한 아세디아는 태양이 가장 뜨거운 한낮에 수도승을 덮치는 나태의 유혹을 일컫는 '정오의 악마'와 동일시되기도 했다.[4] 당시에는 신앙이 부족한 사람을 식어서 파리가 꼬이는 미지근한 우유 냄비에 비유하곤 했다.[5] 본질적으로 부패했다고 생각했기 때문이다.

수도승을 위한 실용적인 안내서인 『수도원The Monastic Institutes』(425년경)에서 요한 카시아노는 아세디아에 사로잡히면 수도원에서의 생활 방식과 동료 수도승들에게 환멸을 느끼게 된다고 주장한다.[6] 번아웃의 핵심 증상인 '비인격화'를 떠올리게 하는 대목이다. 카시아노는 아세디아가 수도승을 '모든 일에 게으르고 둔하게 만든다'고 적었다.[7] 아세디아에 빠진 수도승은 마음이 다른 데 가 있어서 그 어떤 일에도 집중하지 못한다. 글을 읽을 수도 없고, 기도를 할 수도 없으며, 그 어떤 생산적인 일도 수행할 수 없다. 번아웃과 마찬가지로 머리에 안개가 낀 것 같은 상태가 지속되며 효율성이 극도로 떨어진다. 그래서 정오 무렵이 되면 아세디아에 빠진 수도승은 다음과 같은 증상을 경험한다.

> 마치 긴 여정이나 힘든 노동을 끝내고 돌아온 사람처럼 혹은 이틀이나 사흘간의 금식을 끝낸 사람처럼 육체적 피로와 음식에 대한 갈망을 경험한다. 그러다 갑자기 주변을 불안하게 두리번거리는가 하면, 자신을 찾는 형제가 아무도 없다며 탄식하고, 방을 자주 들락날락하고, 이제나저제나 해가 지기를 기다리는 사람처럼 자꾸만 하늘을 올려다본다. 깊은 어둠처럼 비합리적인 마음의 혼란과 게으름에 잠식당해 그 어떤 영적인 일도 수행할 수 없는 상태에 빠진다. 이 끔찍한 기분에서 벗어날 수 있는 유일한 방법은 다른 형제를 방문하거나 단지 잠을 자는 것뿐이라고 믿는다.[8]

여기서 카시아노가 묘사한 아세디아에 빠졌을 때 나타나는 신체적 증상은 오늘날 우리가 '운동 후 불쾌감postexertion malaise'이라고 부르는 증상과 비슷하다. 이는 장기간 단식하거나 고된 노동을 하거나 장시간 걷고 난 이후에 경험하는 것과 같은 극심한 피로를 가리킨다. 카시아노는 절망감, 불안 증상, 집중력 저하도 언급한다. 결국 '아세디아에 빠져 강한 둔기에 얻어맞은 것처럼 온몸의 기운이 모조리 빠져나가 버린' 수도승은 잠을 자거나 동료 수도승을 찾아가 의미 없는 잡담을 나누지만 어느 쪽이든 돌아오는 것은 더 큰 피로감뿐이다.[9]

그야말로 전형적인 악순환이다. 아세디아에 빠져 명상이나 묵상에 집중할 수 없게 된 수도승은 어떻게든 에너지를 회복해 보려고 노력하지만 잘못된 전략으로 상황은 더욱 악화되기만 한다. 21세기를 살아가는 우리도 크게 다르지 않다. 번아웃에 빠진 현대인도 비생산적인 대치 활동에 몰입한다. 업무에 집중할 수가 없으니까 자꾸만 이메일을 확인하고, 트위터나 인스타그램을 기웃거리고, 온라인에서 충동구매를 하고, 마음의 공허함을 채우려고 먹을 것이나 마실 것에 탐닉하거나 끊임없이 누군가를 만나고 다닌다. 그렇게라도 하지 않으면 절망감에 빠져 헤어 나올 수가 없기 때문이다.

아세디아는 칠죄종 중 하나인 나태의 죄로 더 잘 알려져 있다. 나태는 나머지 여섯 가지 죄악인 시기, 식욕, 음욕, 분노, 교만, 탐욕으로 가는 문을 열기 때문에 가장 큰 죄악으로 여겼다. 제프리 초서Geoffrey Chaucer의 『캔터베리 이야기The Canterbury's Tales』에 등장하는 성직자도 나태를 '모든 죄로 통하는 문'이라고 선언하며 이렇게 말한다. '게으른 자는 벽이 없는 집과 같다. 사방에서 악마가 쳐들어와 무방비 상태에 있는 그에게 유혹의 화살을 쏠 수 있다.'[10] 그런데 도대체 나태를 왜 이토록 심각한 죄로 여겼을까? 다른 치명적인 죄에 비해 상대적으로 무해해 보이는 이 상태를 신학자들은 왜 그토록 경계했을까?

우선 아세디아가 발생한 수도원이라는 장소에 주목할 필요가 있다. 수도원처럼 밀접한 공동체 생활이 이루어지는 환경에서는 해야 할 일을 명확하게 규정하고 공평하게 분배하는 것이 중요하다. 일반적으로 사회 구조가 복잡해질수록 맡은 몫을 제대로 해내지 못하는 사회 구성원이 늘어나기 마련인데, 이는 사회 체제가 원활하게 기능하지 못하도록 위협하는 원인이 된다. 집단의 성공은 모든 구성원이 할당된 역할을 잘 수행하는 데 달려 있다. 그렇지 못한 구성원이 있으면 나머지 구성원은 자연스레 불만을 품게 되며, 이러한 불만은 빠르게 확산될 수 있다. (정당하든 아니든) 불공평하다는 인식이 확산되면 사회적 결속에 심각한 위협을 가할 수 있다.[11] 직장에서 툭하면 핑계를 대며 업무를 떠넘기는 동료를 떠올려 보라. 그런 인물이 단 한 명만 있어도 팀 전체의 사기가 떨어질 수 있다. 집안일을 공평하게 분담하지 않는 배우자도 가족의 결속을 위협할 수 있다. 영국 연예 일간지가 복지 제도의 수혜자를 무임승차자나 기생충으로 묘사하며 증오를 조장하는 것 또한 같은 맥락에서 바라볼 수 있다.

칠죄종을 규정한 배경에는 추상적인 차원에서의 신학적 논리뿐만 아니라 실용적인 차원에서의 사회적 논의도 존재했다. 나태는 근면한 사회 구성원 사이에 분노를 불러일으켜 사회 구조 전체에 해악을 끼칠 수 있기에 매우 위험했다. 오늘날 현대 사회에서도 탈진 상태에 빠진 사람은 경제적으로도 사회적으로도 상당한 위험 부담이다. 스트레스, 우울증, 번아웃으로 인한 병가 때문에 기업은 매년 수십 억에 달하는 손실을 떠안고 있다. 공중보건 분야에서 감당해야 하는 부담도 급증하고 있다. 번아웃 문제는 개인뿐만 아니라 사회와 정치 체계에도 영향을 미친다. 따라서 근본적이고 구조적인 원인을 제대로 이해하고 해결하는 일이 중요하다. 무엇보다 중요한 것은 번아웃을 개인의 문제로만 바라보지 않는 시선이다.

19세기 후반에 접어들며 급속한 산업화, 자본주의의 확산, 중산층의 확대로 '피로의 유령'이 다시 한번 고개를 들었다. 다만 이번에는 탈진 상태를 신경 쇠약의 핵심 증상으로 보았다는 점이 달랐다. 신경 쇠약이라는 용어는 1880년대 초에 미국의 생리학자이자 전기치료사인 조지 비어드George M. Beard가 처음 사용하면서 대중화되었다.[12] 비어드는 신경 쇠약을 '신경 약화' 및 '신경계를 작동하는 힘의 결핍이나 부족'으로 정의했다.[13] 비어드와 그 추종자들은 뇌를 일종의 배터리로 보았다.[14] 배터리처럼 신경계를 작동시키는 힘도 그 양이 제한되어 있어 현명하게 관리하지 않으면 쉽게 고갈될 수 있다고 생각했다.

비어드의 진단은 큰 반향을 불러일으켰고 빠르게 퍼져나갔다. 19세기의 마지막 10년 동안 미국과 서유럽에서는 신경 쇠약은 유행병이었다. 그 당시 신경 쇠약은 왜 그토록 큰 인기를 끌었을까? 먼저 비어드는 신경 쇠약을 심리적 질환이 아닌 신체적 질환으로 명시했다. 그 덕분에 신경 쇠약으로 진단받더라도 정신질환에 따라붙는 사회적 낙인에서 자유로울 수 있었다. 또한 비어드는 신경 쇠약이 지나친 '두뇌 활동'의 결과로, 교육받은 중산층 및 상류층에서 많이 발생한다고 주장했다. 특히 기업가나 산업계 수장에게서 흔히 발생한다고 밝혔다. 비어드는 예민하고 '섬세한 (신체) 조직'을 가진 사람일수록 신경 쇠약에 걸릴 가능성이 크다고 주장했다.

> 섬세한 (신체) 조직을 가진 사람들의 특징은 가늘고 부드러운 머리카락, 연약한 피부, 고운 얼굴선, 가느다란 뼈대, 가늘게 뻗은 팔다리, 상대적으로 작고 약한 근육 조직으로, 투박한 (신체) 조직을 가진 사람들과 확연히 구분된다. 이러한 외양적 특징은 뛰어난 지성과 감성적인 성격과도 연결된 경우가 많다. … 야만적이고 천박하고 교육 수준이 낮은 사람보다 세련되고 교양 있고 교육받은 사람에게서 두드러지며, 남성보다는 여성에게서 더 흔하다.[15]

계급 차별, 인종 차별, 성차별이 골고루 들어가 있지만 당대에 소위 '섬세한 조직'을 가진 사람들은 이러한 설명을 아주 기분 좋게 받아들였다.

그러나 무엇보다 중요한 사실은 비어드가 신경 쇠약을 문명화에 따른 다양한 사회 현상 때문에 발생한 질병이라고 선언했다는 점이다. 그 이후로 신경 쇠약의 원인을 외부 세계로 돌리는 태도가 당연해졌다. 현대인의 에너지가 고갈되는 원인을 기술적·사회적 변화 탓이라고 생각하게 된 것이다. 현대인의 생활 환경, 특히 도시는 피로를 유발하는 자극이 지나치게 넘쳐난다. 시끄러운 소음, 어지러운 풍경, 과도한 정보는 현대인의 감각에 끊임없는 융단 폭격을 퍼붓는다. 비어드는 예민한 신경계를 가진 사람은 이러한 지속적인 감각 과부하에 대처하기가 힘들 것이라고 걱정했다.

이 모든 사실을 고려해볼 때, 19세기 말에 신경 쇠약이 그토록 유행한 것도, 많은 사람이 이 진단명을 열광적으로 받아들인 것도 전혀 놀라운 일이 아니다. 비어드는 특정 집단을 미화하는 긍정적인 특성과 신경 쇠약을 연결지어 사실상 이를 질병이 아닌 구별된 특징으로 만들었다. 신경 쇠약은 교양, 사회적 지위, 교육 수준을 나타내는 지표이자 감수성, 성실함, 세련됨을 가리키는 상태가 되었다. 또한 그 발생 원인이 개인이 통제할 수 없는 영역 밖에 있다고 밝혀 환자가 부담해야 할 개인적인 책임감을 덜어주었다. 오늘날 탈진 상태와 스트레스에 관한 논의에서도 이러한 논리를 희미하게나마 찾아볼 수 있다. 탈진 상태가 더 이상 그 옛날의 신경 쇠약처럼 자랑거리는 아니지만, 여전히 우리가 일에 모든 최선을 혹은 그 이상을 바쳤다는 의미로 이해된다. 배려심 깊고, 양심적이며, 이타적이고 영웅적인 마음가짐으로 자신의 욕구는 무시하다가 결국 병이 난 상태로 이해받는다. 스트레스를 받는다는 것은 우리가 그만큼 중요한 역할을 감당하고 있으며, 누군가 우리를 필요로 한다는 뜻이기도 하다.

그렇다면 이 기나긴 피로의 역사에서 우리는 무엇을 배울 수 있을까? 첫째, 탈진의 원인을 설명하는 내러티브가 역사의 흐름을 따라, 때로는 급격한 속도로 변해왔다는 사실이다. 둘째, 시대에 따라 탈진의 원인이 신체적 요인과 심리적 요인, 문화적 요인과 기술적 요인, 내부적 요인과 외부적 요인 사이를 오가며 변해왔다는 사실이다. 셋째, 이처럼 변화하는 내러티브는 탈진 상태에 빠진 사람을 판단하는 사회적인 시각, 즉 이를 개인의 잘못으로 보는지 아니면 통제할 수 없는 외부적 요인의 희생자로 보는지를 드러낸다. 역사적으로 탈진을 지성과 감수성과 교양의 표식으로 여겼던 시대도 있었다.

반면에 탈진 상태에 빠진 사람을 도덕적으로 결함이 있는 죄인이나 게으름뱅이나 기생충으로 바라보고 심지어는 사회 구조를 위협하는 심각한 문제로 간주했던 시대도 있었다. 이러한 역사적 맥락에 비추어 우리는 오늘날 탈진을 설명하는 내러티브를 파악하고, 그 기저에 깔린 선택과 책임의 주체는 누구이며, 어떤 도덕적 평가가 뒤따르는지를 깊이 생각해 보아야 한다.

(O)

오블로모프

Oblomov

오블로모프는 1859년에 출간된 러시아 작가 이반 곤차로프Ivan Goncharov의 동명 소설에 등장하는 악명 높은 안티히어로다.[1] 오블로모프는 구제 불능의 게으름뱅이로 유명하다. 소설은 낡은 동양풍 가운을 입고 침대에서 나오기를 거부하는 오블로모프의 모습으로 시작된다. 그의 나른한 눈길이 허름한 침실을 수놓은 먼지 쌓인 가구들을 훑고 지나간다. 그의 주변에는 온통 먼지가 내려앉아 있고 사방이 거미줄로 뒤덮여 있다. 수년간 청소도 안 한 채로 방치된 침실 천장에서는 석고가 떨어져 내린다. 하인이 다가와 얼른 일어나 옷도 갈아입고 면도도 하라고 재촉하지만 아무런 소용이 없다. 친구들이 찾아와 상트페테르부르크에 찾아온 봄을 즐기러 나가자며 어떻게든 그를 침대 밖으로 꾀어내려고 하지만 역시나 아무런 소용이 없다.

오블로모프가 침대를 벗어나 활동적인 삶을 살기를 거부하면서 여기저기서 문제가 생겨나기 시작한다. 현재 세 들어 사는 아파트에서 나가야 하지만 새로 이사할 집을 알아볼 기력이 오블로모프에게는 없다. 시골 영지는 관리하지 않고 방치한 지 오래다. 영지에서 나오는 수익이 어디로 새는지도 알아차리지 못한다. 사기꾼들이 달라붙어

재산을 횡령하지만 오블로모프는 그 사실을 꿈에도 알지 못한다. 존재가 위태로운 상황인데도 그는 침대에서 벗어나질 못한다. 상황을 바로잡고자 편지를 쓰려고 매일 노력은 하지만 몇 줄 쓰다가 골치 아픈 문법 문제에 발목이 잡혀 그마저도 포기하고 만다. 관계대명사의 한정적 용법과 계속적 용법, 그러니까 'which'랑 'that' 둘 중에 무엇을 써야 할지 도무지 알 수가 없어서다. 끝맺지 못한 편지는 당연히 발송된 적도 없다. 오블로모프의 신변을 둘러싼 문제는 악화일로로 치닫는다.

친구들은 파산 직전의 위기에서 그리고 별의별 횡령꾼들의 손아귀에서 오블로모프를 여러 번 구해내며 무기력 상태에서 어떻게든 그를 다시 일으켜 세우고자 최선을 다한다. 그러나 모든 노력은 결국 수포로 돌아간다. 지나친 수면, 지나친 보드카와 와인, 지나친 붉은 고기, 그리고 운동 부족으로 오블로모프는 젊은 나이에 요절하고 만다. 그러나 그의 인생이 불행했다고만은 할 수 없다. 생의 마지막 나날에 사랑하는 사람을 만났고, 곁에는 항상 그를 진정으로 아끼고 돌봐주는 친구들이 있었다. 게다가 오블로모프는 단순히 움직이는 것보다 쉬는 게 좋아서, 일하는 것보다 노는 게 좋아서 게으름을 부린 것이 아니었다. 오히려 활동적인 삶에 진지한 철학적 의문을 품었다.

오블로모프는 친구 슈톨츠에게 이렇게 말한다. "사회 활동을 한다는 사람들은 전부 죽은 거나 마찬가지야. 깊은 잠에 빠진 거나 다름없다고. 나보다 하등 나을 게 없지 않나! 그자들은 삶의 목적이 무어라던가? 나처럼 침대에 누워 있지 않고 파리 떼처럼 이리저리 바쁘게 왔다 갔다 하지만, 그게 다 무슨 소용이란 말인가?"[2] 슈톨츠는 오블로모프의 반사회적인 태도와 야망이라고는 찾아볼 수 없는 이러한 상태를 가리켜 '오블로모피즘'에 빠졌다고 비난한다. 그러자 오블로모프는 이렇게 반박한다. "다들 나와 똑같은 삶을 꿈꾸며 살아가는 것 아닌가? … 다들 그렇게 바쁘게 열정을 좇아 살아가는 이유가, 이 세상에서 일어나는 모든 전쟁과 무역과 정치 활동의 목적이 결국에는 나처럼 휴식하며 잃어버린 낙원을 되찾는 것 아닌가?"[3]

일평생 단 하루도 노동이란 것을 해본 적 없는 토지 소유주인 오블로모프는 무기력하고 무감각하며 자멸하는 러시아 봉건 귀족을 상징하는 인물이자, 노동과 자기 계발과 생산성의 가치에 근본적인 의문을 제기하는 인물이다. 그는 진보가 무조건 이롭다고 생각하지 않으며, 일을 하지 않아도 살 수 있는 젖과 꿀과 보드카가 흐르는 지상 낙원을 꿈꾼다.

오블로모프는 우리가 반면교사 삼아야 할 부정적인 인물처럼 보이지만, 심리분석가 조쉬 코헨이 천성이 게으른 사람, 업무적으로 태만한 사람, 번아웃에 빠진 사람을 구분한 기준에 비추어 진지하게 분석해 볼 필요가 있는 인물이기도 하다. 코헨은 '생산성이라는 의무에서 이탈한' '천성이 게으른 사람slob'의 전형으로 스누피, 가필드, 호머 심슨, 위대한 레보스키(1998년에 개봉한 부조리 코미디 영화 〈위대한 레보스키〉의 주인공으로 이렇다 할 직업도 없고 삶의 목표도 없는 게으르고 무기력한 삶의 방식을 대변하는 인물-옮긴이)를 제시한다.[4] 코헨은 게으른 사람과 번아웃에 빠진 사람을 다음과 같이 구분한다. "번아웃에 빠진 사람은 신경 불안과 수치심과 죄책감 때문에 무기력한 상태를 즐기지 못하는 반면에, 게으른 사람은 무기력한 상태를 당당하게 받아들이며 노동과 생산성으로 정의되는 사회에서 정당성을 부여하는 성실함과 책임감을 공개적으로 거부한다."[5] 다시 말해, 게으른 사람은 자신의 게으름을 당당하게 누리며, 다른 사람에게 충격과 혐오감을 불러일으키고 주류 사회에 편입되지 못하는 상황을 오히려 즐긴다. 게으른 사람은 누구나 일을 해야 하고 유용하고 생산적이어야 한다는 현대 사회를 지배하고 있는 문화적 가치를 거부한다. 열심히 일하는 사람들을 조롱하고 완전히 다른 삶의 방식을 추구하는 이들은 사회적으로 눈엣가시 같은 존재다.

그러나 오블로모프는 게으른 사람보다는 '업무적으로 태만한 사람slacker'에 가깝다. 다른 사람을 공격하거나 스스로를 자랑하려는 의도가 없기 때문이다. 무엇보다 그는 인생을 즐기는 방법을 점차 찾아 나간다. 나중에는 죄책감뿐만 아니라 더 이상 이렇게 살아서는 안 된다는 강박관념에서도 벗어난다. 가장 큰 이유는 오블로모프를 있는 그대로 사랑해 주고 그를 대신해 실질적인 잡무를 모두 처리해 주는 연인을 만났기 때문이다. 소설 도입부에서 오블로모프를 괴롭히는 것은 모든 일을 나중으로 미루는 습관이다. 머리로는 일해야 한다는 사실을 알면서도 실행에 옮길 수가 없었던 오블로모프는 늘 죄책감과 불안감에 시달린다. 머릿속에는 앞으로 어떻게 살고 싶은지, 영지를 어떻게 제자리로 돌려놓을지 큰 그림을 그리지만, 결코 행동으로 옮기지는 못한다. 모순적이지만 가장 중요하게 생각하는 일일수록 선뜻 실행에 옮기지 못하는 것이 바로 미루는 습관의 핵심이다.

시간 관리 전문가 올리버 버크먼은 미루는 습관을 '인생을 완전히 통제할 수 있다는 느낌'을 유지하는 방편이라고 분석한다 '아예 시작조차 하지 않으면 괜히 엄두가 안 나는 일에 손을 댔다가 실패하는 불쾌한 경험을 하지 않아도 되기 때문'이다.[6] 일을 미룰 때 우리는 모든 가능성이 열려 있는 상태에 머무를 수 있다. 괜히 시작해서 수많은 가능성으로 빛나는 미래를 축소시킬 필요가 없다. 일단 미뤄둔 뒤 언제든 원하면 시작할 수 있다는 환상을 보존하려 한다. 이상과 현실 사이의 압도적인 괴리 때문에 시작조차 하지 않으려는 경우도 많다. 너무나도 소중한 비전을 실현하는 과정에서 불가피하게 현실의 불완전함을 마주하게 되는 상황이 두렵기 때문이다. 따라서 중요한 일을 미루는 습관은 실질적으로는 현실 도피에 불과할지라도, 이론적으로는 완벽주의 성향에서 비롯된 것이다.

우리는 중요하게 생각하는 일일수록 미루는 경향이 있

다. 나도 그렇고, 내가 지금까지 만난 많은 내담자도 그랬다. 우리는 '일단 …만 하고 나면'이라는 마음가짐으로 살아간다. 일단 학위만 마치고 나면, 일단 이 일만 끝내고 나면, 일단 살만 좀 빼고 나면, 일단 완벽한 파트너를 만나고 나면, 일단 업무 스트레스가 좀 줄어들고 나면, '그때는' 무엇을 해야겠다고 결심한다. 즉, 가장 중요하게 생각하는 일을 시작조차 하지 않는 사람이 많다는 뜻이다. 우리는 그다지 중요하진 않지만 해야만 하는 일부터 일단 해치우고 나중에 시간이 나면 정말 중요한 일을 해야지 하고 생각한다. 하지만 이는 논리적으로 어불성설이다. 버크먼은 언제나 가장 중요한 일을 가장 나중이 아니라 가장 먼저 해야 한다고 말한다. 매일 하루의 첫 시작을 가장 중요하다고 생각하는 일을 하는 데 할애하라고 조언한다. 사고방식을 뒤엎어 가장 중요하다고 생각하는 일을 가장 먼저 하고, 그다음에 해야만 하는 일을 처리해야 한다. 다시 말해 소설을 쓰거나, 명상을 하거나, 조깅을 하거나, 일본어를 배우거나, 창업 준비를 하거나, 사랑하는 사람에게 더 많은 시간을 투자하거나, 샴 고양이를 키우거나, 세계 여행을 하거나, 보트를 타는 일을 미루지 말고 가장 먼저 해야 한다.

미국의 기업가이자 자선사업가인 워런 버핏Warren Buffett은 중간 정도의 우선순위를 가지는 일에 집중할 때 발생하는 위험을 경고한다. 버핏은 오블로모프 같은 게으름뱅이를 고쳐 쓰는 일에는 관심이 없다. 근면 성실하고 의욕도 넘치지만 우선순위를 잘못 설정한 탓에 고통받는 사람을 돕고 싶어 한다. 버핏은 인생을 잘 살고 싶다면 인생에서 가장 중요한 일 스물다섯 가지를 우선순위 순으로 나열한 목록을 만들어 보라고 말한다. 그런 다음 상위 다섯 가지 항목에 집중하라고 조언한다. 나머지 스무 가지는 시간 여유가 있을 때 선택적·추가적으로 실행할 수 있도록 간직만 할 뿐, 실제로 시간을 쏟아서는 안 된다. 왜냐하면 우선순위가 중간 정도 되는 일이야말로 우리가 인생의 핵심 목표를 향해 달려가는 길을 방해하는 가장 큰 위험요소가 되기 때문이다. 우리는 중간 정도의 우선순위에도 시간을 할애하길 원하고, 그러다 보면 가장 중요한 일에 투자할 수 있는 시간과 노력이 줄어든다. 게다가 덜 중요한 일일수록 처리하기 쉬울 때가 많다. 가장 중요한 일에 착수할 때는 심적 부담이 훨씬 크기 때문에 실패에 대한 두려움도 훨씬 더 위협적으로 다가온다.

오블로모프는 대다수의 사람들이 그러하듯이 중간 지대에서 이러지도 못하고 저러지도 못하는 존재다. 중요한 일을 미루면서 괴로워하는 동시에 철학적 근거를 들어 휴식을 열렬히 옹호한다. 두 개의 서로 다른 내적 자아가 치열하게 싸움을 벌인다. 한편으로는 무기력을 떨치고 어엿한 사회의 일원으로서 활기차게 살아가고자 하는 욕구를 느낀다. 다른 한편으로는 쾌락의 노예가 되기를 주저하지 않으면서 동시에 죽음의 충동을 느낀다. 프로이트는 이 죽음의 충동을 가리켜 생명체가 무생물 상태로 돌아가고자 하는 무의식적인 욕망이라고 설명했다. 오블로모프는 쾌락과 죽음에서 동시에 아름다움을 느낀다. 그는 결국 휴식과 수면의 유혹에 넘어간다. 모든 노동, 모든 노력, 모든 불편함과 위험을 포기함으로써 삶에서 죽음을 실천한다. 인생을 살아갈 만한 가치가 있게 만들어주는 많은 존재들을 없애버린다. 오블로모프는 우리에게 많은 교훈을 준다. 이도 저도 아닌 중간 지대에서는 결코 그 어떤 의미 있는 일도 이루어낼 수 없다.

(P)

완벽주의

Perfectionism

내가 만난 수많은 내담자를 비롯해 현세대 최고의 지성 가운데는 완벽주의자가 많다. 그게 무슨 문제냐며 어깨를 으쓱하는 사람도 많을 테다. 완벽주의는 본질적으로 좋은 것 아닌가? 탁월함을 추구하는 태도는 궁극적으로 모두에게 유용하므로 사회적으로 인정받는 자질 아닌가? 하지만 문제는 그렇게 단순하지 않다. 완벽주의는 양날의 검이다. 긍정적인 효과도 많지만, 정신 건강과 신체 건강에 심각한 악영향을 미치기도 한다. 맡은 일을 최대한 잘 해내고자 하는 바람은 당연히 긍정적인 욕구다. 탁월한 성과를 인정해 주는 일 또한 마찬가지다. 탁월함을 추구하고 인정해 주는 것 모두 개인의 배려심과 성실함을 나타낸다. 품질과 아름다움을 존중하는 태도이기도 하다. 탁월함이란 행동으로 나타나는 아름다움, 즉 실생활에서 아름다움이란 가치를 적용하고 실천하는 것이다. 그러나 자칫 어떤 대가를 치르더라도 완벽함을 달성하려는 자멸적인 행위로 변질될 수도 있다. 불완전함을 인지하는 순간 자기 자신을 가혹하게 몰아세우고, 지나치게 많은 시간과 에너지를 쏟아부으며 일에만 매달리는 결과를 낳을 수도 있다. 완벽주의는 번아웃을 일으키는 주요 원인이기도 하다.

완벽주의는 보통 성향이라고 알려져 있다. 완벽주의자는 흠결 없는 상태를 추구하며 지나치게 높은 기준으로 자신의 성과를 평가하는 경향이 있다. 어원을 따라가면 완벽주의는 완성이라는 개념과 관련이 있다. 하지만 모순적이게도 많은 완벽주의자가 일이 합리적인 수준에서 어느 정도 완성되었는데도 손에서 놓지를 못한다. '이제 그만'이라고 말하고, 실제로 들인 노력이 이상에는 한참 미치지 못했다는 사실을 직면하는 순간을 두려워한다. 일을 끝냈다고 선언하는 바로 그 순간 이론적으로 완벽해질 수 있는 가능성의 영역에서 진정으로 완벽한 상태란 존재하기 힘든 현실의 영역으로 이동해 버리기 때문이다.

완벽주의를 언제 어디서나 가장 흠 없는 상태를 추구하고자 하는 긍정적인 욕구로 바라볼 수도 있다. 그러나 완벽을 좇는 행위는 사막에서 신기루를 좇는 것만큼 헛된 일이 될 수 있다. 불가능에 가까울 정도로 높은 기준을 설정하면 아무리 노력해도 그 기준에 도달할 수 없어서 결국 자신을 필연적인 실패로 밀어 넣게 된다. 엉뚱한 곳에서 완벽주의를 추구하는 경우도 있다. 나의 할아버지는 목수였다. 어떤 주문이든 완벽하게 만들어야 한다는 강박 관념 때문에 작품을 하나 완성하기까지 너무 오랜 시간이 걸렸다. 주문이 지연될 때마다 고객들은 답답해했다. 할아버지는 내면의 완벽주의자가 만족하기 전까지는 작업을 손에서 놓을 수가 없었다. 결국에는 이 완벽주의 기질 때문에 사업을 접어야 했다. 만약 할아버지가 맞춤 가구를 제작하는 장인이었다면 완벽주의와 세심함은 훌륭한 자질이 되었을 것이다. 하지만 할아버지가 만드신 것은 농업용 장비였다. 농부들은 그저 여기서 저기로 건초 더미를 운반할 수 있는 튼튼한 수레를 원했다. 할아버지가 온 정성을 쏟아부어 세세하게 공을 들인 부분을 알아차리고 신경 쓰는 사람은 아무도 없었다. 농부들은 그저 합리적인 가격에 합리적인 속도로 움직이는, 제대로 작동만 하면 그만인 농업용 장비를 원할 뿐이었다.

그렇다면 탁월함을 가치 있게 여기는 태도와 역효과를 내는 완벽주의를 어떻게 구별할 수 있을까? 완벽주의를 그토록 위험하게 만드는 것은 정확히 무엇일까? 심리학자 요아킴 스퇴버Joachim Stoeber와 라비니아 다미안Lavinia E. Damian이 이 질문에 유용한 이론을 제시했다. 스퇴버와 다미안은 '완벽주의자적 노력perfectionist striving'과 '완벽주의자적 걱정perfectionist concerns'를 구분했다.[1] 완벽주의자적 노력은 작업을 수행하는 기준을 최대한 높이 설정해서 탁월한 결과물을 내고자 하는 욕구다. 반면에 완벽주의자적 걱정은 빛 좋은 개살구다. 스퇴버와 다미안은 완벽주의자적 걱정을 성과에 대한 부정적인 평가, 즉 작업을 완수한 후에 내리는 자기비판으로 정의한다. 보통 실수에 대한 불안감, 부정적인 외부 평가에 대한 두려움, 이상과 현실 사이의 괴리에서 오는 실망감과 관련되어 있다.[2]

성과에 대한 완벽주의자적 걱정은 일반적으로 신경증, 회피 행동, 부정적인 감정 및 생각과 연관되어 있다. 반면에 완벽주의자적 노력은 주로 성실성, 문제 해결 능력, 즐거운 감정 같은 긍정적인 특성과 연관되어 있다. 따라서 완벽주의자적 노력은 매우 긍정적인 효과를 불러오며, 인류가 학습하고 번성하는 데 도움이 된다.[3] 완벽주의에 따르는 심리적 위험은 자신의 성과를 지나치게 비판적으로 평가하는 데서 비롯된다. 연구에 따르면 완벽주의자일수록 모호함에 대한 내성이 낮다고 한다. 완벽함과 더불어 우리는 확실함을 갈망한다. 이 확실함을 향한 갈망이 비

합리적으로 높은 기준과 만나게 되면 모순적이게도 업무 생산성과 효율성을 전부 떨어뜨릴 수 있다.[4]

중요한 인생의 문제에 대해 토론할 공간을 제공하는 것을 목표로 2008년 런던에 설립된 단체 '스쿨 오브 라이프The School of Life'는 완벽주의를 정신분석학적 관점에서 바라본다. 완벽주의가 자기혐오, 즉 스스로가 항상 부족하고 가치 없고 결함이 있는 존재라는 지속적인 느낌에서 비롯되었다고 본다. 일이나 어떤 영역에서 완벽함을 추구하는 성향은 유년 시절의 애정 결핍에서 비롯된 공허함과 부족함을 극복하려는 시도라는 것이다. "(완벽주의자들은) 실제로 일이 완벽한지 아닌지에는 관심이 없다. (완벽주의는) 단지 자기 자신이 끔찍한 사람이라는 느낌에서 벗어나려는 노력일 뿐이다. 일은 그저 스스로가 보기에 괜찮은 사람이 되고자 애쓰는 노력의 매개체일 뿐이다."[5] 완벽해지려고 애쓰는 사람이 진정으로 원하는 건 인정받는 느낌이다. 그러나 결과물의 품질 자체가 문제의 본질이 아니기 때문에 완벽주의는 결코 해결책이 될 수 없다.

이처럼 외부의 평가에 집착하는 완벽주의가 위험하고 우리를 병들게 이유는 다섯 가지로 정리할 수 있다. 첫째,

완벽주의에 근거한 판단은 부정적인 자기 대화 및 가혹한 자기 평가와 연관되어 있다. 우리 내면에 있는 완벽주의자는 자칫 내면의 비평가로 변하기 십상이다. 심하면 내면의 훼방꾼이나 고문관이 되기도 한다. 자신의 능력을 있는 그대로 인정하는 마음이 부족해 스스로 이루어낸 성취를 깎아내리다 보면, 우리의 내면이 우리에게 스트레스를 주는 주요 원인이 될 수 있다. 자기 자신이 인생을 가로막는 최대의 적이 되는 것이다.

둘째, 완벽주의자는 실수를 대하는 태도가 건강하지 못하다. 실수를 반면교사 삼거나 교훈을 얻을 기회로 바라보기보다는 실패하면 자신의 불완전함을 타인에게 들켜 부정적인 평가를 받게 되리라는 끊임없는 두려움 속에서 살아간다.[6] 완벽을 추구하지만 정작 성장의 사고방식을 터득하지 못한 채로 살아가는 모순에 빠지고 마는 것이다. 어떤 실패도 스스로 용납하지 못하고 타인에게 처벌받는 상황을 두려워한다. 이러한 경향이 심해지면 회피 행동으로 나타나게 된다. 결과가 만족스럽지 못할 것 같아 일을 끝마치기를 거부하거나 애초에 시작하지 않는 게으른 완벽주의자가 되는 것이다. 실패에 대한 두려움이 너무나 큰 나머지 끝없이 미루고 또 미루며 차라리 가능성의 영역에 영원히 머무르는 편을 택한다. 특히 위험 부담이 클수록 이러한 경향이 심화된다. 우리가 수행하는 모든 작업이나 과제가 본질적으로 '자신의 능력이나 가치를 평가받는 국민 투표'처럼 느껴지기 때문이다.[7]

셋째, 완벽주의자는 일에 대해 비생산적으로 걱정하고 고민하는 경향이 있다. 이러한 측면은 특히 탈진 상태나 번아웃으로 이어지기가 쉽다. 업무를 손에서 놓는 일이 너무 힘들게 느껴지거나 심지어는 불가능하게 느껴진다. 일과 관련된 불안감은 여가 시간까지 번지는 경향이 있다. 이러한 경향은 일과 삶의 균형을 무너뜨리고, 건강과 웰빙까지 망가뜨린다.[8] 업무를 완수했을 때도 잘된 부분을 인정하기보다는 잘못된 부분에만 주목한다. 성취를 기뻐하지 않고 서둘러 다음 일에 착수한다.

넷째, 완벽주의는 일 중독으로 이어지는 경우가 많다. 일 중독은 건강과 웰빙과 대인 관계에 악영향을 미칠 정도로 과도한 일 욕심을 뜻한다. 일 중독에 빠지면 심리적 행복은 줄어들고 정서적 고통은 커진다. 또한 일 중독자는 대체로 충분한 휴식과 수면을 취하지 않고 운동도 소홀히

하기 때문에 건강과 수명에도 심각한 악영향을 받는다.[9] 결론적으로 일 중독은 정신적으로도, 신체적으로도, 사회적으로도 해롭다. 수십 년 전만 해도 일 중독과 그 위험성에 커다란 관심이 쏠렸다. 그러나 요즘에는 '일 중독'이라는 단어 자체가 사라지다시피 했다. 일 중독이 예외가 아니라 일반적인 사회 규범이 되어버린 탓이 아닐까? 눈에 보이진 않지만 항상 들이마시는 공기처럼 너무나 당연한 삶의 일부가 되어버린 것은 아닐까? 일과 삶의 균형이 개인의 건강과 웰빙을 나타내는 강력한 지표라는 점을 고려할 때, 정말이지 걱정스러운 상황이 아닐 수 없다.[10]

마지막으로 이 모든 이유를 종합했을 때 완벽주의자일수록 번아웃에 빠질 위험이 월등히 높다.[11] 완벽주의는 우리를 더 열심히 혹은 한시도 쉬지 않고 일하게 만들고, 결과물이나 성취를 가혹하게 판단하도록 만든다. 일에 대한 생각을 멈출 수 없게 만들고, 스스로 실패했다고 생각하는 부분을 타인이 부정적으로 평가하거나 심지어는 처벌할지도 모른다는 두려움 속에서 살아가게 만든다. 이는 결국 극도의 신체적·정서적 피로, 효능감의 감소, 자신의 업무 능력에 대한 신뢰 상실로 이어질 수 있다.

완벽주의가 언제 어디서 유래했는지 그 기원을 탐구하다 보면, 어린 시절에 뿌리를 둔 경우가 많다. 대부분의 완벽주의자는 기준이 높은 부모 밑에서 자랐을 가능성이 높다. 있는 그대로는 충분하지 않다고 느끼게 만드는 부모나 원하는 성취를 이루어냈을 때만 조건부로 애정을 주는 부모 밑에서 자랐을 수도 있다. 여기에 어린 시절 들었던 지나치게 비판적인 말을 내면화하는 경향까지 더해지면, 어른이 되었을 때 신체적인 건강과 정서적인 안녕까지 위협받을 수 있다.

그러나 완벽주의는 개인의 문제로만 치부할 수 없다. 사회의 전반적인 문화가 초래한 결과이기도 하다. 완벽주의는 경쟁을 기본 원칙으로 삼는 사회가 낳은 결과물이다. 간단히 말해 우리는 가장 완벽하고 가장 기능적인 사람이 승리하는 사회에서 살고 있다. 이 문화는 결점이 없고 매끄럽고 완벽한 존재를 소중히 여기도록 장려하는 반면에 모든 종류의 불완전함, 특히 노화와 약점과 기능 장애를 두려워하도록 부추긴다. 인공적인 미학을 추구하며, 결점이라고 생각되는 지점은 포토샵으로 보정해 버린다. 우리는 구부러지고 흠집이 난 것도 아름답다는 사실을 망각한 채 살아간다.

일본인들은 이 구부러짐과 흠집의 미학을 잘 아는 민족이다. 일본인은 여백의 미를 강조하며 자로 잰 듯 완벽하게 설계된 공간 속에서도 불규칙하게 구부러진 나뭇가지의 아름다움을 감상할 줄 안다. 반들반들 완벽하게 윤이 나는 나무 바닥에서 서로 결이 다른 무늬가 불규칙하게 어우러져 만들어내는 아름다움을 감상할 줄 안다. 결함 없이 균형 잡힌 얼굴에 찍힌 점 하나가 풍기는 아름다움을 감상할 줄 안다. 무엇보다 일본에는 '킨츠기kintsugi'라는 예술 형식이 있다. 깨진 접시나 도자기를 금가루가 들어간 풀로 이어 붙여 오히려 깨진 부분을 강조한다. 반짝이는 흉터에 아름다움이 깃든다. 깨지고 다시 이어 붙인 바로 그 부분 덕분에 세상에서 유일무이한 작품으로 재탄생한 도자기는 인간의 불완전함과 연약함을 떠올리게 한다. 불교 심리학자 타라 브랙은 이렇게 말한다. "불완전함은 개인의 문제가 아니라 존재의 자연스러운 일부다. 인간은 모두 욕구와 두려움에 사로잡혀 있으며 무의식적으로 행동하고, 병들고, 쇠약해진다."[12]

그렇다면 내면에 존재하는 완벽주의자에게서 긍정적

인 자질과 에너지만 끌어낼 수는 없을까? 완벽주의의 긍정적인 측면은 유지하면서 부정적인 측면만 차단할 수는 없을까? 이상과 현실 모두에서 탁월함을 이루고자 노력하면서도 목표에 도달하지 못했을 때 자신에게 가혹한 판단을 내리지 않을 수 있을까? 희망은 있다. 완벽주의에 내재된 모순을 받아들인다면, 소아과 의사이자 정신분석학자인 도널드 위니코트Donald Winnicott의 표현처럼 '그 정도면 충분한' 완벽주의자가 되는 법을 배운다면 말이다. 우리는 최선을 다해 노력하고 결과가 완벽에 못 미치더라도 자신에게 너그러운 완벽주의자가 될 수 있다. 높은 기준과 실제 능력 사이에 존재하는 괴리를 인정하고, 깨진 도자기를 금가루 풀로 이어 붙이듯 깨지고 뒤틀린 것에도 아름다움이 존재할 수 있다는 사실을 인정하는 그런 완벽주의자가 될 수 있다.

(Q)

기氣

Qi

서양 의학은 질병을 치료하는 데 초점을 맞추는 반면, 중의학은 치료보다는 주로 예방에 에너지를 쏟는다. 중의학을 전공한 한의사들은 전체적인 관점에서 몸과 마음의 건강을 관리한다. 증상만 따로 떼어 치료하는 방법은 아무런 소용이 없다고 생각한다. 중의학의 관점에서 모든 것은 서로 연결되어 있다. 몸과 마음, 개인과 사회, 소우주와 대우주는 긴밀히 연결되어 있다.

중국 전통 사상에서는 도덕적으로나 의학적으로나 자기 수양의 중요성을 강조한다. 자기 자신을 애정과 관심을 가지고 가꾸어야 하는 정원으로 생각하게끔 한다. 궁극적으로 정원에서 무엇을 키울지 결정하는 주체는 자신이다. 씨를 뿌리고, 물을 주고, 잡초를 뽑고, 가지를 치고, 수확을 하는 모든 과정이 우리 손에 달려 있다. 생물다양성과 균형을 고려해야 하고, 토양의 생산력이 고갈되지 않도록 관리해야 한다. 중의학에서는 장기적으로 꾸준히 실천할 수 있는 좋은 습관을 길러서 신체적 질병뿐만 아니라 정신적 질환까지 예방할 수 있는 생활 방식을 체득하도록 장려한다. 더욱이 중국 고대 의학서나 철학서에서는 인간을 타인 및 주변 환경과 밀접하게 연결된 존재이자 사회적·우주적인 틀 안에 깊숙이 자리 잡은 존재로 바라본다. 서양과 중국에서 웰빙에 접근하는 방식은 에너지를 바라보는 관점에서 가장 두드러진 차이를 보인다. 서양 의학에서는 인간의 에너지에 관한 상세한 개념 자체가 존재하지 않는 반면, 중의학에서는 인간의 에너지가 중심 주제다. 왜 그럴까? 인간의 에너지에 관한 고대 중국의 지혜에서 무엇을 배울 수 있을까?

중의학은 인과관계의 정립이나 증상을 단독으로 완화하는 방법보다 패턴 파악에 초점을 맞춘다. 무엇보다 중의학에서는 신체 안팎의 균형과 조화를 회복하는 것을 추구한다. 이는 사회적·신체적·정신적·우주적 영역 간의 조화를 포함한다. 생활 속에서 균형을 회복하려면 기氣가 건강하게 흐르도록 관리해야 한다. 기는 '기운', '숨', '증기', '정신', '근본적인 힘', '생명 에너지'로도 번역된다. 기는 생명력이자, 모든 변화를 가능케 하는 특성이다. 기를 나타내는 중국 고대 상형 문자는 수증기를 상징하는 세 개의 수평선으로 이루어져 있다.[1] 추운 날 상대적으로 더운 숨이 눈에 보이는 것처럼, 생명력이나 에너지도 평소에는 눈에 보이지 않지만 실제로 존재한다는 사실을 의미한다. 이 상형 문자는 땅에서 하늘로 올리는 기도 의식이나 밥을 지을 때 아래에서 위로 올라가는 수증기를 상징하기도 한다.[2] 또한 인간에게 일상적인 에너지뿐만 아니라 영적인 에너지를 공급하는 가장 필수적인 공급원인 공기와 음식을 나타낸다. 동시에 이동, 열, 변신을 상징하기도 한다.

중의학에서는 기에 세 가지 종류가 있다고 가정한다. 첫 번째 '원기original qi'로 사람마다 타고나는 고유한 에너지다. 원기는 부모에게서 자녀에게로 유전된다. 두 번째 '곡기grain qi'는 음식으로 얻는 에너지다. 마지막으로 '공기natural air qi'는 호흡에서 얻는 에너지다.[3] 이 세 가지 종류의 기는 인간의 행복과 에너지 수준을 결정하는 중요한 요소로서, 서양에서 웰빙과 에너지 수준을 결정하는 중요한 요소로 꼽는 유전학, 식이요법, 환경과 각각 대응한다. 기의 불균형은 기허, 기울, 기역, 기탈, 이렇게 네 가지 유형으로 나타난다. 기가 부족하거나(기허) 정체되면(기울) 활동성이 저하되고 기력이 떨어지며 지나치게 정적인 상태가 지속될 수 있다. 힘 없음, 무기력, 답답함, 우울 경향이 나타나기도 한다.[4] 기역은 기가 역방향으로 흘러갈 때 나타나는 증상으로 초조감이나 변덕스러운 마음에 시달리게 된다.

『황제내경』(기원전 300~100년경)은 중국의 히포크라테스 전집이라고 할 수 있는 의학서다. 이 책에서는 기의 부조화가 몸과 마음에 미치는 영향을 다음과 같이 서술하고 있다.

> 모든 질병은 기의 부조화에서 비롯된다. 기의 부조화는 정서적 부조화를 동반하는 경우가 많다. 예를 들어, 화가 날 때는 기가 몸의 상부로 올라간다. 기쁠 때는 기가 퍼지고 슬플 때는 바닥난다. 두렵고 무서울 때는 기가 몸의 하부로 내려간다. 추울 때는 기가 응집되고, 더울 때는 빠져나간다. 불안할 때는 기가 어지러이 흩어진다. 지나치게 긴장하면 기가 고갈된다. 걱정이 너무 많으면 기가 정체된다.[5]

지나친 걱정은 '너무 많은 기를 영혼으로 끌어당긴다. 그러면 기가 다른 신체 부위로 흩어져 기능하지 못하게 된다. 이로 인해 기가 응고되거나 정체된다.'[6] 반대로 정신을 한곳에 집중하고 극단적인 감정 기복을 피하면 정신적 에너지를 육성하고 보존할 수 있다.

중국에서는 기가 '경락meridians'이라는 통로를 통해 피처럼 몸속을 운행한다고 믿는다. 약초학, 마사지, 신체 운동 및 호흡 운동과 더불어 침술은 중의학에서 주요한 치료법이다. 침술은 신체 표면의 특정 지점이 내부 장기에 영향을 미칠 수 있다는 이론에 기초한다. 침술의 목적은 경혈, 즉 여러 경락이 만나는 지점을 자극해 정체된 기를 풀어주고 과도한 기를 빼주거나 역으로 올라오는 기를 눌러준다. 4체액설에서 네 가지 체액 사이에 균형과 조화를 회복하고자 피를 뽑는 사혈법과 유사한 맥락이다. 그러나 기는 눈에 보이지 않는 힘이며, 침은 피부의 표면까지만 침투할 수 있다. 게다가 사혈은 건강을 회복하기는커녕 오히려 명백한 역효과를 낳았지만, 침술로는 효과를 경험했다는 사람이 많다.

그렇다면 기에 대해 배우는 일이 오늘날 탈진 상태를 극복하는 데 어떻게 도움이 될까? 첫째, 피로감을 설명하는 다른 내러티브와 치료법이 존재한다는 사실을 알 수 있다. 서양 의학에도 맹점이 존재하므로 대체의학은 질병을 치료하는 효과적인 대안이 될 수도 있다. 침술은 수백 년 동안 살아남은 고대 의술이다. 일부 신체적 질환을 치료하는 데 효과가 있고, 현대 의학으로는 고칠 수 없었던 많은 환자에게 도움을 주었기 때문이다. 침술의 효과를 설명하는 이론을 전부 믿을 필요는 없지만 한번 시도해본다고 해도 잃을 것은 없다. 침술이 헛된 치료법이었다면 지금쯤 사라졌을 것이다. 고대부터 전해 내려오는 요가, 기공 수련, 레이키 요법(영기靈氣의 일본식 발음으로 손으로 환자의 몸에 치유 에너지를 전달하는 요법-옮긴이) 등 에너지를 다스려 몸을 치유하는 다른 접근법도 마찬가지다. 자신을 위해 무언가를 하기로 결심하고, 시간을 내어 몸을 이완하고, 웰빙에 정신을 집중해 몸과 마음을 대하는 방식을 재정비하는 일은 때때로 엄청나게 큰 유익을 가져다준다.

둘째, 중의학과 기에 대한 관념은 우리 몸에서 일어나는 일에 대한 인식이 문화적 배경에 깊이 뿌리 내리고 있다는 사실을 잘 보여주는 예시다. 몸과 에너지를 이해하는 방식, 몸과 마음과 사회 간의 상호 작용을 이해하는 방식은 문화권마다 다르다. 서양에서는 증거에 기반한 과학, 물리학, 생물학의 경험 법칙을 중요하게 생각하는 경향이 있고, 실제로 여러 면에서 유익했다. 그러나 여기에는 대가도 따른다. 가령 측정하거나 측량할 수 없고 눈에 보이지 않는 존재는 제대로 연구되지 않은 채로 남아 있거나 유사 과학으로 치부해 버리는 경향이 있다. 인간의 에너지가 좋은 예다. 게다가 과학에 근거한 세계관은 때때로 무미건조해서 설득력 있는 이야기나 심상, 관습을 제공하지 못한다. 따라서 사회학자 막스 베버Max Weber가 주장한 '세계의 탈마법화disenchantment of the world'에 일조하게 된다. 세계의 탈마법화란 합리주의와 세속주의가 발전하면서 인간다움이란 무엇인지를 더 깊이 이해할 수 있도록 도와주는 영성과 공동체성을 근절해 버리는 현상을 뜻한다. 여기서 가장 중요한 사실은 과학적 세계관은 현상이나 증상을 맥락과 상관없이 단독으로 떼어놓고 보는 경향이 있고, 복잡하게 얽혀 있는 전체적인 시스템상의 패턴이나 연결 관계, 상호 작용을 연구할 수 있는 이론적 틀이 부족하다는 점이다.

중의학과 철학에서는 소우주와 대우주가 서로를 반영한다고 생각한다. 지형이나 계절의 변화 같은 외부적 변화가 에너지 수준이나 기분 같은 내부적 변화에 영향을 미친다고 믿는다. 세상 만물은 서로 연결되어 있으므로 우주의 기운이 개인의 생명력을 자극하거나 억제할 수 있다.『황제내경』에는 다음과 같이 적혀 있다.

> 정신을 집중하고, 에너지 낭비를 막고, 기혈의 원활한 흐름을 촉진하고, 음양의 조화를 유지하고, 해마다 계절을 따라 변화하는 대우주에 잘 적응하고, 미리미리 자신에게 적절한 영양을 공급할 때 몸과 마음이 건강한 삶을 누릴 수 있다.[7]

때를 따라 순환하는 우주와 자연의 에너지를 무시하면 우리의 에너지 공급에 해를 입을 수 있다. 인간의 기는 우주와 지구의 기운과 조화를 이루며 흐르기 때문이다.[8] 서양에서도 계절성 질환이라는 병명이 존재하지만 소우주와 대우주가 서로 얽혀 있다는 중국의 관념과 비교하면 빈약한 개념에 그치는 수준이다.『황제내경』에는 이런 구절이 나온다. '하늘을 이해하면 사람을 이해할 수 있게 된다고 한다. 고대를 이해하면 현재를 이해하게 된다. 에너지 변환을 완벽히 이해하면 셀 수 없이 많은 것들도 이해하게 될 것이다.'[9]

마지막으로 기라는 개념은 지리적 조건과 사회적 관습이 우리 몸, 즉 신체별 기능과 내부 장기와의 연결 관계를 이해하는 방식에 영향을 준다는 사실을 보여준다. 고대 중국 제국은 광활한 대평원을 지배했다. 기원전 3세기와 4세기 중국에서는 대규모 성벽 건설과 하천 관개 및 수자원 보존 공사가 시작되었다.[10] 중국 문화에서 도로 및 수로를 건설해 자원이 원활하게 이동하고 순환하도록 하는 것은 중요한 과제였다. 마찬가지로 흐름과 정체, 저장과 보존 또한 고대 중국 문화에서 중요한 개념이었다.[11] 가장 중요한 사실은 이러한 프로젝트의 규모가 어마어마했기 때문에 정교한 형태의 협력이 필요했다는 점이다. 드넓은 땅을 개척하고 수로를 건설하고, 특히 농사가 어려운 작물로 악명 높은 쌀을 재배하려면 집단적인 노력이 필수였다. 중국에서 개인주의보다 집단주의가 우선하고, 어떤 대가를 치르더라도 사회적 조화를 유지하는 일을 중요하게 생각하는 것도 이러한 맥락에서 이해할 수 있다.[12] 생존하려면 협력할 수밖에 없었다. 그래서 집단의 복지를 중심으로 한 복잡한 사회 체계를 개발해야만 했다.

중국 의학을 지배하는 순환과 이동, 조화와 불균형 등

의 비유와 흐름, 정체, 막힘이라는 개념은 농경 사회였던 고대 중국의 고유한 전통과 사회 구조에서 유래했다는 사실을 알 수 있다. 그렇다면 이제 현대의 우리가 속한 문화적·지리적 배경에서 에너지를 어떻게 인식하고 있으며, 에너지가 고갈되고 회복되는 과정을 어떻게 이해하는지 궁금할 수 있다. 서구 문화의 경우 바닥난 배터리, 마이너스 통장, 과부하에 걸린 컴퓨터 등의 비유가 지배적이다. 그런데 이러한 기계적이고 재정적인 비유가 과연 유용할까? 인간이 혼자서 작동하는 기계가 아니라 거대하고 복잡한 유기체의 일부라는 사실을 감안하면 자연과 관련된 비유를 사용하는 편이 더 유익하지 않을까? 우리들 또한 주변의 인간관계와 환경과 계절을 비롯해 아직까지 완벽하게 이해하지 못한 여러 가지 힘들의 복잡한 상호 작용에 영향을 받아 형성된 존재일 테니 말이다.

(R)

휴식

Rest

어떤 일도 하지 않는 상태를 뜻하는 휴식은 일상생활에 리듬을 부여한다. 깨어 있는 시간이 있으면 잠자는 시간이 있고, 평일이 있으면 주말이 있고, 출근하는 나날이 이어지다가 중간중간 휴가를 떠난다. 휴식은 일상에 꼭 필요한 쉼표다. 고된 일상을 잠시 내려놓고 신체적·정신적으로 회복하는 시간이다. 또한 피로, 탈진, 짜증, 근육통 같은 몸이 보내는 경고 신호에 현명하게 대응하는 방법이기도 하다.

문제는 오늘날 고대에서 전해 내려오는 휴식의 기술을 잊고 살아가는 사람이 많다는 사실이다. 그중에는 우리가 생산성과 속도와 분주함을 숭상하는 시대에 살고 있다는 이유도 한몫한다. 휴식은 소진된 에너지를 회복해 다시 일터로 돌아갈 때만 용인된다. 만성적인 피로나 번아웃에 빠져 제대로 일할 수도, 쉴 수도 없는 상황에서 휴식 불능 상태는 특히 더 위험하다. 번아웃은 우리를 딜레마에 빠뜨리곤 한다. 업무가 밀리면 불안감과 죄책감 때문에 휴식을 거부하게 된다. 그러나 쉬지 않고 일하면 업무 능력은 더욱더 저하되는 악순환에 빠지고 만다.

19세기 가스등과 전기가 등장하기 전까지 사람들의 일

과는 자연의 리듬을 맞춰 구성되었다. 해가 지면 일도 끝났다. 계절에 따라 파종을 하거나 수확을 하는 등 집중적으로 노동을 해야 하는 시기가 정해졌다. 이처럼 일해야 하는 시기가 지나면 일을 하지 않아도 되는 시기가 번갈아 찾아왔다. 아무것도 자라지 않는 추운 겨울에는 자연도 쉬고 인간도 쉬었다. 어부는 조류의 움직임에 따라 일하고 쉬었다. 사냥꾼은 사냥감의 성장 및 이동 주기에 따라 일하고 쉬었다. 무엇보다 휴식기에는 공동체 전체가 쉬었고 활동기에는 공동체 전체가 일했다는 사실이 중요하다. 사람들은 동시에 일하고 동시에 쉬었으며, 종교 축제와 수확제를 다 함께 즐겼다.

시계와 인공조명이 등장하면서 노동의 속도와 리듬도 바뀌기 시작했다. 산업화 시대에 공장과 생산 라인이 출현하면서 점차 자연의 리듬과는 거리가 먼 외부 요인이 노동자의 생활 리듬을 좌우하게 되었다. 프레더릭 윈즐로 테일러와 헨리 포드는 산업 재해로 발생하는 재정 손실을 피하고 생산량을 극대화하고자 노동자의 휴식과 근무 패턴을 체계적으로 최적화하려고 시도했다. 포드는 컨베이어 벨트 정비를 담당하는 노동자가 불필요하게 시간과 노동력을 낭비하지 않도록 생산 공정을 정비한 일화로 유명하다. 포드는 자동차 생산 시간을 크게 단축하는 데 성공했지만, 이 강압적인 작업 속도를 따라잡지 못한 노동자들의 불만도 커져갔다. 결국 수많은 노동자가 일을 그만두는 사태가 벌어졌다.

과거에는 휴식에 대한 인간의 욕구를 더 진지하게 받아들였다. 십계명에 안식일이 규정되어 있다는 사실만 봐도 알 수 있다. 십계명은 가장 중요한 열 가지 계명으로 살인하지 말라, 도둑질하지 말라, 간음하지 말라, 남의 것을 탐하지 말라, 하나님의 이름을 헛되이 부르지 말라 등의 내용이 포함되어 있다. 그중 네 번째 계명은 성경에 다음과 같이 기록되어 있다.

> 안식일을 기억하여 거룩히 지켜라.
>
> 엿새 동안은 힘써 네 모든 일을 행할 것이나 제 칠일은 너의 하나님 여호와의 안식일인즉 너나 네 아들이나 네 딸이나 네 남종이나 네 여종이나 네 육축이나 네 문안에 묵는 객이라도 아무 일도 하지 말라.
>
> 이는 엿새 동안에 나 여호와가 하늘과 땅과 바다와 그 가운

데 모든 것을 만들고 제 칠일에 쉬었음이라. 그러므로 나 여호와가 안식일을 복되게 하여 그날을 거룩하게 하였느니라.[1]

전지전능하신 하나님조차 천지를 창조하신 후에는 휴식이 필요하셨던 것 같다. 그러나 성경의 시대에 휴식을 강조한 이유는 오늘날처럼 사람들의 생산성을 향상시키려는 욕구에서 비롯된 게 아니다. 오히려 휴식은 공동체의 결속을 강화하는 역할을 했다. 모두가 같은 날에 휴식하면서 사람들은 동일한 삶의 리듬을 공유하고 유대감을 경험했다.[2]

유대인의 안식일 전통은 '다 함께 쉬라'는 명령을 지키려는 가장 진지한 노력이다. 동시에 일을 하지 않는 것도 상당한 노력과 준비와 헌신이 필요하다는 사실을 알려준다. 유대교에서는 안식일을 반드시 지켜야 한다. 예를 들어, 정통 유대인 거주 지역에는 버튼을 누르지 않아도 작동하는 엘리베이터가 있다. 버튼을 누르는 행위 또한 일로 여기기 때문이다. 물건을 나르는 행위, 무언가를 마무리하는 행위, 요리와 세탁 등 명백하게 일과 유사한 활동 또한 금지된다.

스코틀랜드 서쪽 대서양에 있는 헤브리디스 제도를 방문했던 경험을 나는 영원히 잊지 못할 것이다. 이 섬에서는 여전히 강경한 칼뱅주의가 다양한 문화적 관습을 형성하고 있다. 특히 루이스섬과 해리스섬은 영국에서 안식일을 준수하는 마지막 보루다. 안식일에는 업무와 쇼핑은 물론이고 어떤 형태의 교통 수단도 허용되지 않는다. 버스와 페리도 운행하지 않으며 교회로 가는 차량만 허용된다. 가장 인상적인 장면은 스토노웨이 근처에 있는 놀이터였다. 열성적인 안식일 신봉자들이 주일에 아이들이 이용하지 못하도록 모든 그네를 꼼꼼하게 잠가 놓은 것이다. 이 모든 사례는 일과 일이 아닌 것을 구분하기가 얼마나 어려운지를 보여준다. 아마 대부분의 사람은 그네 타기를 일이라고 생각하진 않겠지만 말이다. 어린이들이 그네를 타는 것까지 막을 정도로 안식일을 준수하는 방식이 그다지 좋아 보이지는 않지만, 영적 묵상을 제외한 다른 일은 일절 하지 않겠다는 그 노력의 진정성만큼은 의심할 여지가 없다.

시장이 결코 잠들지 않는 24시간 연중무휴 상거래 시대에 모두가 함께 휴식하는 시간은 점차 사라져 가고 있다.

이제 우리는 온라인에서 언제든지 원하는 물건을 살 수 있을 뿐만 아니라, 대부분의 국가에서는 언제든지 실제 매장을 방문해 물건을 살 수 있다. 시에스타 문화가 남아 있는 아주 더운 몇몇 국가를 제외하고는 일요일과 점심시간에 매장이 문을 닫는 것도 옛일이 되었다. 그 결과 서구 사회에서는 사회적 연결고리가 점점 약해지고 있다. 수많은 사람들이 서로 다른 곳에서 제각기 다른 생활 리듬에 맞춰 일하고 휴식한다. 동료들과 제대로 된 점심시간을 보내는 경우도 드물다. 재택근무를 하거나 회의를 하면서 간단히 샌드위치로 점심을 때우는 경우가 많아졌다. 영국과 미국의 경우 프랑스처럼 8월이면 너도나도 휴가를 떠나는 대규모 바캉스 관행도 존재하지 않는다.

집단적인 휴식기를 갖는 것은 공동체의 결속력을 강화하는 데 매우 중요한 역할을 한다. 제대로 쉬지 않으면 건강과 기대 수명에도 심각한 악영향을 미칠 수 있다. 신경과학자 매튜 워커Matthew Walker는 수면 부족이 전반적인 신체 건강과 정신 건강에 얼마나 위험한지 알려준다. 워커는 수면이 식단이나 운동이나 재산보다도 건강에 더 중요하다고 주장한다.[3] 휴식도 마찬가지다. 휴식의 반대말은 만성 스트레스로, 이는 건강에 심각한 악영향을 미칠 수 있다. 만성 스트레스에 시달리는 사람은 정신적 고통을 비롯해 자가 면역 질환, 염증, 심장병 같은 심각한 질병에 시달릴 가능성이 높다.[4]

미국 작가 로버트 포인튼Robert Poynton은 인간의 삶에서 '쉬어 가기'의 중요성을 역설한다.[5] 쉬어 가기는 창의성을 촉진하고 뜻밖의 행운과 통찰력을 불러오며, 끊임없이 생산적인 삶을 살아야 한다는 압박에서 벗어날 수 있게 해준다고 포인튼은 주장한다. 잠시 숨을 고를 정도로만 짧게 쉬어 갈 수도 있고, 일 년 동안 안식년을 떠날 수도 있다. 의식적으로 일상에서 쉬어 가는 시간을 가짐으로써 일과 삶의 리듬을 통제할 수 있는 권한을 조금이나마 되찾을 수 있다. 여백이 있을 때 창의력이 피어날 공간이 생기는 법이다. 적절한 때에 적절한 쉬어 가기는 새로운 의미를 잉태할 수 있다. 음악에서 쉬어 가기는 곡 전체에 형태와 아름다움을 부여한다. 그러나 쉬어 가기 위해서는 하던 일을 그만둘 수 있는 결단이 필요하다. 이는 결코 쉬운 일이 아니다.

찰스 다윈Charles Darwin을 비롯해 오늘날 시간 관리 및 생산성 향상 기술을 연구하는 많은 사람들은 시간을 정해 놓고 규칙적으로 번갈아 가면서 일하고 휴식한다. 기력이 약하고 만성 피로에 시달렸던 찰스 다윈은 일과 중에 충분한 휴식을 취했다. 휴식 시간에는 산책을 하거나 낮잠을 자거나 다른 사람에게 편지나 뉴스를 읽어달라고 했다. 비글호 승선 당시에는 해먹에서 휴식을 취했다. 스파를 즐기며 미네랄이 풍부한 물을 마시기도 했다.

다윈 말고도 질병이나 과로로 보다 계획적으로 에너지를 관리해야 했던 인물들이 있었다. 1980년대 후반 이탈리아의 경영 컨설턴트 프란체스코 치릴로Francesco Cirillo는 '뽀모도로' 기법을 고안해냈다. 시간을 관리 가능한 단위로 토막 내어 일과 휴식을 반복하는 것이다. 보통 25분 정도 일하고 5분이나 10분 정도 휴식하는 식이다. 치릴로는 토마토처럼 생긴 조리용 타이머를 이용해서 시간을 설정했기 때문에, 작업과 휴식의 한 단위를 뽀모도로라고 불렀다(뽀모도로는 이탈리아어로 토마토를 뜻한다). 치릴로는 이 방법을 이용하면 훨씬 효과적으로 학습하고 일할 수 있다는 사실을 깨달았다. 오늘날까지도 많은 사람이 뽀모도로 기법을 열렬히 추종한다. 그러나 시간 관리 체계를 고안하려고 할 때 다른 사람의 방법을 무작정 따라 하기보다는 자신만의 고유한 리듬을 먼저 파악하는 일이 중요하다. 당신의 에너지는 보통 언제 최고점을 찍고 언제 최하점을 찍는가? 정신이 가장 맑은 시간대는 언제인가? 아침에 일의 효율이 가장 높은가, 아니면 저녁에 가장 높은가? 몇 분 혹은 몇 시간 정도 집중하고 나면 휴식이 필요하다고 느끼는가? 휴식 시간을 정하는 일에 천편일률적인 공식이 있을 리는 없다.

의사들은 환자가 지쳤을 때뿐만 아니라 아플 때도 휴식하라고 처방하지만, 휴식이라고 해서 다 좋은 것만은 아니다. 19세기 미국의 유명한 의사 실라스 위어 미첼Silas Weir Mitchell은 일명 '휴식 치료법rest cure'을 고안했다. 이 치료법은 환자를 완전히 격리하고, 침대에 누워 절대 안정을 취하며, 지적 자극이 되는 활동은 일체 금지한 채, 단기간에 급격히 살을 찌우도록 했다.[6] 미첼의 환자는 대부분 여성이었는데, 6주에서 8주 동안 침대에 갇혀 지냈다. 이 강제적인 휴식 기간 동안 하루에 2리터에 달하는 우유와 양고기를 섭취해야 했다. 당연히 대부분 이 치료법을 좋아하지 않았고, 그 효과에 대해서도 의문을 제기했다.

샬럿 퍼킨스 길먼Charlotte Perkins Gilman의 강렬하고 충격적인 소설 『누런 벽지The Yellow Wallpaper』(1892)는 이 치료법이 오용되어 한 여성을 일종의 감옥으로 몰아넣고 결국 미치광이로 만드는 과정을 보여준다.

비록 치료법은 의심스러웠지만 미첼은 휴식에 관한 큰 역설 하나를 발견했다. 바로 과로한 뇌는 휴식을 취할 수 없게 된다는 사실이다. 문자 그대로 '제대로 쉬지 못하는restless' 상태가 된다. 이는 수면 장애로 이어지기 쉽다. 전형적인 악순환이 시작되는 것이다.

> 마침내 우리는 침대에서 휴식하기로 마음먹는다. 그러나 과로한 뇌는 비정상적으로 깨어 있다. 원하든 원치 않든 정신은 계속해서 그날의 일이나 업무나 법적 문제로 끊임없이 돌아가 곱씹거나, 반쯤 넋이 나간 상태로 골치 아픈 문제를 입으로 끝없이 되뇐다. 혹은 쉬지 못하는 뇌가 조각난 이미지와 생각의 파편을 끝없이 만들어내어 잠은 완전히 달아나 버리고 만다.[7]

그렇다면 어떻게 해야 잘 쉴 수 있을까? 2015년 더럼

대학교 연구진이 실시한 '휴식 시험'에는 134개국에서 18,000명 이상이 참여했다. 가장 편안한 휴식을 취하는 방법을 적어 보라는 항목에서 제일 많은 응답이 나온 열 가지 활동은 책 읽기, 자연 속에서 시간 보내기, 혼자 있기, 음악 감상하기, 아무것도 하지 않기, 산책하기, 목욕하기, 공상하기, TV 보기, 마음챙김 운동 실천하기였다.[8] 흥미롭게도 이 중에 다섯 가지 항목에 해당하는 혼자 있기, 자연 속에서 시간 보내기, 산책하기, 명상하기, 공상하기는 18세기 철학자 장 자크 루소Jean-Jacques Rousseau도 가장 중요시했던 활동이다. 루소는 현대의 생활 방식에서 비롯된 여러 가지 스트레스 요인에 대한 해독제로 자연으로 돌아가라고 주장했던 최초의 서양 사상가이기도 하다. 루소는 『고독한 산책자의 몽상Reveries of the Solitary Walker』(1782)에서 현대 도시 사회에서 점점 커져가는 소외감에 대응하려면 자연으로 돌아가 고독 속에서 두 다리와 마음이 자유롭게 배회하도록 놔두어야 한다고 주장한다.

이탈리아에는 '돌체 파 니엔테dolce far niente'라는 표현이 있다. 아무것도 하지 않고 단순히 '존재'하는 데서 오는 감미로운 즐거움을 뜻한다. 루소에게 숲과 들을 자유롭게 쏘다니는 일은 진정한 자아와 만나는 방법이기도 했다. 특히 루소는 경외심을 불러일으키는 자연의 아름다움과, 자신이 세상의 아주 작은 일부에 불과하다는 사실을 일깨워주는 자연의 능력을 숭배했다. 다른 낭만주의 사상가들도 강조했듯이, 자연의 숭고함을 마주할 때 우리는 자신이 얼마나 미미한 존재인지를 깨닫게 된다. 다시 말해, 자연은 인간을 겸손하게 만들어주는 강력한 힘이다. 그 앞에 서면 우리가 겪고 있는 슬픔 또한 별일 아닌 것처럼 느껴진다.[9]

루소는 또한 고독의 힘을 소중히 여겼다. 오직 혼자 있을 때만 사회적 통념에 따라야 한다는 의무에서 해방되어 솔직한 자기 생각을 들여다볼 수 있다고 느꼈다. 타인의 시선에서 벗어나 동식물만을 벗 삼아 산책하면서 루소는 해방감을 느꼈다. 루소는 '인간의 얼굴에서는 적개심만 보이고, 자연은 항상 내게 미소를 짓는데' 고독을 어찌 즐기지 않을 수 있겠냐고 반문한다.[10] 루소는 자연 환경과 반대되는 동시대인의 부재뿐만 아니라 걷는 행위 그 자체에서도 몸과 마음이 회복되는 것을 느낀다. 나 홀로 산책, 즉 정처 없이 몸을 움직이는 행위가 마음도 움직일 수 있다고 믿는 사람은 루소뿐만이 아니다. 시인 존 클레어John Clare는 '고독아, 내가 너와 함께 걷겠다'라고 노래했고, 그의 친구 윌리엄 워즈워스William Wordsworth는 「나는 구름처럼 외로이 헤맸네I Wandered Lonely as a Cloud」라는 불멸의 시를 남겼다. 그리고 워즈워스는 그가 남긴 시처럼 살았다. 평생 동안 18만 마일을 걸었던 것으로 추정된다.

우리는 낭만주의자들에게서 영적 회복이라는 주제로 많은 것을 배울 수 있다. 최근 20년간 자기 계발 분야에서 유행하고 있는 '자연 치유법'은 삼림욕, 찬물 수영, 조류 관찰, 도심 속 공원 산책, 정원 가꾸기 등을 권장한다.[11] 자연 속에서 고독을 즐기며 정신적 스트레스를 풀었던 낭만주의자들의 방법 역시 오늘날에도 여전히 인기가 있다.[12] 다만 우리가 넷플릭스에 중독되어 이 좋은 행동을 실천에 옮기지 못할 뿐이다. 수동적인 콘텐츠 소비는 결코 우리를 진정으로 회복시킬 수 없다. 물론 긍정적으로 볼라치면, 침대에 묶여 엄청난 양의 우유와 양고기로 사육당하며 지루함으로 죽어가는 것보다야 낫겠지만 말이다.

(S)

스토아주의

Stoicism

지난 10여 년간 대중 철학과 자기 계발 분야에서 스토아주의라는 고대 철학에 대한 관심이 눈에 띄게 커졌다.[1] 여기에는 스토아주의가 처음 등장했던 시대와 지금 우리가 살아가는 시대가 여러 면에서 비슷하다는 이유도 한몫할 것이다. 그렇다면 스토아주의의 어떤 점이 훌륭하며, 이 스토아 철학이 오늘날 탈진 상태에 맞서 싸우고 있는 현대인에게 어떤 도움을 줄 수 있을까?

스토아 철학은 기원전 300년경 고대 그리스에서 탄생해 기원전 3세기까지 그리스와 로마에서 번성했다.[2] 세네카(기원전 2년~기원후 65년), 에픽테토스(55~135년), 마르쿠스 아우렐리우스(121~180년) 같은 스토아 철학자들은 고통은 우리의 마음에서 비롯된다고 믿었다. 불행은 외부에서 일어나는 사건이 아니라 그 사건에 대한 우리의 반응, 더 정확히는 잘못된 판단과 비현실적인 기대의 결합에서 비롯된다고 주장했다.

스토아학파는 정신적 에너지를 어떻게 사용해야 하는지에 관해서도 아주 실용적인 관점을 가지고 있었다. 외부 사건은 대부분 우리가 통제할 수 없는 영역이기 때문에 걱정해봤자 소용이 없다고 생각했다. 반면에 이러한 사건을 어떻게 평가하느냐는 우리가 완전히 통제할 수 있는 영역으로 바라보았다. 인간은 이성적인 동물이기 때문이다. 따라서 스토아 철학자들은 외부에서 일어나는 현상이나 상황에 아무런 의미를 두지 말라고 조언한다. 대신에 자신이 가진 정신적 에너지를 전부 내면에 집중해, 생각을 통제하는 데 힘쓰라고 말한다.

이러한 관점이 얼마나 유익한지는 훗날 인지행동치료CBT에서 분명하게 드러난다. CBT는 비생산적이고 비합리적인 인식에 이성적으로 반론을 제기함으로써 생각을 통제하고 감정을 조절하는 방법을 가르친다. 스토아 철학의 기본 원칙은 현대 기독교에서도 찾아볼 수 있다. 신학자 라인홀드 니버Reinhold Niebuhr는 평온을 위한 기도문에서 "하나님, 바꿀 수 없는 것은 받아들이는 평온을, 바꿀 수 있는 것은 바꾸는 용기를, 또한 그 차이를 분별할 수 있는 지혜를 주소서"라고 기도한다. 이 구절은 알코올 중독에서 빠져나오기를 갈망하는 사람들이 서로를 돕기 위해 설립한 단체인 '익명의 알코올 중독자들Alcoholics Anonymous'에서 시행했던 12단계 프로그램의 핵심 구호가 되었다.

스토아주의는 지난 수십 년간 미국 군인들 사이에서

꾸준히 인기를 끌고 있으며, 현재는 주로 성공한 남성 기업가들이 라이언 홀리데이Ryan Holiday 같은 자기 계발 분야 작가가 더 실용적이고 덜 비관적인 방식으로 재해석한 스토아주의 버전 2.0에 열광하고 있다. 심리적 회복탄력성이라는 개념은 전통적인 스토아 사상에서 파생된 또 다른 개념이다. 회복탄력성은 우리가 처한 환경을 바꿀 수 없다면 대신 내면의 자원을 강화해 스트레스를 유발하는 외부 요인에 효과적으로 대처하는 방법에 집중해야 한다는 주장에 기반을 두고 있다.

물론 우리의 생각과 감정을 통제할 수 있게 될 것이라는 약속은 이루 말할 수 없이 매력적이다. 정말로 마음을 통제할 수 있다면 그 무엇도 우리를 흔들 수 없을 것이다. 인생이 우리에게 아무리 불리한 패를 쥐여 주더라도 말이다. 오늘날처럼 모든 것이 불확실하고 모든 것이 빠른 속도로 변하는 시대에 자신의 인지 과정을 스스로 통제할 수 있다는 이야기는 더 솔깃하게 다가올 수밖에 없다. 외부 환경이 불안정할수록 우리는 내면의 안정성을 갈망하게 된다.

따라서 정치적으로 불안정했던 시기에 스토아 철학이

번성했던 건 우연이 아니다. 당시 많은 스토아 철학자가 인생의 굴곡을 경험했다. 당대 정치인이었던 세네카는 일찍이 로마 황제 칼리굴라에게 사형을 선고받았다. 마지막 순간에 가까스로 감형을 받아 목숨은 건졌지만, 코르시카 섬에서 8년이라는 세월 동안 길고 외로운 유배 생활을 해야 했다. 훗날 세네카는 다시 로마로 소환되어 한 소년을 가르치게 된다. 이 아이는 훗날 불타는 로마 시내를 내려다보며 바이올린을 켜고 있었다는 일화로 잘 알려진 악명 높은 네로 황제가 된다. 네로는 스승의 가르침을 무시하고 잔혹한 행동을 일삼으며 결국에는 세네카에게 자결을 명령한다.

에픽테토스는 원래 그리스에서 살던 장애를 가진 노예였지만 재능을 알아본 주인이 노예 신분에서 해방시켜준 덕분에 철학자가 되었다. 마르쿠스 아우렐리우스 황제 치세에는 티베르강이 범람하고, 기근과 역병이 이어졌으며, 황위를 찬탈하려는 시도도 수차례 이어졌다. 스토아학파가 변덕스러운 운명에 대처하려면 무엇이 최선인지를 그토록 고민했던 이유를 알 수 있는 대목이다. 그들은 한때 번영을 누렸던 제국이 몰락하고, 위대한 도시가 불타고,

배가 침몰하고, 명문가의 귀족들이 죽임을 당하거나 노예로 전락하는 모습을 눈앞에서 생생하게 목격했다. 게다가 절대 권력을 가진 황제의 변덕이 문자 그대로 얼마나 치명적일 수 있는지 또한 목격했다. 권력과 공직과 돈과 명예가 한순간의 변덕에 좌지우지되었다.

스토아학파는 세상에는 자신이 통제할 수 없는 것들이 많다는 사실을 받아들였다. 외부적인 환경은 운명에 의해 미리 결정된다고 믿었다. 하지만 스토아학파는 통제할 수 없는 것에 절망하기보다는 통제할 수 있는 것, 즉 외부 상황에 어떻게 대응할 것이냐에 정신적 에너지를 모두 집중하기로 결정했다. 아마도 여기까지는 합리적인 결론이라는 데 대부분 동의할 것이다. 그러나 스토아학파는 여기서 한 걸음 더 나아갔다. 스토아학파는 외부 현상은 통제할 수 있는 것이 아니기 때문에, 언제든지 빼앗길 수 있는 모든 것에 의미를 부여해서는 안 된다고 주장한다. 여기에는 재산, 명예, 식음료, 다양한 육체적 쾌락뿐만 아니라 건강, 친구, 배우자, 자녀, 심지어는 목숨까지도 포함된다.

세네카는 "좋고 나쁨은 생각하기에 달렸다"[3]고 말한다. 이어서 이렇게 덧붙인다. "우리는 부, 쾌락, 외모, 정치적 입지 상승 등 전도유망한 앞날을 보장해줄 듯한 것들에 이끌리지만, 엄청난 노력이 필요한 일, 죽음, 고통, 불명예, 제한된 자원 같은 장애물 때문에 밀려나고 만다. 따라서 전자를 갈망하지 않고 후자를 두려워하지 않도록 자신을 훈련해야 한다."[4] 인간이라는 존재가 지닌 연약함에 대처하려면 좋지 않은 일이 생겼을 때 감정에 휘말려 통제력을 잃어버리지 않도록 조심해야 한다. 내면에 존재하는 귀중한 자산, 즉 신념과 인지 능력만 잃지 않으면 인생에 무슨 일이 닥쳐도 쓰러지지 않는 무적의 인물이 될 수 있다.

이러한 급진적인 입장에는 몇 가지 명백한 문제가 있다. 우선, 스토아학파는 인간이 언제든지 인지적 함정에서 벗어날 수 있다고 가정한다. 하지만 이성적인 판단 능력 자체가 흐려진 경우에는 어떻게 해야 할까? 인지 과정이 너무나 왜곡되어 더 이상 왜곡된 것을 왜곡된 것으로 인식하지 못하는 지경이라면 어떻게 해야 할까? 그런 상태에서 이성적으로 사고하는 일은 구정물로 설거지를 하는 일이나 다름없지 않을까?

또한 스토아학파는 생각과 감정을 변화시키는 또 다른 중요한 원천인 창조적 상상력을 간과한다. 이성적인 사고만이 부정적인 정신 상태에서 우리를 건져줄 수 있는 것은 아니다. 예술, 이야기, 음악, 아름다운 풍경뿐만 아니라 후각, 미각, 촉각이 그 역할을 대신할 수도 있다. 하지만 가장 중요한 사실은 스토아학파는 인간이 이성적인 존재라고 믿고 싶어 했지만 실제로는 그렇지 않을 수도 있다는 점이다. 스토아학파가 꿈꿨던 것처럼 인간은 내면의 삶을 이성적으로 엄격하게 통제할 수 없을뿐더러, 오히려 그러한 시도 자체가 스스로를 몹시 지치게 만들고 에너지를 빼앗아 가는 일이 될 수 있다.[5]

마음의 문제에 신경을 쓰지 않으려는 태도도 결코 현명한 처사는 아니다. 게다가 스토아학파가 생각했던 것처럼 인간은 외부 사건을 통제하지 못할 만큼 무력한 존재가 아니다. 오늘날에는 나쁜 정치인도 많지만 그들은 우리가 직접 투표로 선출했으며, 한순간의 변덕으로 우리를 죽일 수 있을 정도로 큰 권력을 가진 지도자도 거의 없다. 더 일반적으로 이야기하자면, 스토아학파의 주장처럼 통제할 수 있는 것과 통제할 수 없는 것 사이에는 명확한 경계가 존재하지 않는다. 우리는 어디에 관심과 노력과 애정과 헌신을 쏟을지 스스로 선택할 수 있다. 소비 습관을 조절하고 건강한 생활 습관을 유지하고자 노력할 수 있다. 우리에게 유익한 인간관계를 선택할 수 있다. 또한 오늘날의 민주주의는 스토아학파 시대의 민주주의와는 여러모로 다르다. 우리는 원한다면 공동체와 정치 활동에 적극적으로 참여할 수 있고 영향력을 행사할 수도 있다. 게다가 어릴 때부터 보편적 권리와 같은 개념을 당연하게 받아들이고 배우며 자랐기 때문에, 불의와 고통을 수동적으로 받아들이는 일은 부자연스럽게 느껴진다.

실제로 우리가 살면서 부딪히는 여러 가지 중요한 문제는 흑백논리로 쉽게 나눌 수 없는 회색지대에 속해 있을 가능성이 높다. 따라서 세상에는 통제할 수 있는 것, 스스로가 어느 정도 영향을 미칠 수 있는 것, 통제할 수 없지만 중요하게 생각하는 것이 있다고 가정하는 편이 실질적으로 더 유용하다. 인생의 많은 부분이 우리가 직접 통제할 수는 없지만 어느 정도 영향을 미칠 수 있는 '영향력의 지대'에 속한다. 이 영향력의 지대는 경계가 명확하지 않으며, 자신이 개인적·문화적으로 주도성을 얼마나 가지고 있다고 생각하는지에 따라 범위가 달라질 수 있다.

가령 뭐든지 할 수 있다는 태도로 살아가는 낙관주의

자는 비관주의자보다 스스로 통제할 수 있는 영역이 훨씬 더 넓다고 느낀다.[6] 또한 다양한 심리 실험에서 일반적으로 서양인이 동양인보다 주변 환경을 더 잘 통제할 수 있다고 생각하는 경향이 드러났다.[7] 우리의 생각과 능력에 따라 통제 가능한 영역이 넓어지는 것은 사실이지만, 사용할 수 있는 에너지가 한정되어 있는 것 또한 사실이다. 게다가 세상에는 영향을 미치거나 바꾸기가 정말 어렵고 불가능한 일도 분명히 존재한다. 안타깝게도 다른 사람들의 생각과 행동과 감정이 바로 이 범주에 들어간다.

스토아주의에 기반한 '통제력의 동심원Circle of Control'이라는 아주 유용한 개념이 있다. 이 개념은 우리가 에너지를 어디에 집중해야 할지 현명한 의사 결정을 내리는 데 도움을 주기 때문에 특히 탈진 상태에 빠진 사람들에게 유익하다. 우리가 통제할 수 없는 것은 과감히 놓아줄 때 많은 에너지를 절약할 수 있고, 이 에너지를 다른 곳에 사용할 수 있다. 모든 기력을 소진한 상태에서는 에너지가 부족할 수밖에 없다. 이때 스토아주의 관점에서 에너지를 어떻게 쓸 것인지를 생각해 보면 큰 도움이 된다. 그러려면 일단 스토아학파가 주장한 대로 대부분의 외부 사건은 우리가 통제할 수 있는 범위 밖에 있으며 대부분의 내부 사건은 우리가 통제할 수 있는 범위 안에 있다고 가정하는 것이 유용하다.

여기서 외부 사건은 다른 사람의 행동, 감정, 생각뿐만 아니라 기후와 날씨, 전쟁이나 정치 상황을 비롯해 개인의 재산, 건강, 경력도 포함한다. 내부 사건은 외부 사건에 대한 자신의 인지적 반응과 감정적 판단을 일컫는다. 예를 들어 취직이나 승진을 할 수 있을지, 다른 사람이 나를 좋아할지, 회사의 신제품이 시장에서 잘 팔릴지, 좋아하는 사람이 데이트 신청을 수락할지 여부는 완전히 통제할 수 없는 영역이라고 가정하는 편이 합리적이다. 반면 면접에 떨어졌을 때, 승진에서 누락됐을 때, 신제품이 시장에서 팔리지 않을 때, 데이트 신청을 거절당했을 때 어떻게 반응할 것인지는 통제할 수 있는 영역이다.

통제력의 동심원을 만들려면 우선 핵심 스트레스 요인을 목록으로 작성해야 한다. 그런 다음 종이에 점 하나를 중심으로 서로 크기가 다른 동심원 세 개를 그린다. 가장 바깥쪽 원은 '내가 통제할 수 없는 것'이다. 가운데 원은 '영향력을 미칠 수 있는 것'이다. 가장 안쪽 원은 '내가 통제할 수 있는 것'이다. 앞서 작성한 스트레스 요인을 각각 해당하는 원 안에 배치하라. 세네카를 비롯해 스토아 철학자들은 바깥쪽 원과 가운데 원은 무시해 버리라고 강력하게 조언한다. 스스로의 힘으로 어찌할 수 없는 일임을 과감히 받아들이고, 그에 대한 반응을 관리하는 일에만 집중하라고 말한다. 물론 말처럼 쉬운 일은 아니다. 대부분의 사람에게 이는 자신의 내면 세계를 완전히 뒤바꾸는 매우 극단적인 변화를 의미하며, 가장 큰 걱정거리와 문제를 놓아버리라는 이야기로 들린다. 이처럼 대대적으로 마음을 바꿔먹기가 하루아침에 가능한 일은 아니다. 영원히 불가능할 수도 있다. 여기서도 우리가 어떻게 판단하고 무엇을 기대하느냐가 중요하다. 이 작업을 한번에 해내겠다는 마음가짐보다는 평생에 걸쳐 아주 천천히 단계적으로 방향을 전환해 나가는 기나긴 여정의 일부로 생각해야 한다. 이 동심원은 인생에서 통제력 대부분을 상실한 것처럼 느껴질 때 활용하면 큰 도움이 되어준다.

인생에서 고난이 닥쳤을 때 스토아학파가 추구하는 절대적 평정심을 달성할 수 있는 또 다른 핵심 전략은 바로 욕망을 조절하는 것이다. 스토아학파는 현실에 욕망을 맞추라고 조언한다. 이미 가지고 있는 것을 원하면 더 이상 바랄 게 없다는 뜻이다. 그러나 통제를 벗어난 일이라고 해도 객관적인 기준에서 더 나은 것이 분명히 존재한다. 누가 봐도 가난한 쪽보다는 부유한 쪽이, 건강하지 않은 쪽보다는 건강한 쪽이, 사랑받지 못하는 쪽보다는 사랑받는 쪽이, 지붕이 없는 집보다는 지붕이 있는 집이 더 좋다. 세네카 또한 이 사실을 인정했다. 이러한 것을 소유하는 데에도 반대하지 않는다고 말한다. 다만 세네카는 '(잃을 수도 있다는) 두려움 없이' 잃어버려도 행복하게 살 수 있다는 확신을 가지고 '우리가 가진 모든 것이 언제든지 사라질 수 있다는 사실을 기억'하며 살아야 한다고 덧붙인다.[8]

반면에 가장 강경한 스토아 철학자로 알려진 에픽테토스는 오히려 인생의 고난을 긍정적으로 여기고 반겼다. 에픽테토스는 "우리를 죽이지 못하는 것은 우리를 더 강하게 만든다"는 확고한 신념을 가진 인물이었다. 인생은 고통이며, 비극적인 일은 일어나기 마련이다. 바로 그때 불운을 기회 삼아 자신의 의지를 시험할 수 있다. "그러니 고난이 닥치면, 신이 마치 트레이너인 양 스파링 상대로 짝지어준 사나운 어린 황소를 상대로 훈련하는 레슬링 선수가 되었다고 생각하라. 무엇을 위해서? 당신을 올림픽에 출전할 수 있는 재목으로 만들기 위해서다."[9] 에픽테토스는 인생에서 일어나는 모든 일을 '축복으로, 의미 있고, 심지어 모두가 부러워할 만한 것으로 바꿀 것'이라고 말한다.[10]

마르쿠스 아우렐리우스가 남긴 명저 『명상록Meditations』은 고대 스토아학파가 남긴 저술 중에 가장 아름답고 읽기 쉬운 책이다(세네카의 서간집이 간발의 차이로 그 뒤를 잇는다). 『명상록』은 진정한 스토아주의의 방식으로 외부 세계가 아닌 내면 세계를 다스리는 방법을 다룬다. 다른 누군가에게 보여주려고 쓴 글이 아니라 순전히 아우렐리우스의 개인적인 기록으로, 스토아 철학을 공부하는 이들에게는 (매우 수준 높은) 일기처럼 읽힌다.[11] 『명상록』에는 자기 성찰, 정신 수련, 스토아 사상을 아름답게 포착한 수많은 격언이 실려 있다. 일상에서 스토아 철학을 실천하고자 했던 한 인간의 열성적인 노력이 자세히 기록되어 있어, 스토아주의자가 되려면 얼마나 많은 인지적 훈련이 필요한지를 잘 알 수 있다.

세네카와 에픽테토스처럼 아우렐리우스도 무엇보다 자신의 욕망과 판단을 통제하려고 노력했다. 우리는 현실과 일치하는 욕망을 가져야 한다. 외부 사건에 어떤 식으로든 영향력을 미칠 수 있다고 가정하고, 현실적으로 가질 수 없는 것을 원하는 일은 논리에 어긋날뿐더러 불필요한 실패를 초래할 수 있다. 내가 가장 좋아하는 아우렐리우스의 격언 중에 "미친 사람만이 겨울에 무화과를 찾는다"는 말이 있다.[12] 이 문장은 기대치를 현실적으로 조정하는 일이 얼마나 중요한지를 잘 보여주는 동시에 엄청난 지혜를 함축해서 담고 있다. 예를 들어, 애정과 지지를 아끼지 않는 친구를 원한다면 그런 사람과 친구가 되어야 한다. 자기만의 세상에 빠져 다른 사람 이야기에 귀를 기울일 여력이 없는 사람을 선택해서는 안 된다. 부모님이나 배우자가 타고나기를 다른 사람을 칭찬하고 인정할 줄 모르는 사람이라면 기대를 버려야 한다. 별다른 감동을 느끼지 못하는 사람을 감동시키려는 노력은 돌에서 피를 쥐어 짜내려는 노력만큼이나 소용이 없다. 마찬가지로 웹사이트나 초상화를 원한다면 실제로 코딩 능력이나 그림 실력이 있는 사람을 찾아가야 한다.

우리는 때때로 타인에게 비현실적인 기대를 한다. 스토아학파는 우리에게 해를 끼치는 것은 언제나 다른 사람의 행동이 아니라 우리의 비현실적 기대라고 주장한다. 아우렐리우스는 이렇게 조언한다. "다른 사람의 변덕이나 갑작스러운 상황 변화는 우리에게 실질적으로 해를 끼치지 않는다. 그럼 무엇이 해를 끼칠까? 바로 그것이 해롭다고 판단하는 우리의 마음이다. 그러니 마음만 바꾸면 모든 일들이 다 괜찮아진다."[13] 다시 말해, 우리를 해칠 수 있는 것은 자신뿐이다. 내면의 고통을 만들어내는 유일한 생산자는 바로 자신이다. 이러한 통찰은 우리에게 두려움과 해방감을 동시에 선사한다.

스토아학파는 운명을 한탄할 시간이 없다고 여기며, 피해자라는 개념 자체를 거부한다. '원망ressentiment'할 대상을 찾는 이 시대의 문화는 스토아학파에게는 완전히 딴 세상 이야기다. 누구나 불운을 겪을 수 있다는 사실이 세상의 이치다. 이 진리를 빨리 받아들일수록 좋다. 스토아학파는 삶은 당연히 고통스러울 수밖에 없다고 생각한다. 반면에 오늘날 서구 사회를 살아가는 우리가 기대하는 삶의 지평은 이와는 너무나도 다르다. 행복과 웰빙을 넘어서 아무런 문제도 일어나지 않는 삶을 꿈꾼다. 그런 삶이 당연하게 주어지지 않을 때 많은 사람들은 강한 불공평함을 느낀다.

마지막으로 스토아학파는 자기 계발을 위해서는 끊임없는 노력이 필요하다는 사실을 이해했다. 아우렐리우스의 저술에서 엿볼 수 있듯이 스토아주의자가 된다는 건 평생을 노력하고 헌신해야 하는 일이었다. 그러나 뒤집어 생각하면 스토아주의는 참으로 낙관적인 사상이 아닐 수 없다. 평생에 걸쳐 배움을 통해 오늘보다 더 나은 내일을 살아갈 수 있다는 믿음에서 비롯된 이념이기 때문이다. 누구나 마음을 훈련할 수 있고, 이 마음은 끊임없이 학습하고 변화할 수 있다.

신경 가소성에 관한 최신 연구는 인간이 자신의 사고방식을 바꿀 수 있다는 스토아학파의 믿음이 옳았음을 입증해 준다.[14] 우리의 뇌가 일생에 걸쳐 끊임없이 변화할 수 있는 가소성을 지니고 있긴 하지만, 심리학자 존 샤프John Sharp가 말했듯이 "플레이도(미국의 형형색색 찰흙 장난감-옮긴이)로 만들어지진 않았다"는 사실을 기억해야 한다. "새로운 신경학적 연결은 하루아침에 형성되지 않는다. 새로운 사람이 되기 전에 새로운 사람이 된 것처럼 살아야 한다."[15] 더욱이 오늘날 수많은 현대인과는 달리 스토아학파는 인생의 고통과 불행을 피하거나 행복 지수를 높이는 것을 목표로 삼지 않았다. 그저 인생에서 무슨 일이 닥쳐도 침착하고 굳건하게 이겨낼 수 있는 정신적 태도, 즉 평정심과 회복탄력성을 기르고자 했을 뿐이다.

(T)

시간

Time

잃어버린 시간이란 무엇일까? 마르셀 프루스트Marcel Proust가 무려 14년에 걸쳐 집필한 대작 『잃어버린 시간을 찾아서In Search of Lost Time』에서 그토록 집요하게 추적했던 이 난해한 개념은 도대체 무엇일까? 잃어버린 시간이라는 개념은 유령처럼 우리를 쫓아다니고 폭군처럼 생각과 감정을 지배하며 오늘날 집단적인 탈진 상태를 가중시키는 역할을 한다. '카르페 디엠(지금 이 순간을 충실하게 살라)'이나 '메멘토 모리(죽음을 기억하며 살라)'와 같은 격언에는 인간이라는 존재가 지닌 한계에서 오는 원초적인 불안이 담겨 있다. 이러한 원초적인 불안은 오늘날에도 여전히 유효하지만 시간 관리와 관련된 현대인의 불안, 즉 생산성 압박과 잠재력 낭비에 대한 걱정에 점점 밀려나고 있는 실정이다.

오늘날 우리는 대부분 시간에 대해 매우 해로운 태도를 내면화하고 있다. 이러한 태도는 시간에 대해 이야기할 때 일상적으로 사용하는 은유에서도 분명하게 드러난다. 우리는 시간을 단순히 흘러가는 존재가 아니라 정량화하고 상품화할 수 있는 존재로 생각한다. 시간은 우리가 낭비하고, 죽이고, 잃고, 지배하고, 쓰고, 저축하고, 예산처럼 책정하고, 구매할 수 있는 것이다. 벤자민 프랭클린Benjamin Franklin이 남긴 유명한 격언처럼 시간은 '돈'이 되었다. 산업 혁명이 도래한 이후로 사람들은 시간을 현명하게 또는 어리석게 사용할 수 있는 귀중한 재화로 생각하기 시작했다. 나아가 이 땅에서 자신에게 주어진 한정된 시간을 현명하게 사용하느냐가 곧 도덕성을 판단하는 기준이 되었다.[1] 청교도는 시간을 낭비하는 일을 치명적인 죄라고 생각했다.

시간을 현명하게 사용한다는 것은 일반적으로 미래 지향적인 활동과, 당장의 만족을 미루고 충동을 조절하는 행동으로 이어진다. 그중에서도 가장 중요한 것은 일이다. 시간을 현명하게 소비하는 사람은 쾌락의 유혹에 넘어가지 않고, 느긋하게 쉬면서 게으름을 부리고 싶은 욕구에 굴복하지 않고, 보다 성숙하고 장기적인 관점으로 일하며 살아간다.

빅토리아 시대에는 시간 엄수가 핵심 덕목이었다. 시간 관리를 못하면 곧 자제력이 부족하다고 여겼고, 이는 곧 가난한 사람이 가난할 수밖에 없는 이유이자 도덕적 결함으로 간주되었다.[2] 오늘날에도 지각을 하거나, 마감일을 지키지 못하거나, 비효율적으로 느리게 일하거나, 일을 미루거나 게으름을 피우면 고용주의 시간을 낭비한다는 질책을 받는다. 그러나 우리 대부분은 아마도 훨씬 더 심각한 존재론적 형태의 시간 낭비에 대한 두려움 속에서 살아가고 있을 것이다. 자아를 실현하거나, 잠재력을 발휘하거나, 인생의 소명이나 진정한 사랑을 찾거나, 사랑하는 사람들과 함께하는 데 시간을 쓰지 않고 낭비하고 있다는 두려움 말이다.

낭비한 시간, 잃어버린 시간, 좋은 시간이란 무엇인지 한번 생각해 보라. 그렇게 생각하는 이유는 무엇인가? 하루에 얼마나 많은 시간을 주말이나 다음 휴가 등 아직 오지 않은 미래를 손꼽아 기다리면서 하릴없이 흘려보내는가? 누구를 위해 또는 무엇을 위해 많은 시간을 할애하는가? 시계의 지시에 따라 살아가는가? 아니면 자신의 몸의 생물학적 리듬, 음력 달력, 조수의 움직임, 계절의 변화, 천문 시계 등 인류가 더 오래전에 사용했던 시간 측정 방식에 맞춰 살고 있는가?

지금 여기에 관심을 집중하며 현재를 살아가는 사람이 있는가 하면, 과거에 얽매여 살아가는 사람도 있고, 항상 다음을 계획하고 연습하며 황급히 미래를 향해 달려가는 사람도 있다. 지나가 버린 옛 황금기를 그리워하며 향수에 빠져 살아가는 비관론자도 있고, 헤겔처럼 인류가 더 밝은 미래를 향해 전진하고 상승하고 있다고 믿는 진보사관론자도 있다. 시간을 선형적이거나 순환적인 것으로 이해하는 사람도 있고, 인간의 머리로 이해하기에는 너무나도 복잡하고 다차원적인 것으로 이해하는 사람도 있다.

시간을 대하는 태도에서 근본적인 가치관과 문화적 신념의 차이가 드러나기도 한다. 역사학자 에드워드 톰슨E. P. Thompson은 기술 발전이 '새로운 청교도적 규율과 부르주아적 정확성'이라는 도덕적 변화를 가져온 과정을 탐구했다.[3] 특히 톰슨은 14세기에 교회 첨탑마다 시간을 알리는 종이 달리고, 17세기에 가정마다 들여놓은 진자시계와 더불어 회중시계처럼 주머니에 넣고 다닐 수 있는 휴대용 시계가 보급되면서 어떤 변화가 나타났는지에 관심을 가졌다. 근면함과 철저한 시간 관념은 종교계에서뿐만 아니라 노동 시장에서도 한 사람의 가치를 나타내는 외부적인 지표가 되었다. 톰슨에 따르면, "1830년대와 1840년대에 이르러 영국 노동자에게서 일반적인 차이가 나타나기 시작했다. 그 차이는 열심히 일하는 능력이 아니라 규칙적인 업무 태도, 체계적인 에너지 관리, 예전처럼 제멋대로 휴식을 취하지 않는 태도에서 나타났다."[4] 톰슨은 "철저한 시간 관념이 없었다면 쉬지 않고 근면 성실하게 일하는 노동자도 없었을 것이다"[5]라고 결론 짓는다.

산업화 이전에 사람들은 밥을 짓는 데 걸리는 시간, 시장에 가는 데 걸리는 시간, 닭을 굽거나 메뚜기를 튀기는 데 걸리는 시간, 아베마리아를 완창하는 데 걸리는 시간 등 익숙하고 일상적인 행위를 기준으로 시간을 측정했다. 하지만 노동 과정이 복잡해지면서 시간을 정확하게 관리하고 측정하는 일이 더욱 중요해졌고 노동이 분업화되면서 시간을 동기화할 필요성이 절실해졌다. 생산 공정을 한번 떠올려 보라. 그리고 영화 〈모던 타임즈Modern Times〉(1936)에서 찰리 채플린이 연기한 주인공이 생산 라인이 가동되는 속도를 따라가지 못하면서 얼마나 큰 재앙이 빚어졌는지 생각해 보라. 그러니 산업 혁명이 일어나고 자본주의가 발전하기 시작한 19세기에 시간을 절약해야 한다는 주장이 최초로 사회적 지지를 얻은 건 놀라운 일이 아니다. 이러한 태도는 오늘날에도 여전히 남아 있다. 실제로 우리는 잃어버린 시간이라는 개념을 도덕적 문제로 내면화하여 스스로 엄격한 감독관을 자처한다.

슬프지만 내가 시간을 대하는 태도도 이러한 일반적인 문화적 변화를 반영한다. 나는 항상 일해야 한다고 생각했고, 프로젝트에 쓰지 않는 시간은 낭비라고 생각했다. 항상 일을 손에서 놓지 않아야 한다는 이상적인 자아상에 도달하지 못해서 죄책감을 많이 느낀다. 긴장을 푸는 일이 힘들게 느껴진다. 점심시간에 햇볕을 쬐며 15분 정도 산책하는 일조차 불가능에 가깝게 느껴져서 그냥 컴퓨터 앞에 앉아 있을 때가 많다. 그러니 점심시간이나 일과 중에 친구를 만나는 일은 거의 없다. 비록 만날 때마다 행복감을 느끼지만 말이다.

너무나 모순적이게도 나는 다른 약속 없이 일에만 집중할 수 있는 시간이 가장 많은 날에 시간을 가장 심하게 낭비하는 경향이 있다. 즉 시간이 많을수록 현명하게 사용하지 못한다. 〈가디언Guardian〉 홈페이지를 수시로 새로 고침하여 우울한 소식뿐인 최신 헤드라인을 확인한다. 아무런 생각 없이 모이를 쪼아 먹는 닭처럼 이메일을 클릭해 새로 들어온 메일을 확인한다. 받은 편지함에 관리할 수 없을 정도로 많은 이메일이 쌓여 업무가 밀리고, 통제력을 잃고 혼란에 빠질까 봐 대부분의 이메일에 즉시 답장을 보낸다. 아무런 목적 없이 트위터 피드를 스크롤하다 보면 우울하고 지친 기분에 휩싸인다. 이렇게 하루에 두세 시간씩 시간을 낭비하는 셈이다.

머리로는 이렇게 무의미한 활동에 시간을 낭비하느니 차라리 책을 읽거나 친구와 전화 통화를 하거나 낮잠을 자거나 아무것도 하지 않고 쉬는 편이 낫다는 걸 알면서도 차마 엄두를 내지 못한다. 마음이 콩밭에 가 있고 빈 화면에는 커서만 깜박이더라도 노트북 앞에 앉아 있어야만 할 것 같다. 나는 다른 사람을 만나려고 시간을 쓰는 데 놀라울 정도로 인색하다. 간단히 커피나 음료를 마시는 정도로만 약속 시간을 짧게 잡는다. 사교 모임은 매번 갈 때마다 오길 잘했다고 생각하면서도 참석할 마음을 내기가 어렵다. 업무 시간을 확보해야 한다는 본능 때문이다. 그나마 취미 활동만큼은 예외로 둔다는 사실이 불행 중 다행이다. 단순히 나를 행복하게 해준다는 이유만으로 취미 활동에는 기꺼이 시간을 할애한다.

이 중에 어느 것 하나 합리적이지 않다. 심지어 생산성이라는 관점에서 봐도 그렇다. 정기적으로 휴식을 취하고, 카페에 가서 일하고, 나를 웃게 만드는 사람들과 점심을 먹고, 일하는 틈틈이 에너지를 회복할 수 있는 즐거운 활동을 한다면 훨씬 더 나은 작가가 될 수 있고, 훨씬 더 많은 글을 쓸 수 있다는 사실을 잘 알고 있다. 이런 비틀린 시간 관념은 생산성에도 도움이 되지 않을뿐더러 외롭고 고독한 존재가 되는 지름길이다. 게다가 이렇게 중간중간 딴짓을 하는 것도 지치기는 매한가지다. 번아웃은 바로 이 죄책감으로 가득한 회색지대, 즉 제대로 일도 못하고 제대로 쉬지도 놀지도 못하는 상태에 갇혀 있을 때 발생한다. 스스로 정한 해로운 노동 윤리의 포로가 되어 자신이 만든 감옥에서 빠져나오지 못할 때, 번아웃에 빠질 위험이 가장 커진다.

이런 상황에 놓인 사람은 나뿐만이 아니다. 친구들이나 내담자 중에도 업무 방식과 시간을 대하는 태도가 나와 아주 유사한 사람이 많다. 우리는 대부분 여가 활동과 인간관계에 더 많은 시간을 할애해야 한다는 지극히 합리적인 조언도 한 귀로 듣고 한 귀로 흘려버린다. 왜 그럴까? 왜 스스로 만든 덫에서 빠져나오지 못할까? 아마도 이런 종류의 조언에 내재된 도구적 논리를 경계하는 것일 수도 있다. 결국에는 여가 시간도 생산성을 향상시키고자, 혹은 우리를 더 나은 사람으로 만들어 시간을 낭비하지 못하도록 막고자 고안된 것이라는 생각 때문이다.

잃어버린 시간에 대한 두려움은 개인적 문제가 아니라 더 광범위한 문화적 병리 현상임이 틀림없다. 이는 의심할 여지 없이 청교도가 남긴 모순적인 유산과 실용성을 추구하는 자본주의의 필요가 결합한 결과다. 우리는 모든 것을 이익과 손실의 관점으로 평가하며, 생산성과 효율성으로 모두의 삶을 재단한다. 그러나 우리는 아무것도 하지 않고 그저 존재하는 능력을 빠르게 잃어가고 있다. 끊임없이 일해야 한다는 충동을 따라 업무와 미래에만 관심을 집중한 채 살아간다. 과연 일을 멈추었을 때 무엇을 발견하게 될까? 그 앞에는 무엇이 나타날까? 여기서 딜레마에 빠진다. 일에 더 많은 시간을 할애할수록 삶의 다른 영역은 더욱 공허해지므로, 일을 멈추고 그 공허함과 마주하는 일은 더더욱 두려워진다.

그러면 우리가 할 수 있는 일은 무엇일까? 본격적인 사색가가 될 수도 없는 노릇이고 비트족, 보헤미안, 히피, 평크족, 천하의 게으름뱅이처럼 기존의 시간 가치를 거부하는 반란군 무리에 합류할 의지도 없을 것이다. 그러나 시간이 돈이라는 현재의 시간 관념이 우리에게 심리적으로 너무나 큰 대가를 요구한다는 사실은 의심의 여지가 없다. 따라서 우리는 살면서 누구를 위해, 무엇을 위해 시간을 쓰고 싶은지를 치열하게 고민해야 한다. 매일매일 스스로에게 물어보아야 한다.

혹은 잃어버린 시간이라는 개념을 더 비판적인 관점으로 바라볼 수도 있다. 프루스트의 소설 속 화자이자 주인공인 마르셀이 마침내 자신의 소명을 발견하고 소설가가 되기까지는 오랜 세월이 걸렸지만, 그 과정에서 실제로 잃어버린 시간은 단 한 순간도 없었다. 오히려 정반대로 마르셀이 보고 듣고 느낀 모든 경험이, 마주쳤던 모든 인연이, 얼핏 쓸데없이 흘려보낸 것 같은 모든 시간이, 그가 소설가로서 성장하는 데 밑거름이 되었다. 모든 것이 배움이었다. 아무것도 헛되지 않았다.

그러므로 아일랜드의 시인 존 오도나휴John O'Donohue의 표현처럼 '느린 시간 속에 깃든 기쁨'을 재발견하는 일은 작게는 개인적 과제이자 넓게는 사회 문화적 과제다.

오도나휴는 지친 이들을 위한 축사에서 이렇게 권한다.

너는 거짓된 땅을 너무 빠르게 달려왔네.
이제 네 영혼이 다시 너를 제자리로 데려가려 하네.

감각을 피난처 삼아,
서둘러 지나쳐온 모든 작은 기적에 마음을 열어,

빗물이 천천히, 자유롭게 내려앉아
흘러가는 그 길에 시선을 내어주고,

황혼의 습관을 본떠
그 오색찬란한 우물물을 길어보고,

돌의 침묵을 벗 삼아
그 고요함에 사로잡힐 때까지 그림도 그려보며,

지나친 다정함으로 자신을 어루만져 주자.[6]

(U)

긴박감

Urgency

우리 가운데 대다수는 외환 트레이더도, 응급실 외과 의사도, 소방관도 아니다. 그렇다면 도대체 왜 업무와 일상생활에서 끊임없는 긴박감을 느끼며 살아가는 것일까? 도대체 왜 모니터 화면에서 5분만 눈을 떼도 세상이 무너질 듯 구는 것일까? 우리는 마치 사활이 걸린 것처럼 시간에 쫓기며 업무를 빨리빨리 처리하곤 한다. 모든 일이 긴박하게 느껴질 때가 많지만 통계적으로 봤을 때 실제로 그러한 경우는 거의 드물다. 긴박감은 현대 문화의 일부가 되었지만 정작 진정한 긴급 상황에는 아무런 대응도 하지 않고 있는 실정이다. 기후 변화는 지금 당장 적극적인 대응에 나서도 모자랄 만큼 진정한 비상사태지만, 우리는 거의 50년째 미루고만 있다.

몇 백 년 전에는 편지가 배달되려면 몇 주 또는 몇 달이 걸리기도 했다. 오늘날에는 모든 커뮤니케이션이 즉각적으로 이루어진다. 바로 그 때문에 우리는 개인적인 요청이든 업무 관련 요청이든 즉각적인 응답을 기대하게 되었다. 아직 해결하지 못한 이메일로 가득 찬 받은 편지함은 우리가 할 일을 제때제때 처리하지 못하고 뒤처지고 있음을 비난하듯 상기시킨다. 이메일로 가득한 받은 편지함은 현대 생활이 요구하는 속도를 따라잡지 못하고 있다는 신호이자 일상을 제대로 통제하지 못하고 있다는 상징이 되었다.

커뮤니케이션 기술의 혁신은 우리가 일상에서 느끼는 긴박감과 많은 관련이 있다. 사회학자 하르트무트 로자Hartmut Rosa는 현대사는 가속의 역사라고 주장한다. 이러한 가속화는 특히 교통, 무역, 통신 분야에서 두드러지게 나타난다. 물론 모든 가속화가 나쁜 것만은 아니다. 하지만 사회, 경제, 기술 변화의 속도가 우리가 더 이상 따라잡을 수 없을 정도로 자체적으로 가속화되고 있다. 이처럼 빠른 변화는 삶의 질을 급격히 떨어뜨린다. 근대 이전에 사회 변화는 곧 '세대 간 변화'를 의미했다. 다시 말해, 사회 구조가 몇 세대에 걸쳐 매우 천천히 변화했다. 몇 가지 예외를 제외하면 체감하지 못할 정도의 속도로 변화가 일어났다.

오늘날 현대 사회에서는 세대별로 정도의 차이는 있지만 저마다 일상에서 일어나는 발빠른 변화에 적응해야 한다. 이러한 변화의 대부분은 기술과 관련된 것으로, 우리가 여행하는 방식, 일하는 방식, 인간관계를 맺는 방식을 극적으로 변화시켰다. 침묵의 세대와 베이비부머 세대와 X세대는 비행기 타는 법부터 청소기, 전자레인지, 컴퓨터, 휴대폰, 왓츠앱 및 줌 사용법은 물론이고 온라인 쇼핑과 온라인 뱅킹 하는 법도 배워야 했다. 디지털 네이티브인 밀레니얼 세대와 Z세대는 정치·경제·문화적으로 주로 부정적인 큰 변화에 맞서 싸워야 했다. 기후 변화와 포퓰리즘과 문화 전쟁의 그늘 아래서 성장한 이들은 학자금 대출에 허덕이며 불안정한 일자리와 감당할 수 없는 집값 때문에 어려움을 겪고 있다.

이전 세대와는 달리 이제 직업을 한 번 이상 바꿔야 할 가능성이 높으며, 끊임없이 능력을 향상시키고 업그레이드하지 않으면 전문 지식도 금방 쓸모없어질 수 있다. 나는 기술 공포증도 없고 나이가 많은 편도 아니지만 매년 학기 초만 되면 며칠간 패닉에 빠진다. 강의 녹화, 채점, 쪽지 시험, 피드백 세션 및 강의 자료 공유에 사용되는 소프트웨어가 끊임없이 변화하는 탓에 사용법을 매번 새로이 배워야 하기 때문이다. 이러다가는 어느 날 노란 종이에 손으로 쓴 강의록을 한 아름 안고서 강의실에 들어서서 최신 조명 시스템을 켤 줄 몰라 쩔쩔매는 구닥다리 노인네가 되는 게 아닐까 걱정이 된다. 나는 동영상 클립을 보여주는 법, 캘린더를 설정하는 법, 우버를 부르는 법도 모른다. 스마트폰에 있는 몇 가지 앱은 젊은이들이 귀찮은 내색을 애써 숨기며 다운로드해 준 것들이다. 나의 스마트폰이 확실히 나보다 훨씬 똑똑하다.

기술이 발전한 만큼 우리에겐 시간이 많아져야 했다. 온갖 기계와 발명품 대부분이 시간이 오래 걸렸던 노동을 상상할 수 없을 정도로 빠르고 효율적으로 대신하도록 설계되었기 때문이다. 기차, 자동차, 비행기를 떠올려 보라. 생산 라인, 세탁기, 식기세척기를 떠올려 보라. 이메일과 검색 엔진을 떠올려 보라. 그러나 시간이 많아지기는커녕 이 모든 혁신을 따라잡기 위해서는 끊임없이 배워야 했다고 하르트무트 로자는 주장한다. 전보나 편지나 쪽지에 비해 이메일은 훨씬 더 빠르고 쉽게 전송할 수 있지만, 그 덕분에 이제 업무 시간의 상당 부분을 이메일을 처리하는 데 소비해야 한다. 자동차는 말보다 훨씬 더 빠르게 이동할 수 있지만, 그 덕분에 이제 더 멀리 있는 직장으로 출퇴근하는 데 더 많은 시간을 소비해야 한다. 진공청소기와 세탁기도 처음에는 상당한 시간을 절약해 주었지만,

최신 가전제품의 성능에 발맞추어 일반적으로 기대하는 청결의 수준도 덩달아 올라가 버렸다.

우리는 이제 더 이상 정보를 찾기 위해 도서관이나 기록보관소를 전전하지 않아도 되지만, 접근할 수 있는 디지털 정보의 양이 폭발적으로 증가해 정확한 정보만을 선별하고 소화하는 일 자체가 시시포스의 형벌에 비견할 만큼 고된 일이 되었다. 모든 것이 빠른 속도로 움직이는 사회가 되면서 여러 가지 도덕적·심리적인 문제가 발생하고 있다. 로자는 사람들이 '정신없이 빠른 제자리걸음'을 하고 있다고 주장한다. 모든 것이 끊임없이, 어지러울 만큼 빠른 속도로 변화하고 있는 듯해 보이지만 실질적으로 사회의 근본적인 구조와 기득권은 전혀 변하지 않았다는 뜻이다.[1]

이 같은 가속화에 대한 한탄은 어제오늘의 일이 아니다. 마르크스와 엥겔스는 『공산당 선언The Communist Manifesto』(1848)에서 '고정되고 꽁꽁 얼어붙은 모든 관계'는 휩쓸려 사라지고, '새로이 형성된 모든 관계'는 '굳어지기도 전에 낡은 것이 되어버리며', '단단했던 모든 것이 녹아서 공기 중으로 사라져 버린다'고 한탄했다.[2] 1882년 프리드리히 니체도 『즐거운 학문』에서 점점 더 커져가는 긴박감에 대한 불만을 토로하며 미국인들을 비난했다.

> 새로운 세상의 악습임이 분명한 미국인들의 돈을 사랑하는 태도와 숨 가쁘게 서두르는 일 처리 방식은 오래된 유럽 사회에도 무서운 속도로 전염되며 담요처럼 사람들의 영혼을 뒤덮어 버리고 있다. 이제 사람들은 휴식에 수치심을 느끼고, 사색에 죄책감을 느낀다. 심지어 점심을 먹으면서도 시계를 손에 들고 주식 시장의 최신 뉴스를 읽는다. 항상 '무언가를 놓칠지도 모른다'는 생각에 전전긍긍하며 살아간다. … 끊임없이 이득을 좇아 사는 삶은 사람들을 걸치레와 과도한 욕심과 허황된 기대에 빠져 결국 영혼을 소진하는 지경까지 밀어붙인다. 이제 남들보다 짧은 시간에 무언가를 해내는 것이 미덕이 되었다.[3]

니체는 번아웃 문화의 전조가 된 포모FOMO('Fear of Missing Something'의 약자로 '무언가를 놓칠지도 모른다는 두려움'을 뜻하는 신조어-옮긴이) 현상과 물질주의의 함정과 속도를 그 자체로 우상화하는 풍조를 묘사한다. 프랑스와 독일의 여러 정신과 의사들도 19세기 혼잡한 도시 생활, 유흥과 돈과 부적절한 욕망의 대상을 끊임없이 좇는 삶, 끊임없이 쏟아지는 정보의 홍수를 비난했다. 이러한 현상이 예민한 지식 노동자의 섬세한 신경계뿐만 아니라 열심히 일하는 산업계 경영자에게 심각한 위협이 된다고 생각했기 때문이다. 그들은 인간이 이러한 도시적 자극의 폭격을 견뎌내기에 적합하지 않다고 주장했다. 나아가 현대 생활을 지배하는 끊임없는 긴박감이 사람들의 정신 건강과 육체 건강에 심각한 위협이 되고 있다고 결론지었다.[4]

(20세기 독일 문학을 대표하는 작가 토마스 만Thomas Mann의 동생으로 더 잘 알려진) 작가 하인리히 만Heinrich Mann은 그의 소설 『비버 박사의 유혹Dr Bieber's Temptation』(1898)에서 이처럼 우리에게 해악을 끼치는 긴박감을 생생하게 묘사한다. 이 소설에 등장하는 헤르 사게뮐러는 '집 안팎에서 우리를 공격하는', '현실의 잔인함과 무례함'에 대해 불평한다. "(전차가) 침실에 난 창문 밖에서 윙윙거리는 전화선처럼 밤마다 내 삶에 불쑥 쳐들어온다. 길모퉁이마다 놓인 광고판, 상인들과 기자들이 내지르는 고성, 사방에서 울려대는 종소리, 자전거와 자동차가 만들어내는 소음,

이 모든 것이 내 감각을 강간한다. 나는 완전히 무방비 상태다."[5]

1884년 독일의 정신과 의사 빌헬름 에르브Wilhelm Erb은 숨 가쁘게 돌아가는 현대인의 일상을 깊이 탄식하는 글을 남겼다. 에르브는 모든 일이 '흥분 속에서 서둘러' 진행되면서 사람들의 신경계에 만성적으로 과도한 긴장 상태를 유발하고 있다고 걱정했다. 그리고 그 원인으로 '과도한 교통량 증가와 전신 및 전화의 유선망'과 더불어 새로운 국제 무역 패턴을 지목했다.

> 심각한 정치, 산업, 금융 위기의 여파가 과거보다 훨씬 더 광범위한 인구 집단에 영향을 미치고 있어 우려스럽다. 이제는 일반 대중도 공공 생활에 참여한다. 정치 · 종교 · 사회적 싸움과 정당 정치와 선거 운동과 과도한 사교 모임은 사람들의 머리를 과열시키고 영혼에 새로운 부담을 강요하면서 휴식하고 수면하고 명상할 시간을 빼앗아 간다.

에르브는 '대도시의 삶은 점점 더 우아하고 불안해졌다'고 결론짓는다.[6]

그러나 긴박감이 미치는 부정적인 영향은 현대에만 국한되지 않는다. 이와 관련해 내가 가장 좋아하는 예시가 『황제내경』에 등장한다. 도교에 관한 가장 중요한 문헌으로 손꼽히는 『황제내경』은 기원전 3000년 중반 고대 중국을 다스렸던 황제 헌원씨가 쓴 것으로 알려져 있다. 여기에 치보라는 인물이 불평을 늘어놓는 단락이 나온다.

> 과거에 사람들은 인생에서 마땅히 나아가야 할 길인 도를 실천했다. 균형의 원리와 음양의 원리를 이해했다. … 규칙적인 시간에 일어나고 균형 잡힌 식사를 하고 잠자리에 들었으며, 몸과 마음에 과도한 스트레스를 주는 일은 피했고, 무엇이든 과하게 탐닉하지 않도록 자제했다. 이렇게 몸과 마음의 건강을 유지했으니 백 년을 넘게 살았다는 사실이 놀라운 일은 아니다. 요즘 사람들은 생활 방식이 바뀌었다. 와인을 물처럼 마시고, 파괴적인 활동에 탐닉하고, 신장에 저장된 신체의 정수인 정精을 흘려보내고, 기를 고갈시킨다. 에너지와 활력을 보존하는 비결을 알지 못한다. 감정적인 흥분과 순간적인 쾌락을 추구하며, 우주의 자연스러운 리듬과 질서를 무시한다. 생활 습관과 식단도 조절하지 못

하고 수면 습관도 부적절하다. 따라서 그들이 오십이면 나이 들어 보이고 얼마 지나지 않아 죽는다는 것은 놀라운 일이 아니다.[7]

4천여 년 전, 노인들은 이미 우주의 느리고 자연스러운 리듬을 거스르는 젊은 세대의 생활 방식에 경악을 금치 못했다. 지나치게 조급해하고 찰나의 쾌락을 좇아 무모하게 에너지를 낭비하는 젊은이들을 비난했다. 물론 긴박감을 인식하는 기준에는 세대 차이도 존재한다. 한편으로 우리만 가속화의 압박 속에서 살아가는 것이 아니라는 사실이 위안이 되기도 한다. 하지만 다른 한편으로는 걱정이 되기도 한다. 선조 대에 이미 전보와 기차가 신경계에 미칠 악영향을 걱정했다면, 모든 것이 끊임없이 빠르게 변하는 시대를 살아가는 우리에게는 과연 희망이란 게 존재하기나 할까?

긴박감을 바라보는 다른 관점도 있다. 예를 들어 실리콘밸리의 심리치료사 스테파니 브라운Stephanie Brown은 상담 사례에 비추어 '맥박이 뛰는 긴박감은 일종의 자기 치료, 즉 다른 감정을 느끼지 않기 위해 하는 행동'일 수 있다고 말한다. '빠른 속도로 살아가는 방식'은 일종의 정서적 회피 수단이라는 것이다. 브라운은 끊임없는 스트레스 속에서 강박적으로 바쁘게 살아가는 '속도 중독'에 빠진 내담자들을 알코올 중독자에 비유하며, 만성적인 긴박감이 감정을 통제하기 위한 전략이라고 주장한다. 모든 종류의 중독이 그렇듯이, 긴박감 중독에도 부수적인 이득이 있다. 일반적으로 '초고속으로 살아가는 삶에 도취되어 짜릿한 흥분감'을 느끼게 된다.[8]

나아가 긴박감 중독은 사회적으로 허용될 뿐만 아니라 심지어 권장하는 강박이기도 하다. 긴박감 중독자는 대개 추진력이 강하고 성실한 사람으로 사회적인 인정을 받는다. 하지만 어느 내담자는 (언제든지 바뀔 수 있긴 하지만) 지금으로서는 자유로운 시간 운용이야말로 최고의 사회적 지위를 나타내는 상징이라고 말했다. 그는 부유층은 고가의 롤렉스 시계를 구매해 차고 다니며 자신의 부를 과시하지만, 초부유층은 시계를 전혀 착용하지 않는다고 말했다. 그들이 시간을 어떻게 쓰든 뭐라고 할 사람은 아무도 없기 때문이다.

긴박감은 현재에 집중하지 못하고 세상의 자연스러운

리듬을 받아들이지 못하는 상태와도 관련이 있다. 소설가 마릴린 로빈슨Marilynne Robinson이 '기쁨 없는 긴박감'이라고 묘사한 것처럼 해야 할 일 목록을 끝없이 채우려고 노력하며 정신적으로는 미래를 살아가는 사람이 많다. 하지만 긴박감은 단순히 가속화에 대한 공황 반응이나 빠른 속도에서 짜릿함을 느끼는 중독 증상이나 순간을 충실하게 살아내지 못하는 것 이상의 의미를 지닌다. 또한 긴박감은 집단적으로나 개인적으로나 '인내하지 못한다'는 뜻이기도 하다. 프란츠 카프카Franz Kafka는 인내하지 못함은 인간의 원죄이자, 아담과 하와가 에덴동산에서 쫓겨난 이유라고 설명한다. "(아담과 하와는) 인내하지 못해서 쫓겨났고 인내하지 못해서 돌아오지 못했다."[9] 우리는 속도와 효율성에 너무나 익숙해진 나머지 일이 원활하게 진행되는 것을 방해하는 작은 지연이나 문제가 발생하면 마치 대단히 억울한 일을 당한 것처럼 분개한다.

오늘날에는 그 어떤 지연도 용납하지 못하고 인간으로서의 품위를 내팽개쳐 버리는 사람들도 많다. 통화 대기가 길어지면 욕설을 퍼붓고, 신호등이 초록색으로 바뀌고 1초도 지나지 않아 성마르게 경적을 울려댄다. 교통 체증, 메시지에 즉시 응답하지 않는 사람, 24시간이 아니라 25시간이 걸린 아마존 배송, 지폐를 5초 늦게 뱉어내는 ATM, 느린 와이파이, 기나긴 마트 대기 줄에 사람들은 평정심을 잃고 분노한다.[10] 인내하지 못함을 분노의 사촌으로 보았던 고대 신학자들이 옳았다.

그런데 우리는 도대체 왜 그렇게 미친 듯이 서두르는 걸까? 도대체 왜 회중시계를 움켜쥔 토끼처럼 신기하고 아름다운 생물과 풍경을 즐길 여유도 없이 그냥 지나쳐 버리고 이상한 나라로 내달리는 걸까? 자신을 닦달하고 몰아세워 마감일보다 훨씬 빨리 모든 과제를 완수한다고 해서 얻게 되는 보상은 도대체 무엇일까? 이 지독한 긴박감의 최종 목표는 진정 무엇일까?

(V)

(에너지) 뱀파이어

Vampires

우리의 에너지를 고갈시키는 원인에 대한 설명은 시대와 문화마다 천차만별이다. 과거에는 체액의 불균형, 빨라진 삶의 속도, 내면에서 일어나는 심리적 싸움, 두뇌 활동, 약한 신앙심, 행성의 움직임 등 내적인 힘이나 외적인 힘으로 탈진 상태에 이른다고 보았다. 또한 식습관, 과도한 흥분감, 지속적인 감각의 과자극도 원인으로 지목되었다. 오늘날에는 관리할 수 없을 정도로 과도한 업무량, 유해한 근무 환경, 전자기기를 통한 상시적인 연결성을 집단적 탈진의 원인으로 꼽는 경향이 있다. 그런데 이 원인들 중에 과연 타인은 없을까? 우리가 탈진 상태에 이르기까지 과연 주변 사람들은 어떤 영향을 미치고 있을까?

뱀파이어가 수 세기를 지나 지금까지도 매력적인 비유로 남아 있는 것은 우연이 아니다. 뱀파이어는 피라는 형태로 다른 존재의 생명 에너지를 빨아들이는 존재다. 삶과 죽음의 경계에 갇힌 뱀파이어는 스스로는 목숨을 부지할 수 없으므로 희생자를 고갈시켜 죽이거나 자신의 종족으로 만든다. 그러나 뱀파이어는 먹잇감이 제 발로 다가와야 한다는 전설에 따라 필요한 것을 강제로 빼앗는 대신 먹잇감을 유혹하는 경향이 있다. 뱀파이어는 매혹적인 면과 혐오스러운 면을 동시에 지니고 있으며, 속임수와 조작의 대가이기도 하다. 영혼이 없어서 거울을 마주해도 아무것도 비치지 않는다. 햇빛과 은과 마늘에 알레르기가 있으며, 박쥐나 다른 동물로 변신할 수 있다. 문학과 영화에서 뱀파이어는 다양한 형태의 타자성을 투사하는 역할을 한다. 성性의 어둡고 억압된 측면을 나타내거나 이방인이나 착취에 대한 두려움을 나타내기도 한다. 또한 끝없는 욕망을 가진 존재로서 중독과 탐욕을 의미하기도 한다.

우리가 이 어둠의 생명체에 끝없는 매력을 느끼는 데에는 여러 가지 이유가 있지만, 그중 하나는 다른 사람 때문에 자신의 에너지가 은밀하게 고갈되는 것을 깊이 두려워하는 마음과 관련되어 있다. 뱀파이어 전설에서 피는 생명, 건강, 젊음, 그리고 무엇보다도 에너지를 상징하며, 팜므파탈 역시 아무런 의심 없이 다가오는 남성 희생자에게서 (성적인) 생명력을 빨아들이는 존재다. 에너지를 고갈시키는 또 다른 존재로는 흡혈귀가 있다. 뱀파이어, 팜므파탈, 흡혈귀의 공통점은 먹잇감을 서서히 약화시키고 고갈시킨다는 점이다. 에너지 손실의 원인을 찾아내 제거하지 않으면 결국 모든 기력을 잃고 죽음에 이르고 만다.

우리의 삶에도 에너지 뱀파이어가 있는지 생각해 보라. 이상적인 인간관계는 서로 주고받는 상호 순환을 기반으로 한다. 양쪽 모두 상대방에게 똑같이 관심과 배려를 기울이는 것이다. 물론 사랑하는 사람이 무력하고 취약한 상태일 때는 이러한 역학 관계가 일시적으로 변할 수도 있다. 하지만 이때는 반대의 경우에도 상대방이 우리를 똑같이 지지해 줄 것이라는 기대가 깔려 있다. 에너지 교환이 평등하지 않고, 한쪽이 일방적으로 주는 입장인 관계도 존재한다. 어린 자녀나 연로하신 부모님 같은 경우가 여기에 해당한다. 이러한 경우, 돌보는 행위 자체가 에너지를 극도로 빼앗아 가는 원인이 될 수도 있다. 이타적인 사랑의 행위로서 이러한 종류의 돌봄은 커다란 만족감을 선사할 수도 있지만, 돌봄이 길어지고 신체적·정서적으로 극도로 힘든 일과가 수년씩 이어질 경우 심각한 문제가 발생할 수 있다. 장기 간병인은 사랑하는 사람뿐만 아니라 자신을 돌보는 일조차 힘들어지는 경우가 많으며, 자신의 필요를 충족시키려고 할 때마다 죄책감과 수치심에 시달리는 경우가 많다. 간병인 증후군은 매우 현실적이고 위험한 형태의 번아웃이다.

인간관계에서 발생하는 가장 흔한 문제는 한쪽은 에너지를 무한정 주기만 하고 다른 한쪽은 무한정 받기만 하는 불평등 속에서 이를 공개적으로 동의하거나 인정하지 않는 경우다. 받는 것 없이 주기만 하는 인간관계는 에너지를 고갈시키고 정신 건강에 악영향을 끼친다. 부부 사이에 어느 한 명이 모든 집안 운영 및 계획과 감정 노동을 담당하는 경우 혹은 집안일을 전부 담당하는 경우가 이에 해당한다. 육체노동이든, 돌봄이든, 정말로 좋아서 하는 일이든 불공정한 업무 분배는 심각한 불만의 원인이 될 수 있다는 건 누구나 잘 아는 사실이다. 개인적인 인간관계뿐만 아니라 공동체 생활에서도 마찬가지다. 안타깝게도 육아, 집안일, 그리고 자녀의 진로 및 사회생활과 관련된 감정 노동은 주로 여성에게 치우친 경우가 많다. 사회학자 앨리 러셀 혹실드Arlie Russel Hochschild는 유급 노동뿐만 아니라 대부분의 가사 노동도 책임지는 워킹맘의 이중 부담을 설명하고자 '두 번째 출근The Second Shift'이라는 표현을 사용한다.[1] 직장에 출근했다가 가정으로 또다시 출근해야 하는 워킹맘의 현실은 에너지를 회복할 시간이 없으므로 힘들 수밖에 없다.

더 극단적인 예시도 있다. 바로 의도적으로 다른 사람을 이용하고 착취하는 사람이다. 당하는 쪽은 그 과정에서 사회적 에너지를 모두 빼앗기거나, 아무런 기쁨도 보람도 없는 관계를 이어나간다. 최근 몇 년 동안 나르시시즘과 나르시시스트가 타인을 조종하는 독특한 방식에 대한 관심이 눈에 띄게 증가했다. 나르시시스트가 사회적으로 큰 관심을 받으면서, 인터넷에는 '나르시시스트를 구별하는 실전 가이드', '내 연인은 나르시시스트일까?', '직장에서 만난 나르시시스트 다루는 법' 같은 제목의 글들이 넘쳐난다. 아무래도 다들 주변에 나르시시스트가 한 명쯤 있다고 느끼며, 그에게 착취당하지 않고 자신을 보호하는 방법을 찾으려는 것 같다.

나르시시즘은 경미한 경향부터 '자기애성 인격장애Narcissistic Personality Disorder'라고 부르는 임상 장애에 이르기까지 스펙트럼이 다양하다. 나르시시스트는 타인에게 관심과 주목을 받아야만 자신의 가치를 확인할 수 있다. 이들 중에는 뱀파이어처럼 매혹적인 사람이 많다. 겉으로 보기에 카리스마, 매력, 자신감, 재치가 넘치며 화술이 뛰어나 인기가 많은 이들은 천상천하 유아독존처럼 자기 자신을 매우 긍정적으로 평가한다. 하지만 이러한 자존감은 피상적인 것에 불과해서 어느 순간에는 만천하에 밑천이 드러나고야 만다. 그렇게 되면 보통 모든 인간관계를 끊어버리기 때문에 나르시시스트는 파란만장한 삶을 사는 경향이 있다. 나르시시스트는 공감과 연민이 부족하고, 타인을 물건처럼 취급하며, 종종 세일즈맨이나 기업가로 성공하는 경우도 있다. 자신의 결점이나 실수를 절대 인정하지 않으며 본인만이 항상 옳다고 믿기 때문에 다른 사람의 말이나 행동에 민감하게 반응하며 깊은 원한을 품는 경향이 있다. 일반적으로 신경증 환자는 일이 잘못되면 자기 탓이라고 생각하며, 명백히 자신의 통제를 벗어난 문제에 대해서도 책임을 지려 하는 경우가 많다. 반면에 나르시시스트는 항상 다른 사람을 탓하고 자신의 실패에 절대 책임을 지지 않는다. 이들에 따르면, 모든 것이 잘못된 세상 탓이다.

그러나 뱀파이어와 마찬가지로 나르시시스트도 외부의 관심 없이는 존재할 수 없다는 중대한 약점을 가지고 있다. 나르시시스트에게 타인의 관심은 곧 생명의 피다. 그리고 우리에게는 나르시시스트가 원하는 관심을 주지 않을 수 있는 힘이 있다. 이상적인 세상이라면 일단 상대방이 나르시시스트라는 사실을 알아차리기만 하면 피할 수 있다. 안타깝지만 나르시시스트를 바꾸거나 고치는 건 거의 불가능하기 때문에 우리의 삶에서 배제하는 것이 최선의 전략임은 의심할 여지가 없다. 임상 문헌에 따르면 자기애성 인격장애가 있는 사람이 자신의 방식을 바꿀 가능성은 극히 희박하다.[2] 자기애성 인격장애가 있는 사람은 연약한 자아를 보호하고자 껍데기를 만들고 어떤 대가를 치르더라도 이 구조를 방어하려고 한다. 이 껍데기에 금이 가면 나르시시스트의 세계는 무너지고 자살 위험성이 매우 커지기 때문이다. 하지만 나르시시스트는 자신에게 문제가 있을 수 있다는 사실을 인정할 수 없기 때문에 자살까지 이르는 경우는 거의 없으며, 마찬가지로 치료를 받으려는 경우도 매우 드물다. 대신 일이 뜻대로 되지 않을 때면 다른 사람을 맹비난한다.

하지만 살다 보면 나르시시스트를 완전히 쳐낼 수 없는 경우도 생긴다. 배우자나 가족, 직장 상사나 동료가 나르시시스트일 수도 있기 때문이다. 나르시시스트와 계속 접촉해야 한다면 자신을 방어할 방법을 개발해야 한다. 무엇보다 우리가 통제할 수 있는 것과 통제할 수 없는 것을 구분하는 일이 중요하다. 첫째, 나르시시스트의 행동은 바꿀 수 없지만, 자신의 기대치는 스스로 설정할 수 있다. 상대방에게 거의 또는 아예 기대하지 않으면 상대방 때문에 실망하거나 당황하는 일을 막을 수 있다. '미친 사람만이 겨울에 무화과를 찾는다'는 아우렐리우스의 격언을 기억하는가?('Stoicism: 스토아주의' 참조) 나르시시스트와 관계를 맺어야 할 때 냉철한 스토아적 접근 방식이 도움이 된다. 상대방이 변하지 않을 것이라는 사실을 받아들이고 이에 따라 우리의 기대와 행동을 조정해야 한다. 또한 나르시시스트가 우리에게 상처를 준 다음에 마음을 돌리려고 아첨을 떨거나 작은 선물을 주더라도 모든 것이 계산된 행동이므로 넘어가지 않도록 주의해야 한다.

둘째, 어떤 상황에서는 나르시시스트가 가장 갈망하는 것을 들어주는 편이 피상적이나마 유용할 수 있다. 필요한 경우 이쪽에서도 계산적으로 상대방의 비위를 맞추고 관심을 줄 수 있다. 나르시시스트가 가장 필요로 하는 것과 가장 두려워하는 것이 무엇인지 알면 우리도 조종당하는 것만큼 조종할 수 있다. 그러나 결국에는 똑같은 인간이 되는 셈이므로 이상적인 선택과는 거리가 멀다. 다른 대안이 없을 때만 사용해야 한다.

셋째, 나르시시스트가 갈망하는 것을 고의적으로 박탈해 자발적으로 다른 공급원을 찾으러 떠나게끔 유도할 수 있다. 나르시시스트의 표적이 되지 않는 가장 좋은 기술은 '회색 바위 되기grey rocking'다. 심리학자들은 나르시시스트와 대화할 때 자신을 어떤 파도가 덮쳐 와도 제자리에서 꿈쩍도 하지 않는 회색 바위라고 상상해 보라고 조언한다. 가능한 한 상대방에게 아무런 관심도 보이지 말고, 아무런 관심도 끌지 않으려고 노력해야 한다. 다시 말해, 나르시시스트와 대화할 때는 지루하기 짝이 없는 사람이 되어야 한다. 그래서 나르시시스트가 원하는 관심과 반응을 주지 말아야 한다. 또한 나중에라도 나르시시스트가 이용할 수 있는 개인적인 정보도 철저히 숨겨야 한다. 심리치료사 홀리 리치몬드Holly Richmond는 이렇게 조언한다. "당신은 그 무엇에도 반응하지 않는 움직일 수도 없고 뚫을 수도 없는 힘이다. 상대방이 질문을 하면 '예' 또는 '아니오'로만 대답하고, 당신의 삶에 대해 자세히 설명하지 마라."[3] 또한 아무런 감정이 담기지 않은 목소리로 '아하', '와', '재밌네', '나쁘네' 같은 기계적인 답변만 반복하라. 그 이상은 안 된다. 마지막으로 눈을 마주치지 않고 상대방이 무슨 말을 해도 일말의 감정적인 반응을 보이지 않도록 주의해야 한다. 이 같은 반응에 나르시시스트는 처음에는 크게 짜증을 내거나 심지어 분노할 수 있다. 반응을 유발하려고 갖은 수단을 동원할 것이다. 그러나 결국에는 우리에게서 얻을 수 있는 게 전혀 없다는 사실을 깨닫고 평화롭게 떠나갈 가능성이 높다. 그들은 자신의 욕망을 채워줄 수 있는 다른 표적을 찾아 나설 것이다.

넷째, 나르시시스트에게 해를 끼치거나, 미워하지 않도록 노력해야 한다. 다만 확고한 경계를 설정하고 자기방어 전략을 세우는 일은 나르시시스트에게 해를 끼치는 것이 아니다. 정당방위는 언제나 윤리적으로 정당하지만, 공격은 반격이라 할지라도 그렇지 않은 경우가 많다. 나르시시스트와 똑같은 수준으로 전락하지 않는 것이 중요하다. 앞서 설명한 방법들은 미래에 일어날 수 있는 피해에 대비해 자신을 보호하기 위해 고안된 합리적이고 실용적인 조치다. 하지만 나르시시스트를 미워하거나 복수를 계획하는 일은 그 또한 에너지 낭비일 수 있다. 게다가 역설적이게도 우리가 나르시시스트를 증오하는 순간 그들이 그토록 갈망하는 것, 즉 격렬한 감정적 반응을 해주는 꼴이 된다. 나르시시스트에게 가장 큰 타격을 입히는 길은 그냥 무시해 버리고 잘 살아가는 것이다.

석가모니는 "누군가에게 분노를 품는 일은 그 사람이 죽기를 바라면서 내가 독을 마시는 것과 같다"는 말을 남겼다. 나르시시스트도 뱀파이어만큼이나 자력으로는 살아갈 수 없는 존재라는 사실을 기억할 필요가 있다. 이들은 대체로 행복하지 않은 사람들이다. 스스로가 위대한 존재라는 허울뿐인 환상에 갇혀 살아가기 때문에 진정한 자기 인식이 없고 따라서 발전할 수 있는 능력도 없다. 지속적이고 깊은 인간관계를 형성할 수 없으며 진정한 친밀감을 느낄 수도 없다. 한마디로 겉으로 보기에는 매우 성공하고 화려한 삶을 사는 듯해 보이지만 영원히 그들만의 십자가를 지고 살아가는 사람들이다.

나르시시즘은 단순히 개인적인 문제가 아니라는 점 또한 기억해야 한다. 다른 사람의 에너지를 빼앗아 살아가는 나르시시스트가 증가하는 현상 이면에는 사회 문화적 변화가 도사리고 있다. 나르시시즘은 틈만 나면 셀카를 찍어대는 MZ 세대, 뻰뻰하게 자신을 홍보하는 인플루언서, 부끄러움을 모르는 미국 45대 대통령과도 관련이 있다. 특히 마지막 인물이 보여준 도를 넘어선 자기 과시적인 행동은 불과 몇 년 전만 해도 사회적으로 용인되지 않았을 것이다. 하지만 이 모든 일은 광범위한 사회 변화의 단면에 불과하다.

장 트웬지Jeon Twenge와 같은 심리학자들은 젊은 세대에서 나르시시즘이 측정 가능할 정도로 증가했으며, 이는 과대망상, 동경의 대상이 되고 싶은 욕구, 공감 부족으로 나타난다고 주장했다.[4] 트웬지는 젊은 층에서 나르시시즘이 급증한 원인을 자존감 높이기 운동과 더불어 일반적으로 서구 사회에 만연한 자존감의 우상화에서 찾았다. 경쟁이 치열한 자본주의 사회에서 독특함과 차별성, 자아실현과 판매 능력 같은 자질을 지나치게 높이 평가하는 것 또한 원인으로 손꼽힌다.

이처럼 자존감을 지나치게 중시하는 세태를 비판적으로 바라보는 심리학자들이 늘고 있다. 이러한 태도가 나르시시즘과 특권 의식의 급격한 증가뿐만 아니라 실패에 대처하는 회복탄력성의 저하와 사회성과 공감 능력의 결여와도 관련이 있다고 보기 때문이다. 자존감에 관한 수많은 연구를 분석해온 심리학자 로이 바우마이스터Roy Baumeister는 이 개념에 특히 부정적인 견해를 가지고 있다. 바우마이스터는 "이렇게 오랜 세월 연구한 결과 이런 결론을 내리게 되어 유감스럽지만 자존감은 잊고 자기 통제와 자기 훈련에 더 집중하라"[5]고 말한다.

틀린 말은 아니지만 시대착오적인 조언처럼 들릴 수도 있다. 그래도 자존감에 집착하기보다는 자기 수용 쪽으로 관심을 옮기는 편이 낫다. 다시 말해, 자신을 있는 그대로 받아들이는 일에 초점을 맞추는 편이 더 바람직하다. 나아가 이러한 수용적인 태도를 우리 주변에 존재하는 뱀파이어들에게도 확장할 수 있다. 뱀파이어는 DNA와 양육 환경뿐만 아니라 사회 문화적 가치관이 결합되어 형성된 존재다. 그 행동을 눈감아 주거나 생명 에너지를 빼앗아 가게 놔두어서는 안 되지만, 언데드 문학의 선조들처럼 뱀파이어와 그 종족이 이 지구상에 영원히 존재하리라는 사실만큼은 받아들여야 한다.

(W)

일

Work

일을 통해 자아를 실현한다는 생각은 명백히 현대적인 발상이다. 오늘날 일은 개인의 정체성을 형성하고, 사회 구성원으로서의 역할과 지위를 정의하는 중심 요소가 되었다. 아마도 처음 만나는 사이에 가장 먼저 하는 질문이 '무슨 일 하세요?'일 것이다. 이는 '당신은 누구인가요?'라는 뜻이다. 개인적으로나 사회적으로도 우리는 일에 지나치게 많은 것들을 투자하고 있다. 일이 단순히 생계를 유지하고 사회적 지위를 확보하기 위한 수단을 넘어선 지 이미 오래다. 일은 다른 핵심적인 욕구와 깊숙이 얽혀 있다. 의미, 정체성, 연결, 자아실현 같은 욕구다. 바로 여기서 문제가 발생한다. 많은 사람이 일에서 존재론적인 인정을 받고, 삶의 목적을 찾으며, 진정한 자신의 잠재력을(그게 무엇이 되었든지 간에) 실현할 수 있기를 기대한다.

일에 대한 기대는 하늘 높은 줄 모르고 치솟고 있지만 현실은 실망스럽거나 고통스러운 경우가 많다. 이처럼 이상과 현실 사이의 격차가 커지면 여러모로 고통도 커진다. 작가 조나단 말레식이 지적하듯이 일에 대한 기대가 너무 높으면 번아웃에 빠지는 경우가 많다. 일은 위험할 정도로 인간의 삶에서 지나치게 중요한 부분이 되어버렸다.[1]

일은 우리가 구원을 기대하며 매달리는 잔인한 여주인과 같다. 그러나 그녀는 대개 우리를 고통스럽게 하는 일 외에는 거의 아무 일도 하지 않는다. 직장에서 따돌림을 당하거나 부당한 대우를 경험할 때 우리가 느끼고 경험하는 사회적 고통은 신체적 고통만큼이나 극심할 수 있다. 사회적 고통이든 신체적 고통이든 뇌에서는 동일한 부분이 활성화된다.[2] 직장에서 문제가 발생하면 우리는 심리적·사회적·정신적 수준에서 영향을 받는다. 즉, 직장에서 경험하는 고통은 존재의 모든 면에 깊은 영향을 미칠 수 있다.

언제부터 일과 자아실현, 삶의 목적이 함께 가야 한다는 생각을 받아들이기 시작한 것일까? 업무 몰입도와 생산성을 높이기 위한 또 다른 신자유주의 쿠데타일까? 우리를 체제에 순응하도록 만들고 혁명적 에너지의 싹을 잘라내어 자신을 가혹하게 채찍질하는 감독관으로 만들기 위한 훌륭한 전략일까? 아니면 이러한 기대가 실제로는 고등 교육을 받은 중산층의 특권이자 오만한 권리 의식을 반영하는 것일까? 어쩌면 일이 본질적으로 의미 있어야 한다는 우리의 욕구는 아보카도 토스트, 포켓볼, 요가에 대한 욕구와 같은 범주에 속하는 건 아닐까?

물론 인간의 삶에서 일이 중요한 부분을 차지하고 있다는 사실은 의심할 여지가 없다. 평균적으로 우리는 일생 중 약 85,000시간, 즉 3,500일을 일하는 데 소비한다.[3] 물리적으로 일을 하지 않을 때도 일은 우리의 에너지를 흡수하고 생각을 지배할 수 있다. 일을 단순히 시간과 능력을 돈과 교환하는 유급 노동이라고 생각할 수 있지만, 가사, 육아, 감정 노동과 같이 보수를 받지 않는 무급 노동도 많다. 가장 극단적인 경우로는 현대판 노예 제도에 갇혀 무보수로 끝없이 노동 착취를 당하는 사람도 있으며, 보통 막대한 '빚'을 갚지 못해 발생한다.[4]

노동은 오랫동안 순전히 육체적인 활동으로만 여겨져 왔다. 고대와 중세 시대에 육체적 노동은 주로 노예, 여성, 어린이, 농노의 영역이었다. 정신적 노동의 개념은 학자들이 지적 피로에 대해 글을 쓰기 시작한 12세기 무렵부터 등장했다. 에바그리우스 폰티쿠스나 요한 카시아노 같은 수도사는 그 이전에 이미 정신적 노동의 피곤함을 글로 남겼다. 오늘날 우리는 이 개념을 점점 더 자유롭게 사용하는 경향이 있다. 우리는 인간관계, 업무 효율성, 건강과 체력을 위해 일해야 한다고 말한다. 예를 들어 헬스장에서 '운동working out'을 한다고 말할 때 그 표현 자체에 '일work'이라는 단어가 들어가 있다. 자기 계발은 '내면적 작업inner work'이며, 프로이트조차 '꿈 작업dream-work'과 '훈습working things through'이라는 개념을 이야기할 땐 일이라는 단어를 사용했다.

고대에는 일을 바라보는 정반대의 관점 두 가지가 서로 대립했다.[5] 한 진영에서는 일을 인류에 대한 하나님의 저주, 즉 하나님의 명령을 어기고 선악과를 따먹은 하와와 아담의 원초적 불순종에 대한 형벌로 생각했다. 이러한 관점에서 바라보는 일은 땀 흘리며 해야 하는 고통스럽지만 감사받지 못하는 수고이자, 가시덤불과 엉겅퀴로 뒤덮인 척박한 땅을 일구는 행위다. 일은 가부장제, 출산, 죽어서 흙으로 돌아가는 것과 같은 범주에 속하는 처벌이었다. 창세기에서 하나님은 아담에게 이렇게 말한다.

> 아담에게 이르시되 네가 네 아내의 말을 듣고 내가 너더러 먹지 말라 한 나무 실과를 먹었은즉 땅은 너로 인하여 저주를 받고 너는 종신토록 수고하여야 그 소산을 먹으리라.

땅이 네게 가시덤불과 엉겅퀴를 낼 것이라 너의 먹을 것은 밭의 채소인즉

네가 얼굴에 땀이 흘러야 식물을 먹고 필경은 흙으로 돌아가리니 그 속에서 네가 취함을 입었음이라 너는 흙이니 흙으로 돌아갈 것이니라 하시니라.[6]

하나님은 일을 고된 노력, 탈진, 끝없는 고통과 연관시켰다. 여기에는 인간은 본래 게으른 존재이며, 누구나 젖과 꿀이 흐르고 그늘에서 쉬고 있으면 과일이며 구운 새며 와인 병이 무릎에 떨어지는 에덴동산이나 낙원으로 돌아가길 꿈꾼다는 전제가 깔려 있다. 따라서 베네딕도회를 비롯해 다른 기독교 수도회에서도 일을 참회, 육신과 영혼의 고행, 속죄의 기회로 여겼다. '수고하다, 노동하다'라는 뜻의 프랑스어 동사 '트라바예travailler'가 고문 도구를 가리키는 라틴어 '트레팔리움trepalium'에서 유래했다는 사실에 주목할 필요가 있다.[7]

반면 고대에 노동을 옹호한 진영에서는 당연히 이 문제를 다르게 보았다. 이들은 세상을 창조할 때 신이 직접 일했다는 사실을 지적한다. 역사학자 키스 토머스Keith

Thomas는 일을 바라보는 이 정반대의 관점을 다음과 같이 설명한다.

> (일은) 신성한 의무이자 모든 인간적 안락함의 원천이며 부를 창출하고 문명을 가능하게 하는 원천이었다. 지루함과 우울함의 치료제이자, 악덕의 치료법이었다. 일은 건강과 만족감과 성취감을 가져다주며 인간이 행복으로 가는 유일한 길이기도 했다. 일은 하루를 체계적으로 구성하고, 사교와 교제의 기회를 제공하고, 개인의 창작 활동에 대한 자부심을 키우고, 인간의 정체성을 형성했다.[8]

이처럼 신학자와 철학자들 사이에서는 일을 인격을 형성하는 도덕적 의무, 문명의 초석, 인류 발전의 전제 조건으로 보는 오랜 전통도 있다. 이러한 사상가들은 게으름이 영혼의 적이라고 믿었다. 일은 죄와 악덕을 저지르지 않게 해주고, 부정적인 행위나 불량한 정신 상태에 빠지지 않게 해준다. 요컨대, 노동은 신체적·영적·정서적 측면에서 필수적이며 사회에 광범위한 이점을 가져다준다. 오늘날처럼 점점 더 원자화되는 사회에서 직장은 사회적 상호 작용의 대부분이 이루어지는 곳이다. 우리는 직장에서 동료애와 소속감을 키우고, 가십과 음모를 접하고, 타인의 친절함을 비롯한 갖은 희로애락을 경험할 수 있다.

일을 할 때 요구되는 집중력과 인내심을 슬픔에 대한 해독제로 여기는 관점도 있다. 성취에서 얻게 되는 자존감과 육체적 노동에서 느끼는 만족감 때문이다. 고대와 현대 사상에서도 '할 일이 없는 상태'는 종종 권태와 우울 그리고 인생의 목적 상실과 연관되어 있다. 토머스는 일은 '내면의 생각을 막아' 정신을 다른 곳으로 돌릴 수 있게 해준다고 강조했다.[9] 바로 여기에서 일의 치유적 측면뿐만 아니라 위험성도 찾을 수 있다. 왜냐하면 일에 중독될 수 있고, 실제로 점점 더 많은 사람이 그렇게 되어가고 있기 때문이다.

'일 중독workaholism'이라는 개념은 1970년대에 처음 생겨났다. W. E. 오츠W. E. Oates는 일 중독을 '끊임없이 일해야 한다는 강박적이고 통제할 수 없는 욕구'라고 설명했다.[10] 처음에는 일주일에 50시간 이상 일하는 사람을 일 중독자로 정의했지만, 지금은 일에 대한 일반적인 태도와 정신적 집착을 포함하는 개념으로 사용되고 있다.

오늘날 우리 사회 전체가 일에 집착한다고 해도 과언이 아닐 정도로 많은 사람들이 일에 대한 생각을 멈추지 못하거나 일에 모든 시간과 노력을 투자하고 싶은 충동을 참지 못한다. 그래서 인간관계나 몸과 마음에 심각한 피해를 초래하더라도 다른 기본적인 필요보다 일을 우선순위로 두기도 한다. 일하지 않을 때 불안을 느끼고, 일과 관련된 성공에 집착하며, 실패자로 평가받을지도 모른다는 끊임없는 두려움 속에서 살아가기도 한다.[11]

우리가 일을 멈추지 못하는 '안식일 없는 사탄'의 대열에 합류하게 되었다면 어떻게 해야 할까? 무엇보다 일에서 자신의 가치와 자존감을 분리하는 방법을 찾아야 한다. 물론 말처럼 쉬운 일은 아니며, 보통 치료나 상담이 필요하다. 한 번 엉킨 실타래는 다시 풀기가 매우 어렵다. 일을 손에서 놓지 못하는 이유는 혼자 있을 때 자신의 생각과 감정을 마주하는 상황이 두렵기 때문이다. '무언가를 하는 것to do'보다 '그대로 있는 것to be'을 어려워하는 사람이 점점 늘어나고 있다. 활동을 중시하는 사회에서 살아가는 탓도 있지만, 근본적으로 인간이 가만히 있는 것을 두려워하는 까닭이다. 조바심에 찬 행위를 모두 멈췄을 때 마주하게 될 우리의 모습은 과연 어떠할까?

21세기의 일에는 특별한 슬픔이 깃들어 있다. 일은 일 중독자들만의 마약이 아니라 대중의 새로운 아편이기 때문이다. 마르크스는 인간이 노동에서 소외되는 이유를 두 가지 측면으로 나누어 설명한다. 첫째, 우리는 생산의 수단을 소유하고 있지 않기 때문에 노동을 할수록 그 이익은 다른 사람에게 돌아간다. 둘째, 점점 더 복잡해지는 분업화로 인해 노동자는 더 이상 노동의 결과물을 볼 수 없다.

이 두 번째 요점은 특히 서비스 및 정보 기술 분야의 업무 특성을 고려하면 더욱 두드러진다. 우리는 기술이 발달하면 지루한 일은 덜 할 수 있게 되고 자유 시간은 더 늘어날 것으로 기대했다. 하지만 오히려 정반대의 상황이 벌어지고 있다. 사람들은 역사상 그 어느 때보다도 많은 시간을 일하고 있으며, 많은 이들이 실제로 별로 필요하지 않다고 생각하는 일을 수행하고 있다. 데이비드 그레이버David Graeber는 『불쉿 잡: 왜 무의미한 일자리가 계속 유지되는가?Bullshit Jobs: Theory』(2018)에서 '이러한 상황이 우리에게 입히는 도덕적·정신적 피해가 심각하다'며 '우리 모두의 영혼에 남은 상처'라고 표현한다. 그레이버는

'우리가 선택한 생활 방식에 큰 잘못이 있다'고 주장한다. "우리가 이루어낸 문명은 노동에 기반하고 있다. '생산적인 노동'이 아니라 노동 자체가 목적이자 의미가 되어버렸다. … 마치 모두가 자발적으로 집단 노예화에 동의한 듯하다."[12] 마르크스가 젊은 시절에는 노동을 통한 해방을 꿈꾸었지만 노년기에는 노동으로부터의 해방을 꿈꾸었다는 사실은 시사하는 바가 매우 크다. 적어도 이 부분에서만큼은 나이 든 마르크스가 젊은 마르크스보다 현명했음이 분명하다.

(X)

크세니아(환대)

Xenia

13세기 페르시아의 이슬람 신비주의 시인 루미Rumi는 인간을 매일 여러 손님이 다녀가는 게스트 하우스에 비유한 시를 썼다. 여기서 손님이란 바로 우리의 생각과 감정이다. 그중에는 반가운 손님도 있고 그렇지 않은 손님도 있다. 모두 잠시 다녀가는 사람들이기에 도착하면 일단 환영해야 한다. 손님이 마음에 들든 들지 않든지 간에 누구든 받아들이고 환대해야 한다. 고대 그리스에서는 여행자와 이방인을 환대하며 접대하는 일을 가리켜 '크세니아Xenia'라고 불렀다. 이 크세니아의 법칙은 손님이 좋은 때에 오든 나쁜 때에 오든, 반가운 손님이든 귀찮은 손님이든, 온화한 손님이든 폭력적인 손님이든, 선물을 주는 손님이든 우리의 에너지를 빼앗아가는 손님이든지에 관계없이 적용된다. 크세니아는 낯선 사람에게 문을 열어주고, 음식과 입을 옷과 씻을 곳과 선물을 주고, 기력을 회복해 다음 목적지까지 안전하게 갈 수 있도록 도와주는 과정이다.

고대 그리스에서는 크세니아라는 관습을 귀하게 여겼으며, 이 환대의 의무를 이행하지 않는다면 도덕적으로 중대한 잘못으로 여겼다. 동시에 환대는 다른 문화권에서도 중요하게 여겼다. 전 세계 수많은 신화와 이야기 속에서는 이방인으로 변장한 신들이 잘 곳이나 먹을 것을 구하러 다닌다. 신들은 이 '환대 시험'을 통해 관대하고 이타심 많은 인간을 가려낸다. 낯선 이에게도 기꺼이 환대를 베푼 선량한 인간은 큰 상을 받았고, 반대의 경우 큰 벌을 받았다.

그리스어로 이방인을 뜻하는 단어 '제노스xenos'에서 유래한 크세니아는 이방인에게 사랑과 존중을 표현하는 방식이었다. 그런데 환대는 결코 일방적인 베풂이 아니었다는 사실이 중요하다. 주인은 손님에게 지식을 배울 수 있는 소중한 기회를 얻었다. 손님은 음식과 잠자리와 선물을 제공받는 대가로 세계 각지의 이야기와 소문과 뉴스를 제공했다. 그렇게 손님은 통찰력과 지혜로 주인의 환대에 보답했다.

크세니아라는 개념이 탈진감을 다른 관점에서 바라보는 데 도움이 될 수 있을까? 탈진감은 얼핏 우리를 고갈시키고, 지치게 하고, 위축시키는 불청객처럼 느껴질 수 있다. 마치 호머Homer의 『오디세이Odyssey』에 등장하는 악명 높은 구원자들처럼 말이다. 이들은 오디세우스가 집을 비운 틈을 타 온 집 안을 초토화시키고 멋대로 가축을 잡아먹고 포도주를 마시며 오디세우스의 아내를 유혹하려 한다. 이런 경우 탈진감이 우리에게 줄 수 있는 선물이 무엇인지 알아내기란 너무나 어려운 일이다. 게다가 탈진감은 너무 자주, 게다가 가장 부적절한 때 찾아오는 손님일 수도 있다. 심지어 떡하니 한자리 차지하고 앉아 나갈 생각은 전혀 없는 무단 침입자가 될 수도 있다. 그러나 우리는 원치 않는 손님과 조화롭게 사는 법을 배워야 할 뿐만 아니라 그로부터 유익을 얻는 방법도 배워야 한다. 불교계 여성 명상가 페마 초드론Pema Chödron은 "세상 모든 일은 우리가 거기서 마땅히 배워야 할 점을 배우기 전까지는 사라지지 않는다"고 썼다.[1] 그렇다면 탈진 상태에서 우리가 '마땅히 배워야 할 점'은 무엇일까?

무엇보다도 탈진감은 몸과 마음이 지쳐서 지금 하고 있는 일을 계속할 수 없음을 알리는 경고 신호다. 탈진감은 이제 한계에 도달했으니 삶의 방식을 바꿔야 한다고 알려준다. 너무 빨리 달리고 있을 때 속도를 늦춰준다. 그리고 무엇보다도 인간의 유한성, 즉 우리의 에너지뿐만 아니라 수명도 한정되어 있다는 사실을 경고한다. 인간은 나이가 들수록 육체적 힘과 정신적 힘이 모두 떨어지는 연약한 존재라는 사실을 다시금 일깨워주고, 자신을 더 온화하고 자비롭게 대하도록 촉구한다.

탈진감을 이성적 사고의 심연, 즉 무의식이나 영혼의 그림자의 영역에서 온 손님으로 볼 수도 있다. 이 손님은 우리 내면의 악마에 관한 소식과 상충하는 욕망들 사이에서 벌어지는 전쟁 이야기를 전해준다. 탈진감이 우리에게 들려주고자 하는 이야기는 잘 들리지 않을 수도 있지만 중요할 가능성이 높으며 종종 듣는 것만으로도 치유가 될 수도 있다. 탈진감은 내면에서 잘 의식하지 못하는 부분들을 다시금 살펴보면서 억눌린 욕망이나 깊디 깊은 심리적 성향 등을 파악할 수 있게 해준다.

이 불청객은 우리가 가장 원치 않을 때 계속해서 우리를 찾아올 가능성이 높다. 더 큰 문제가 되는 다른 감정을 다룰 때와 마찬가지로 탈진감도 단순하게 받아들이고 그것이 말하고자 하는 바가 무엇인지에 귀 기울이는 편이 가장 좋다. 수용전념치료ACT는 수용, 관찰, 놓아주기라는 세 기둥으로 이루어져 있어 이 과제를 해결하는 데 도움이 될 수 있다. 기쁨, 활력, 유대감, 사랑 같은 긍정적인 감정을 경험하고 싶다면 삶 속에서 슬픔, 수치심, 두려움과 같은 부정적인 감정이 들어설 자리도 마련해야 한다. 긍정적인 감정만 받아들이고 부정적인 감정은 아예 차단해 버린다면 더 큰 문제가 발생할 수 있다. 따라서 받아들이기로 결심했다면 긍정적인 감정과 부정적인 감정을 모두 포용해야 한다. 그리고 일단 나의 집에 들어온 문제적인 감정에 맞서 싸우거나 이를 억누르려고 해서는 안 된다.

ACT는 긍정적인 감정이든 부정적인 감정이든 우리가 느끼는 모든 감정과 인지와 마음 상태에 귀 기울이는 세심한 주인이 될 것을 권장한다. 그렇게 하면 불청객이 애초에 들어오지 못하도록 막아서는 무의미한 싸움에 에너지를 낭비할 일도, 아예 문을 닫아걸고 외롭고 메마른 삶을 살 일도 없다. 따라서 우리가 할 일은 열린 마음으로 탈진감을 맞이하고 내면으로 초대해, 탈진감이 말하고자 하는 바가 무엇인지 주의 깊게 경청하는 것뿐이다.

(Y)

노랑

Yellow

15세기 이탈리아 인본주의 철학자 마르실리오 피치노 Marsilio Ficino(1433~1499)는 정신적·육체적 탈진감의 원인을 멜랑콜리아와 행성의 움직임에서 찾았다. 특히 토성이 지닌 음울한 기운이 해당 별자리를 타고 태어나는 사람들에게 미치는 영향을 염려했다. 사제이자 신플라톤주의 학자였던 피치노는 의학, 음악, 오컬트 과학 등 관심사가 다양했는데, 그중에서도 특히 천문학과 점성술에 조예가 깊었다. 1489년에는 탈진 상태에 빠진 멜랑콜리아 환자들에게 도움을 주고자 『인생에 관한 세 권의 책Three Books On Life』을 저술하기도 했다. 이 책에는 피로, 무기력, 게으름, 권태로 고통받는 사람들이 활력을 되찾는 방법으로 연금술과 행동 치료법을 혼합한 기상천외한 목록이 제시되어 있다.

피치노는 멜랑콜리아 환자가 겪는 탈진감이 토성의 무기력한 기운과 흑담즙 과잉이 합쳐진 결과로 바라보았다. 당시에는 흑담즙이 피, 점액, 황담즙과 함께 인체를 구성하는 네 가지 필수 체액 중 하나라고 믿었다. 이 고대 의학 지식에 따르면 네 가지 체액이 완벽한 균형을 이루어야 하며, 이 균형이 깨질 때 온갖 질병과 질환이 발생한다고 여겼다. 피치노는 흑담즙이 '검고 조밀한 덩어리로 정신을 흐리게 하고, 영혼을 공포로 몰아넣으며, 지성을 둔화시킨다'고 썼다. 또한 흑담즙은 '무거운 냉기 때문에 게으름과 무기력을 유발'할 수 있다고 한다.[1] 이런 상태에 빠지면 아무것도 바라지 않고 모든 일을 두려워하게 된다.

피치노는 과도한 흑담즙의 균형을 맞추고 토성의 무기력한 기운을 완화하는 데 도움이 되는 음식과 물약과 활동을 제시한다. 예를 들어, 감미로운 리라와 노래의 치유 효과를 찬양하고, '반짝이는 물과 녹색이나 붉은색을 자주 바라보고, 정원이나 숲을 찾아다니며, 강이나 아름다운 들판을 따라 즐겁게 산책하는 것'을 추천한다. 또한 '승마나 드라이브나 보트 타기도 좋지만 쉽고 부담 없고 일을 다양하게 해보면서 마음 맞는 사람들을 항상 곁에 두는 것'이 가장 중요하다고 말한다.[2]

또한 활력을 되찾아주는 물약과 알약을 제조하는 연금술도 알려준다. 개인적으로는 피치노가 일명 '황금 알약'이라고 부르는 제조법을 가장 좋아한다. 이 황금 알약은 피, 점액, 흑담즙을 배출해 몸을 튼튼하게 하고 정신을 맑게 해주는 약이라고 한다. 제조법은 다음과 같다.

1. 잎사귀 모양으로 얇게 가공한 순금 12장
2. 유향, 몰약, 사프란, 침향, 계피, 유자 껍질, 레몬밤, 주홍색 누에고치 실, 흰색과 빨간색 벤(석죽과 식물) 각각 1/2 드램
3. 보라색 장미, 붉은 백단향 또는 붉은 산호, 세 종류의 미로발란(엠블릭, 체불, 인디크) 각각 1드램
4. 깨끗하게 세척한 재료 모두를 합한 무게와 동량의 알로에를 섞어 알약을 만든 다음 최상의 품질을 가진 순수한 와인과 함께 섭취하라.[3]

이처럼 재료를 일일이 열거하는 피치노 특유의 습성은 독자에게 웃음을 자아내지만, 이 기상천외한 목록 이면에 있는 목적만큼은 매우 진지하다. 진정한 연금술사였던 피치노는 언제나 인간을 근본적으로 변화시킬 수 있는 적절한 조합, 즉 비금속을 금으로 바꿀 수 있는 마법의 제조법을 찾고자 노력했다. 우리의 잿빛 내면을 한층 밝고 긍정적인 상태로 바꾸어 의욕과 에너지를 다시 불러일으키는 방법은 오늘날까지도 번아웃 연구의 성배로 남아 있다. 안타깝지만 번아웃에 빠졌을 때 삼킬 수 있는 특효약은

없다. 우울증과 달리 번아웃은 일반적으로 프로작이나 자낙스정 같은 정신 약물로 치료할 수 없다. 번아웃은 우리 뇌 안에서 측정 가능한 화학 물질의 불균형으로 발생하는 것도, 흑담즙의 과잉으로 발생하는 것도 아니기 때문이다.

그러나 피치노가 제안한 행동 치료법만큼은 제대로 적중했다. 우리는 이제 만성적인 탈진 상태에는 다양하고 복잡한 원인이 있다는 사실을 알고 있다. 따라서 번아웃을 효과적으로 치료하려면 체계적인 접근이 필요하다. 오늘날 번아웃 치료는 행동 및 생활 방식의 변화를 유도한다는 점에서 500여 년 전 피치노가 권장했던 것과 크게 다르지 않다. 예를 들어 걷기, 삼림욕, 야외 수영, 등산 같은 자연 치료법은 번아웃 치료법 목록에서 높은 인기 순위를 차지하고 있다. 물론 보트 타기와 승마도 효과적인 방법이다. 삶 속에서 '정원이나 숲을 찾아다니며, 강이나 아름다운 들판을 따라 즐겁게 산책'하기를 실천하려는 노력은 정말이지 현명한 결단이다. 일단은 동네 공원을 잠깐 산책하거나, 강가의 오리에게 먹이를 주러 가거나, 잠시 멈춰 서서 저녁노을을 보는 것만으로도 충분하다.

새로운 일을 시도하고 다양한 경험을 쌓음으로써 직업

에 다양성을 더해 보라는 말 또한 매우 현명한 조언이다. 마음이 맞는 사람들과 어울리라는 조언 역시 마찬가지다. 삶에 스트레스를 더하는 많은 요인은 사실 다른 사람들, 즉 우리를 고갈시키는 에너지 뱀파이어와 우리의 시간과 관심을 계속 빼앗으면서 돌려주지 않는 사람들 때문이다.

또한 피치노는 에너지를 보충하기 위해 '태양과 관련된 것'으로 주변을 둘러싸라고 말한다. 이는 문자 그대로를 의미하는 동시에 삶을 긍정하는 모든 요소를 가리키는 아름다운 은유이기도 하다. 피치노에 따르면 '태양과 관련된 것'은 '태양을 향하고 있어 헬리오트로프라고 불리는 꽃, 금, 석황, 귀감람석, 홍옥, 몰약, 유향, 사향, 호박, 발삼, 노란 꿀, 창포, 사프란, 감송, 계피, 침향, 기타 모든 향신료'를 뜻한다. 그러나 '숫양, 매, 수탉, 백조, 사자, 풍뎅이, 악어'와 같은 동물도 피치노가 제시하는 태양과 관련된 것 목록에 들어간다. 그리고 '금발, 곱슬머리, 대머리가 되기 쉬운 사람, 관대함'도 들어가 있는데, 개인적으로 가장 좋아하는 항목들이다. 피치노는 이 모든 항목은 '음식으로 섭취할 수도 있고, 연고로 사용할 수도 있고, 일상 속 습관으로 자리 잡을 수도 있다'고 썼다. "(태양과 관련된 것을)

자주 인식하고 생각하며 무엇보다 사랑해야 한다. 그리고 빛을 많이 받아야 한다."[4]

그렇다면 우리를 기쁘게 만들고 에너지를 회복시켜 주며, 음울한 영혼을 밝게 변화시키는 힘을 가진 것의 목록을 작성해 보자. 번아웃이 심한 경우, 일반적으로 스트레스 요인 평가뿐만 아니라 '에너지 감사energy audit'도 함께 실시한다. 에너지 감사는 우리의 에너지를 고갈시키는 것과 보충해 주는 것이 무엇인지를 파악하는 데 도움이 된다. 이 목록은 사람마다 고유하며, 가령 성격이 내향형인지 외향형인지에 따라 완전히 정반대로 나올 수도 있다.

영화 〈사운드 오브 뮤직The Sound of Music〉(1965)에서 배우 줄리 앤드루스가 좋아하는 것들을 노래로 읊던 장면을 기억하는가? 그 노랫말은 에너지를 회복시켜 주는 사물에 어떤 것들이 있는지를 보여주는 아름다운 예시이자, 그 자체로 기분을 밝게 변화시켜 주는 연금술 제조법이다. 영화 속에서 줄리 앤드루스가 장미 꽃잎에 맺힌 빗방울과 새끼 고양이의 수염과 밝은색 구리 주전자와 따듯한 양털 장갑에서 기쁨을 찾았듯이, 우리도 새까맣고 잔잔한 호수에 비친 달과 예상치 못한 곳에서 마주친 상아색 꽃과 갓 구운 크루아상 냄새와 더할 나위 없이 만족스러운 듯한 고양이의 울음소리에서 똑같이 기쁨을 느낄 수 있다. 심지어 내면에 존재하는 야수에게서조차 아름다움을 발견할 수도 있다. 앤드루스의 노랫말을 빌리자면, '삶이 힘들고 슬플 때 좋아하는 노란색을 떠올리는 것만으로도 다시 기분이 좋아지기 때문'이다.

(Z)

시대정신

Zeitgeist

탈진 상태의 원인은 심리적이거나 신체적일 수도 있고, 때로는 이 두 가지가 동시에 작용할 수도 있다. 우리의 정신과 몸은 복잡하게 얽혀 있어서, 심리 상태가 신체 건강에 영향을 미치고 그 반대의 경우도 마찬가지다. 하지만 보다 넓게 우리가 느끼는 탈진감은 사회적·정치적 역학 관계에도 영향을 받는다. 결국 우리는 각자 속한 문화적 맥락에 단단히 뿌리내리고 있는 존재다. 따라서 시대정신, 즉 시대의 흐름이나 그 시대의 지배적인 내러티브에 영향을 받을 수밖에 없다. 현재 속한 사회의 문화가 미래에 대해 낙관적인지 혹은 비관적인지, 현재에 만족하는지 혹은 불안해하는지, 과거를 자랑스러워하는지 혹은 부끄러워하는지는 우리의 집단적인 마음 상태뿐만 아니라 크고 작은 개인적 결정에도 영향을 미친다.

예를 들어, 현시대가 불안정하다고 느끼면 특정 종류의 소비가 줄어들고 유흥이나 오락과 관련된 사회적 활동이 감소한다. 시대정신은 국내외 사건을 해석하는 방식과 미래를 바라보는 시각에도 영향을 미친다. 이러한 영향력은 보다 미묘한 문화적 경향에서도 드러난다. 나이지리아의 작가 치마만다 응고지 아디치에Chimamanda Ngozi Adichie는 황금기가 다 지나갔다고 느끼는 문화권에서 오래된 물건에 집착하는 경향을 발견했다. 역사적인 건물, 과거에 유행하던 옷차림과 가구, 복고풍이라면 무엇이든 소중히 여기고 보존하려 한다. 이러한 문화권에서는 잃어버린 위대함에 대한 향수에 사로잡혀 눈앞의 과제를 제대로 파악하지 못하는 경향이 있다. 반면, 전성기가 아직 오지 않았다고 생각하는 문화권에서는 새로운 문물을 반긴다. 역사적인 건물을 주저 없이 허물고 초현대적인 건축물로 대체해 현재를 기념하고 다가올 희망찬 미래를 기대한다.[1]

한때 19세기 후반에는 탈진 상태를 '문명의 병disease of civilisation', 즉 개인에게 직접적인 영향을 미치는 문화적 질병이라고 생각했다. 문화적 불편함이 개인의 몸과 마음에 영향을 끼쳐 병을 일으킨다고 가정했다. 신경 쇠약이라고 불렸던 이 병은 현대의 번아웃과 증상이 비슷하며 근대성의 부산물로 여겨졌다. 가속화는 근대성의 가장 뚜렷한 특징 중 하나였다. 많은 사람이 기차나 전신 같은 교통 및 통신 기술의 발전으로 빨라진 삶의 속도를 한탄했다. 일부에서는 탈진감의 원인으로 자본주의 사회에서 늘어난 경쟁의 압박과 신문 기사, 소음, 도시 생활의 번잡함 등으로 인한 과도한 감각 자극을 탓하기도 했다('Urgency: 긴박감' 참조).

19세기 선조들이 걱정했던 새로운 기술이 신체적·정신적 건강에 미치는 부정적인 영향은 현대의 시점에서 보면 별일 아닌 수준이다. 이메일, 휴대폰, 소셜미디어의 등장으로 우리는 아주 현실적이고 광범위한 사회적·심리적·행동적 변화에 맞서 싸우고 있기 때문이다. 당시 사람들은 빠르게 움직이는 기차에서 발생하는 충격이 척수에 큰 부담을 주어 만성적인 통증과 신경학적 문제를 일으킨다고 믿었다. 일명 '철도 척수railway spine'를 유발해 심신에 과도한 부담이 가해질까 봐 걱정했다. 반면에 오늘날 우리는 대중교통에서 하나같이 고개를 숙이고 우리의 관심을 사로잡기 위해 신중하게 선별된 자료만을 보여주는 휴대폰 화면만 뚫어져라 쳐다보다가 '거북목tech neck'이 될까 봐 걱정하고 있다. 마치 누군가가 그 조그만 기기 속에 구원이 담겨 있다고 주문이라도 걸어둔 것 같지만, 실상은 우리의 정신을 끊임없이 산만하게 만들 뿐이다.

미국에서는 대체로 산업 발전을 낙관적으로 바라보는 시각이 우세했던 반면, 19세기 프랑스와 독일의 여러 문화 비평가들은 비관주의와 권태와 쇠퇴론에 주목했다. 프랑스와 독일에서는 신기술이 인간 심리와 사회에 미치는 부정적인 영향뿐만 아니라, 그로 인한 도덕적·육체적인 '퇴보degeneration'를 두려워했다. 즉, 사람들이 타락하고 문명이 퇴보하는 일종의 역진화를 우려한 것이다. 퇴보는 알코올 중독, 우둔함, 매춘, 동성애와 같은 (당시 기준) '변태적' 성행위의 확산으로 나타난다고 생각했다. 보수적인 비평가들은 전통적인 계급 경계가 무너지고 특히 여성이 해방되는 상황을 우려하기도 했다.[2] 오래된 의학 문헌을 살펴보면 이러한 종류의 발전을 탈진의 주요 원인으로 명시한 경우가 많다. 예를 들어, 미국의 생리학자이자 전기치료사인 조지 비어드는 신경 피로가 '증기 기관, 정기 간행물, 정보통신 기술, 과학, 여성의 정신 활동' 등 근대의 다양한 특성으로 인해 발생한다고 썼다.[3] 여기서 우리는 탈진 상태를 다룬 문헌이 종종 문화 비판의 수단으로 기능한다는 사실을 알 수 있다. 탈진의 원인을 파악하는 데 있어서 결코 임의적인 설명은 존재하지 않는다. 사람들은 자신에게 두려움이나 놀라움을 안기는 사회적 변화에 그 원인을 돌리곤 한다.

광범위한 사회적·문화적 발전이 인간의 정신 상태에 미치는 영향을 정확히 측정하기란 어렵다. 하지만 당대의 일반적인 사회 분위기나 지역, 국가, 세계에서 일어나는 사건 보도가 감정적인 영향을 미친다는 사실을 부인하는 사람은 거의 없을 것이다. 뉴스는 우리가 속해 있는 더 큰 맥락, 가까이 혹은 멀리 있는 다른 사람들의 운명, 기후 위기와 같이 인류 전체에 관련된 문제를 상기시켜준다. 그러나 뉴스가 우리의 웰빙에 부정적인 영향을 미칠 수 있다는 사실이 많은 연구에서 입증되고 있다. 특히 강박적으로 헤드라인을 확인하고 비관적인 기사만 골라 스크롤하는 경향이 있다면 더욱 그렇다. 작가 롤프 도벨리Rolf Dobelli는 "설탕이 몸에 해로운 것처럼 뉴스는 정신에 해롭다"고 말한다. 설탕은 소화하기가 쉬워서 무한정 섭취할 수 있지만 영양가가 없을 뿐만 아니라 건강에 악영향을 미칠 수도 있다.[4]

오늘날 우리가 접하는 뉴스는 거의 다 부정적이다. 많은 연구에 따르면 뉴스는 변연계를 자극하고 코르티솔 분비를 촉진하여 면역 체계를 약화시키고 성장호르몬 분비를 억제하며 감염에 더 취약하게 만든다고 한다. 또한 두려움과 공격성을 증폭시키고, 타인의 고통에 둔감하게 만들 뿐만 아니라, 만성 스트레스의 원인이 될 수도 있다. 게다가 뉴스는 창의력을 말살하기도 한다.[5] 지난 몇 년 동안 인류는 브렉시트, 트럼프, 팬데믹, 우크라이나 전쟁, 악화되는 기후 위기 등 극도로 불안한 뉴스를 끊임없이 접했다. 종말론적인 헤드라인이 점점 더 빠른 속도로 끊임없이 쏟아져 나오는 가운데 눈을 감고 귀를 막기가 점점 더 어려워지고 있다. 이러한 뉴스가 우리가 느끼는 피로감을 가중시킨다는 데는 의심의 여지가 없다.

국제 정세에 대한 우려가 단순히 인류가 쇠락하고 있다는 감각을 넘어서 생태계와 민주주의 제도를 실존적으로 위협하고 있다는 인식으로 옮겨갔다고 해도 과언이 아니다. 세계의 수많은 체계가 붕괴 직전에 있는 것처럼 보인다. 우리는 기후 변화, 서구와 비서구를 막론하고 전 세계 민주주의 국가에서 부상하는 포퓰리즘, 사회적 분열과 정치적 양극화의 심화, 사회적 불평등의 격화, 정신 건강 문제 급증 등 서로 긴밀히 연결된 위기가 맞물린 메타 위기의 시대에 살고 있다. 전 세계에 엄청난 피해를 초래한 팬데믹에서 겨우 벗어날 무렵, 러시아가 우크라이나를 침공했다. 이 잔혹한 야만 행위가 어떤 지정학적·경제적 결과를 초래할지는 아무도 예측할 수 없다. 다만 우리가 알고 있는 사실은 그 결과가 이미 심각하다는 것뿐이다. 이 전쟁은 유럽에서 수십 년에 걸쳐 이어진 평화와 안정의 시대를 종식시켰고, 인류가 우려하는 문제를 둘러싼 국제적 협력 강화라는 희망을 무너뜨렸다. 전쟁 때문에 이미 생활비는 급격히 상승했다. 우리의 생활 방식은 여러 방면에서 위협받고 있으며, 모든 상황이 불안정하고 불확실하게 느껴진다. 미래를 걱정하지 않기가 어려운 상황에서 많은 사람들이 끊임없는 걱정 속에서 살아가고 있다.

기후 변화는 인류가 직면한 위기 중에 가장 시급한 문제다. 지구의 서식지가 고갈되고 있다는 사실은 또 다른 형태의 탈진에 관한 이야기다. 인간이 소중하고 유한한 자원을 지속 불가능한 방식으로 고갈시키고 있다. 또한 성장과 생산성 극대화를 모든 것 위에 두는 신자유주의 이념에 대한 피로감도 증가하고 있다. 2022년 9월, 리즈 트러스Liz Truss 총리가 급진적인 부자 감세안을 발표했을 당시 영국에서는 극심한 금융 혼란과 함께 파운드화가 폭락하는 사태가 발생했다. 이제는 시장도 1980년대에 탄생한 이 조잡한 이념에 대한 신뢰를 잃었다고 선언한 것이나 다름없다. 기후 위기는 매우 복잡한 문제이기 때문에 이를 해결하려면 대규모로 조율된 집단적 행동이 필수적이다. 과학계에서는 1970년대부터 무한 성장이라는 의제를 계속 추구하다가는 지구의 건강을 해치고 귀중한 자원을 고갈시킬 수밖에 없다고 경고해왔다.

그런데도 우리는 유독한 이산화탄소와 메탄 배출을 의미 있는 수준으로 줄이기 위해 필요한 행동 변화를 실행하기는커녕 합의조차 이루지 못했다. 우리는 이 모든 일들을 알고 있으며, 심지어는 수십 년 전부터 알고 있었다. 하지만 통찰과 행동 사이에는 여전히 간극이 존재한다. 나는 이 간극이야말로 인류의 가장 큰 비극이라고 생각한다. 우리는 종종 무엇을 해야 하는지 머리로는 정확히 알면서도, 그 지식을 행동으로 옮기지 못하는 자신을 발견하곤 한다. 이는 집단적으로나 개인적으로나 마찬가지다. 우리는 심리학자 로버트 케건이 '변화면역'이라고 부르는 습성과 씨름하며, 오래된 해로운 습관이나 방식을 버리려 하지 않거나 버리지 못한다.[6] 행동하지 않는 것에 죄책감과 수치심을 느끼면서 마비 상태를 더욱 악화시키곤 한다.

신학자 성 어거스틴Saint Augustie은 4세기에 이미 이 역설에 의문을 품었다. "이 괴물 같은 상황의 원인은 무엇일까? 마음이 몸에게 명령하면 몸은 즉각 순종한다. 그런데 마음이 마음에게 명령하면 저항에 부딪힌다."[7]

우리는 집단적 마비의 시대를 살아가고 있을 뿐만 아니라, 중간에 끼인 시대를 살아가고 있는 듯하다. 눈앞에서 현재의 세계가 종말을 맞이하고 있지만 아직 새로운 세계는 보이지 않는다. 철학자 재커리 스타인Zachary Stein은 우리 시대를 '세계와 세계 사이의 시간', 즉 '한 세계가 종말을 맞이하는 동시에 다른 세계가 탄생하기를 기다리는' 전환기라고 설명한다.[8] 이러한 상황에서 파생되는 불확실성은 수많은 걱정을 낳고 있다. 이 또한 우리를 여러모로 지치게 하는 원인이다. 일반적으로 인간은 변화나 불확실성을 좋아하지 않는다. 둘 다 많은 에너지를 소모하기 때문이다. 시인 존 키츠Joan Keats는 사람들에게 '부정적 능력'이 결핍되어 있다고 말했다. 부정적 능력이란, '불확실성과 미스터리와 의심을 묵묵히 견디며 사실과 이성을 좇을 수 있는' 능력을 말한다. 자신의 미래뿐만 아니라 자녀와 손주들의 미래를 계획하고 예측할 수 없다는 사실은 인류에게 큰 고통을 줄 수 있으며, 아마도 많은 사람들이 감당해야 하는 가장 큰 부담 중 하나일 것이다.

개인적 차원과 전 세계적 차원에서 우리 시대가 마주한 커다란 문제에 대처하려면 피해야 할 중요한 함정이 하나 있다. 바로 비전보다 손실에 초점을 맞추는 태도다. 손실 회피와 긍정적인 대안의 부재는 변화면역을 떨어뜨리는 주요 원인이다. 비생산적인 행동은 크든 작든 우리의 심리 상태에 일정한 영향을 미친다는 사실을 기억해야 한다. 비생산적인 행동은 우리를 두려움이나 슬픔에서 잠시 벗어날 수 있게 해주고, 대개는 일시적인 보상을 제공한다. 장기적인 이득보다 일시적인 손실에 집중한다면, 이러한 부수적인 이득에 더욱 집착하게 될 것이다. 미래가 더 나아질 것이라는 희망이 전혀 없는 경우도 마찬가지다. 이 경우에도 당장의 즐거움을 극대화하려고 노력하는 게 전혀 놀라운 일이 아니다. 더 나은 미래가 실현될 거라고 믿지 않는데, 더 나은 미래를 위해 저축하거나 노력하는 일이 무슨 소용이 있을까? 또한 우리는 과거, 더 구체적으로는 어떻게든 되돌리고 싶은 과거의 손실에 집착할 수도 있다. 이것이 바로 철학자 발터 벤야민Walter Benjamin이 말한 '역사의 천사'가 처한 핵심 딜레마다.

> 역사의 천사는 이런 모습이다. 천사의 얼굴은 과거를 향하고 있다. 우리 눈에는 여러 가지 사건이지만, 천사에게는 그의 발밑에 계속 쌓여가는 단일한 재앙의 잔해일 뿐이다. 천사는 그 자리에 머무르며 죽은 자를 깨우고 부서진 것을 온전하게 만들고 싶어 한다. 하지만 낙원에서 불어오는 폭풍은 너무 거세서 천사는 더 이상 날개를 접고 있을 수가 없다. 이 폭풍에 떠밀려 천사는 등지고 있던 미래로 속절없이 밀려나고, 그 앞에 쌓여 있던 잔해 더미는 하늘로 치솟는다. 이 폭풍을 우리는 진보라고 부른다.[9]

그렇다면 과거의 잔해에 대한 선입견을 버리고 등을 돌려 불확실한 미래를 용기 있게 마주하려면 어떻게 해야 할까? 한탄하는 데 머물지 않고 비전을 향해 나아가려면 어떻게 해야 할까? 이 세계와 앞으로의 세계 사이에 끼어 있는 우리에게 더 나은 미래란 어떤 모습일까? 고대 수사학자들이 잘 알고 있었듯이, 냉철한 논리와 사실만으로 기존의 방식을 바꾸기는 어렵다. 로고스(논리적 이성)는 파토스(감정에 호소하는 것)와 에토스(화자의 신뢰성 및 도덕적 공감 능력)로 보완되어야 한다. 지속적인 행동 변화를 이끌어내려면, 단순히 이성적인 설득만으로는 부족하다. 감정, 상상력, 도덕성 등 인간의 다양한 면모에 호소하며 총체적으로 접근할 수밖에 없다. 따라서 새롭고 매혹적인 이야기와 은유는 물론 시, 철학, 예술, 노래가 필요하다.

나아가 현 상황을 바꾸려면 현재 상황이 아니라 미래의 모습을 상상할 수 있어야 한다. 그러려면 현재와는 다른 미래의 모습에 대한 긍정적인 비전을 만들어내는 능력을 연마해야 한다.[10] 심리학자들은 인간이 잠재적인 행동 변화의 이점과 보상을 명확하게 시각화할 수 있을 때만, 어렵고 힘든 변화의 여정을 시작하도록 자신을 설득할 수 있다는 사실을 오래전부터 알고 있었다. 앞서 설명한 '죽은 사람의 목표'라는 개념을 기억하는가?('Ghosts: 유령' 참조) 내담자가 과식, 과음, 흡연, 트위터와 인스타그램 중독과 같은 비생산적인 행동을 그만두길 원할 때 이 개념을 사용한다. 문제는 죽은 사람의 목표만으로는 아무런 효과나 의미가 없다는 것이다. 구체적이고 긍정적인 비전, 즉 강력하고 매혹적인 비전이 뒷받침되어야 하며, 비생산적인 행동을 그만두었을 때 뒤따르는 손실보다는 이득에 중점을 두어야 한다.

가련한 바틀비의 비참한 운명을 떠올려 보라. 바틀비의 핵심 딜레마는 이러한 비전을 개발할 수 없다는 것이었다. 더 이상 하고 싶지 않은 일만 명확하게 표현할 수 있을 뿐이었다. 마찬가지로 기후 위기와 관련해서도 단순히 인류의 멸망을 막는다는 목표만으로는 충분하지 않다. 오히려 이렇게 질문해야 한다. 왜 인류가 멸종해서는 안 될까? 인간의 비전은 무엇이며, 목적은 무엇일까? 현재에, 나아가 미래에도 보존해야 할 가치가 있는 것은 정확히 무엇일까?

가수 닉 케이브Nick Cave는 우리가 인간이 놓여 있는 상태를 주로 손실로 특징 짓는다고 말한다. 예컨대 '존엄성의 상실, 주체성의 상실, 신뢰의 상실, 정신의 상실, 방향성이나 믿음의 상실, 그리고 사랑하는 이들을 상실하는 것' 같은 표현에서 볼 수 있듯이 말이다. 상실에서 오는 이러한 슬픔은 모두가 공유하는 감정으로, 인간의 기본 조건이다. 하지만 케이브는 "행복과 기쁨은 이러한 공통된 조건 속에서도 계속 터져 나온다"고 주장한다. 그에 따르면 인생은 끈질기고 체계적이며 억누를 수 없는 아름다움으로 가득 차 있는 것 같다. 하지만 케이브는 "이러한 행복의 순간은 혼자만의 경험이 아니라 거의 전적으로 사람, 자연, 예술, 신 등 타자와의 연결에 의존한다"며, "바로 이 연결성 속에서 인생의 의미가 탄생하며, 우리가 공유하는 고통 속에서 이 의미는 더욱 깊어진다"고 말한다.[11]

이 안내서를 마무리하기에 이보다 더 좋은 말은 없을 것 같다. 독자 여러분도 이 연결성을 발견하기를, 그래서 우리가 공유하고 있는 탈진감의 잿더미에서 몸을 일으켜 푸른 하늘로 다시 훨훨 날아오르는 데 도움이 되기를 진심을 다해 바란다.

《 주석 》

서문

1. American Psychological Association (APA), *2022 Trend Report: Stress and Burnout are Everywhere*, 1 January 2022. Online at: www.apa.org/monitor/2022/01/special-burnoutstress.

   * 미국심리학회, 〈2022년 트렌드 보고서: 스트레스와 번아웃은 어디에나 있다〉.

2. American Psychological Association (APA), *Stress in America: Paying with Our Health*, 4 February 2015. Online at: www. apa.org/news/press/releases/stress/2014/stress-report.pdf.

   * 미국심리학회, 〈미국의 스트레스: 우리의 건강을 대가로 치르다〉.

3. 참조 자료 예시는 다음과 같다. Ben Wigert and Sangeeta Agrawal, 'Employee Burnout, Part 1: The 5 Main Causes', *Gallup Survey*, 12 July 2018. Online at: www.gallup.com/workplace/237059/employee-burnout-partmain-causes.aspx.
4. 참조 자료 예시는 다음과 같다. Christina Maslach, Wilmar Schaufeli, Michael P. Leiter, 'Job Burnout', in S. T. Fiske et al. (eds), Annual Review of Psychology, 52 (2001), 397–422.
5. Anna Katharina Schaffner, *Exhaustion: A History* (New York: Columbia University Press, 2016).

   * 안나 카타리나 샤프너 지음, 『탈진의 역사』.

6. Anna Katharina Schaffner, *The Art of Self-Improvement: Ten Timeless Truths* (New Haven: Yale University Press, 2021).

   * 안나 카타리나 샤프너 지음, 『자기계발 수업: 인류의 성장 열망이 이끌어낸 열 가지 핵심 주제』, 윤희기 옮김(2022년), 디플롯.

7. Josh Cohen, *Not Working: Why We Have to Stop* (London: Granta, 2018), p. 65.

* 조쉬 코헨 지음, 『일하지 않기: 우리는 왜 멈춰야 하는가』.

8. Ibid., p. 80.
9. Anne Helen Petersen, 'How Millennials Became the Burnout Generation', BuzzFeed, 5 January 2019. Online at: www.buzzfeednews.com/article/annehelenpetersen/millennialsburnout-generation-debt-work. Petersen later expanded and refined her argument and turned it into a book: Anne Helen Petersen, *Can't Even: How Millennials Became the Burnout Generation* (London: Chatto & Windus, 2021).

   * 앤 헬렌 피터슨 지음, 『요즘 애들: 최고 학력을 쌓고 제일 많이 일하지만 가장 적게 버는 세대』, 박다솜 옮김(2021년), 알에이치코리아.
10. Petersen, *Can't Even*, p. 220.
11. Frank Kermode, *The Sense of an Ending: Studies in the Theory of Fiction* (Oxford: Oxford University Press, 1968), pp. 94–5.

   * 프랭크 커모드 지음, 『결말의 감각: 소설 이론 연구』.
12. Jonathan Malesic, *The End of Burnout: Why Work Drains us and How to Build a Better Life* (Oakland, CA: California University Press, 2022), p. 15.

   * 조나단 말레식 지음, 『번아웃의 종말: 우리는 왜 일에 지치고 쓸모없다고 버려지는가』, 송섬별 옮김(2023년), 메디치미디어.

13. 참조 자료 예시는 다음과 같다. Audre Lorde, 'Learning from the 60s' (1982). Online at: www.blackpast.org/african-american-history/1982-audre-lordelearning-60s/#:~:text=There%20is%20no%20such%20thing,Martin%20Luther%20King%2C%20Jr.
14. 참조 자료 예시는 다음과 같다. Ed Diener, *Culture and Well-Being: The Collected Works of Ed Diener* (New York: Springer, 2009); and Paul Dolan, *Happy Ever After: Escaping the Myth of the Perfect Life* (London: Allen Lane, 2019).
15. Cohen, *Not Working*, p. xxxi.
16. David Foster Wallace, *This is Water: Some Thoughts, Delivered on a Significant Occasion, about Living a Compassionate Life* (New York: Little, Brown & Company, 2009), pp. 3–4.

   * 데이비드 포스터 월리스 지음, 『이것은 물이다: 어느 뜻깊은 행사에서 전한 깨어 있는 삶을 사는 방법에 대한 생각들』, 김재희 옮김(2023년), 나무생각.

Acceptance: 받아들임

1. Bayo Akomolafe, 'Listening to the Noise and Leading through Play', *TwentyThirty*, 7 September 2022. https://twentythirty.com/article/bayo-

akomolafe-on-listening-to-the-noise-and-leading-through-play

* 바요 아코몰라페 지음, 〈잡음에 귀 기울이는 참여의 리더십〉.

2. Epictetus, *Discourses and Selected Writings*, Robert Dobbin 옮김, (London: Penguin Classics, 2008), p. 147.

   * 에픽테토스 지음, 『에픽테토스 어록 담화집』(2020년), 부크크.

3. Tara Brach, *Radical Acceptance: Awakening the Love that Heals Fear and Shame* (Londone: RIder, 2003), p. 4.

   * 타라 브랙 지음, 『받아들임: 자책과 후회 없이 나를 사랑하는 법』, 김선주, 김정호 옮김(2012년), 불광출판사.

4. Carl Rogers, *On Becoming a Person: A Therapist's View of Psychotherapy* (New York: Mariner Books, 1995), p. 17.

   * 칼 로저스 지음, 『진정한 사람 되기: 칼 로저스 상담의 원리와 실제』, 주은선 옮김(2009년), 학지사.

5. Albert Ellis, *The Myth of Self-Esteem: How Rational Emotive Behavior Therapy Can Change your Life Forever* (London: Prometheus, 2005), p. 160.

   * 앨버트 엘리스 지음, 『자존감의 신화: 당신의 인생을 뒤바꿀 합리적 정서행동치료』.

6. Albert Ellis, 'How I Learned to Help Clients Feel Better and Get Better', *Psychotherapy: Theory, Research, Practice, Training*, 33 (1996), 149–51; 150.

   * 앨버트 엘리스 지음, 〈내가 터득한 환자가 호전되도록 돕는 법: 심리치료의 이론과 연구와 실제와 훈련〉.

7. 이 유명한 농부의 우화는 온라인상에서 다양한 형태로 전해지고 있으며, 세부적인 내용에서 조금씩 차이가 있다. 이 책에 실린 이야기는 아래 출처에서 인용했으며 살짝 다듬었다. www.thechurning.net/there-are-no-opportunities-or-threats-the-parable-of-the-taoist-farmer/.

Burnout: 번아웃

1. Jonathan Malesic, *The End of Burnout: Why Work Drains us and How to Build a Better Life* (Oakland, CA: California University Press, 2022), p. 3.

   * 조나단 말레식 지음, 『번아웃의 종말: 우리는 왜 일에 지치고 쓸모없다고 버려지는가』, 송섬별 옮김(2023년), 메디치미디어.

2. Wilmar Schaufeli, 'Past Performance and Future Perspectives on Burnout Research', *SA Journal of Industrial Psychology*, 29:4 (2003), 1–15;2에서 인용.

   * 빌마르 샤우펠리 지음, 〈번아웃 연구의 과거 성과와 미래 전망〉.

3. Wilmar Schaufeli, Maichael P. Leiter, and Christina Maslach, 'Burnout: 35 Years of Research and Practice', *Career Development International*, 14:3

(2009), 204-20; 206에서 인용.

* 빌마르 샤우펠리, 마이클 리터, 크리스티나 매슬라크 지음, 〈번아웃에 관한 35년간의 연구와 실제〉.

4. Ibid, p. 214 참조.
5. 참조 자료 예시는 다음과 같다. Ashley Abramson이 작성하고 2022년 1월에 발간된 스트레스와 번아웃에 관한 미국심리학회(APA) 보고서. www.apa.org/monitor/2022/01/special-burnout-stress.
6. Anne Helen Petersen, *Can't Even: How Millennials Became the Burnout Generation* (Londonn: Chatto & Windus, 2021), p. xvi.

   * 앤 헬렌 피터슨 지음, 『요즘 애들: 최고 학력을 쌓고 제일 많이 일하지만 가장 적게 버는 세대』 박다솜 옮김(2021년), 알에이치코리아.

7. Ibid., p. 220.
8. 참조 자료 예시는 다음과 같다. Christina Maslach, Wilmar B. Schaufeli, and Michael P. Leiter, 'Job Burnout', *Annual Review of Psychology* 52: 1 (2001), 411.

   * 크리스티나 매슬라크, 빌마르 샤우펠리, 마이클 리터 지음, 〈직무 번아웃〉.

9. Christina Maslach and Michael P. Leiter, *The Truth About Burnout: How Organizations Cause Personal Stress and What to do About It* (San Francisco: Jossey-Bass, 1997), p. 38.

   * 크리스티나 매슬라크, 마이클 리터 지음, 『번아웃의 진실』

10. 참조 자료 예시는 다음과 같다. Zubin Damania, 'It's Not Burnout, It's Moral Injury', March 2019, YouTube. www.youtube.com/watch?v=L_1PNZdHq6Q&t=12s.

    * 주빈 다마니아, 〈번아웃이 아니라 도덕적 상해다〉.

11. 세계보건기구(WHO) 제11차 국제질병분류(ICD-11) 참조. icd.who.int/browse11/l-m/en#/http://id.who.int/icd/entity/129180281.

Capitalism: 자본주의

1. Max Weber, *Die Protestantische Ethik und der Geist des Kapitalismus,* Dirk Kaesler 편집 및 서문 (Munich: C. H. Beck, 2004). 영문판 Talcott Parsons and Anthony Giddens 옮김. 인용 과정에서 약간 수정했다. www.marxists.org/reference/ archive/weber/protestant-ethic/index.htm.

   * 막스 베버 지음, 『프로테스탄트 윤리와 자본주의 정신』 박문재 옮김(2018년), 현대지성.

2. Ibid., pp. 190-91.
3. Ibid., pp. 183-4.

Dante: 단테

1. Dante Alighieri, 'Hell', Canto Ⅲ, *The Divine Comedy: The Vision of Hell, Purgatory, and Paradise*. H. F. Cary 옮김. 온라인에서 전문 확인 가능: https://www.gutenberg.org/cache/ epub/8800/pg8800-images.html#cantoI.3. 이 장에 실린 모든 인용문은 이 판본에서 가져왔다.
   * 단테 알리기에리 지음, 『신곡』, 김운찬 옮김(2023년), 열린책들.
2. Ibid., 'Hell', Canto I.
3. Ibid., 'Hell', Canto I.
4. Ibid., 'Hell', Canto VII.
5. Ibid., 'Hell', Canto XXIV.
6. Ibid., 'Hell', Canto XII.

Energy: 에너지

1. 저자 미상, *The Yellow Emperor's Classic of Medicine*, Maoshing Ni 옮김 (Boston and Londong: Shambhala, 1995), p. 7.
   * 황제 지음, 『황제내경』, 이창일 옮김(2023년), 책세상.

Failure: 실패

1. Samuel Beckett, *Company / Ill Seen Ill Said / Worstward Ho / Stirrings Still, Dirk van Hulle* 편집 (London: Faber & Faber, 2009). p. 81.
   * 사무엘 베케트 지음, 『동반자 / 잘 못 보이고 잘 못 말해진 / 최악을 향하여 / 떨림』, 임수현 옮김(2018년), 워크룸프레스.
2. Maya Angelou와의 인터뷰, Marianne Schell 취재, *Psychology Today*, 17 February 2009. www.psychologytoday. com/gb/blog/the-guest-room/200902/interview-maya-angelou.
3. Matthew Syed, *Blackbox Thinking: Marginal Gains and the Secrets of High Performance* (London: John Murray, 2015). p. 10; p. 11.
   * 매슈 사이드 지음, 『블랙박스 시크릿』, 이영아 옮김(2016년), 알에이치코리아.
4. Antonio Machado, 'Last Night as I was Sleeping', in *Times Alone: Selected Poems by Antonio Machado. Robert Bly* 옮김 (Middletown, CT: Wesleayn University Press, 1983), p. 43.
   * 안토니오 마차도 지음, '어젯밤 꿈속에', 『혼자 있는 시간들: 안토니오 마차도 시선』.

Ghosts: 유령

1. Herman Melville, 'Bartleby, the Scrivener', in *Billy Budd, Sailor, and Selected Tales*, Robert Midler 편집 (Oxford: Oxford University, 1998), pp. 1-41, p. 6.
   * 허먼 멜빌 지음, 『필경사 바틀비』, 공진호 옮김(2011년), 문학동네.
2. Ibid., p. 4.
3. Ibid., p. 10.
4. Ibid., p. 21.
5. Ibid., p. 40.
6. Ibid., p. 10; p. 11; p. 19.
7. John C. Parkin, *F**K It: The Ultimate Spiritual Way* (New York: Hay House, 2014), p. 1. 이와 유사한 책으로는 Sarah Knight의 *The Life Changing Magic of Not Giving a F**K* (2015)과 Mark Manson의 *The Subtle Art of Not Giving a F*ck* (2016)이 있다.
8. Parkin, *F**K It: The Ultimate Spiritual Way*, p. 18.
   * 존 파킨 지음, 『씨*, 너나 하세요: 최고의 영적 방법』.

Heaviness: 삶의 무게

1. Dante Alighieri, 'Purgatory', Canto IV, *The Divine Comedy: The Vision of Hell, Purgatory, and Paradise*. H. F. Cary 옮김. 온라인에서 전문 확인 가능: https://www.gutenberg.org/cache/ epub/8800/pg8800-images.html#cantoI.3.

Inner Critic: 내면의 비평가

1. Tara Brach, *Radical Acceptance: Awakening the Love that Heals Fear and Shame* (London: Rider, 2003), p. 4.
   * 타라 브랙 지음, 『받아들임: 지금 이 순간 있는 그대로』, 김선주, 김정호 옮김(2012년), 불광출판사.
2. Sigmund Freud, 'Mourning and Melancholia', in *The Standard Edition of the Complete Psychological Works of Sigmund Freud*, J. Strachey 편집 및 옮김, vol. XIV (London: Vintage, 2001), pp. 237-60.
   * 지그문트 프로이트 지음, '애도와 멜랑콜리아', 『지그문트 프로이트 논문집』.
3. Shirzad Chamine, *Positive Intelligence: Why only 20% of Teams and Individuals Achieve their True Potential and How you can Achieve Yours* (Austin, TX: Greenleaf, 2012), p. 212와 Steve Peters, *The Chimp Paradox:*

The Mind Management Programme for Confidence, Success and Happiness (London: Vermilion, 2012) 참조.

* 쉬르자드 샤미네 지음, 『긍정지능: 나보다 행복해 보이는 사람들의 마음자세』, 윤태준 옮김(2012년), 생각연구소.

* 스티브 피터스 지음, 『침프 패러독스: 매번 스스로 무너지는 당신을 일으켜줄 멘탈 강화 프로젝트』, 김소희 옮김(2013년), 모멘텀.

4. A. T. Beck, A. Freeman & D. Davis, *Cognitive Therapy of Personality Disorders* (3rd edn) (New York: Guilford, 2015).

   * A. T. 벡, A. 프리먼, D. 데이비스 지음, 『성격장애의 인지치료』, 민병배, 유성진 옮김(2007년), 학지사.

5. David Burns, *Feeling Good: The New Mood Therapy* (New York: New American Library, 1980).

   * 데이비드 번즈 지음, 『필링 굿』, 차익종, 이미옥 옮김(2023년), 아름드리미디어.

6. S. C. Hayes, K. Strosahl & K. G. Wilson, *Acceptance and Commitment Therapy: An Experiential Approach to Behavior Change* (New York: Guilford, 1999).

   * S. C. 헤이스, K. 스트로살 & K. G. 윌슨 지음, 『수용과 참여의 심리치료』.

7. Russ Harris, *The Happiness Trap. Based on ACT: A Revolutionary Mindfulness-Based Programme for Overcoming Stress, Anxiety and Depression* (London: Robinson, 2008).

   * 러스 해리스 지음, 『행복 전환 연습: 행복의 함정에서 벗어나는 법』, 김미옥 옮김(2023년), 마인드빌딩.

Joy: 기쁨

1. 참조 자료 예시는 다음과 같다. Ciara McCabe, *'The Science Behind Why Hobbies Can Improve Our Mental Health'*, The Conversation, 11 February 2021. theconversation.com/the-science-behind-why-hobbies-can-improve-our-mental-health-153828.

   * 시아라 맥케이브 지음, 〈취미가 정신 건강에 도움이 되는 이유〉.

2. Anne Helen Petersen, *Can't Even: How Millennials Became the Burnout Generation* (London: Chatto & Windus, 2021), p.198.

   * 앤 헬렌 피터슨 지음, 『요즘 애들: 최고 학력을 쌓고 제일 많이 일하지만 가장 적게 버는 세대』, 박다솜 옮김(2021년), 알에이치코리아.

3. Oliver Burkeman, *Four Thousand Weeks: Time Management for Mortals* (London: Vintage, 2021), p.158.

* 올리버 버크먼 지음, 『4000주: 영원히 살 수 없는 우리 모두를 위한 시간 관리법』(2022년), 이윤진 옮김, 21세기북스.

4. Keith Thomas (ed.), *The Oxford Book of Work* (Oxford: Oxford University Press, 1999), p. 260에서 인용.

   * 키스 토머스 지음, 『옥스퍼드 시리즈: 노동』

Kaizen: 카이젠(개선)

1. Sarah Harvey, *Kaizen: The Japanese Method for Transforming Habits One Small Step at a Time* (London: Bluebird, 2019).

   * 사라 하비 지음, 『카이젠: 한 번에 한걸음씩, 습관을 변화시키는 일본식 방법』
2. Ibid., pp. 14-16 참조.
3. Angela Duckworth, *Grit: Why Passion and Resilience are the Secrets to Success* (London: Vermilion, 2017) 참조.

   * 앤절라 더크워스 지음, 『그릿GRIT: IQ, 재능, 환경을 뛰어넘는 열정적 끈기의 힘』, 김미정 옮김(2019년), 비즈니스북스.
4. Carol S. Dweck, *Mindset: Changing the Way You Think to Fulfil Your Potential* (London: Robinson, 2017).

   * 캐롤 드웩 지음, 『마인드셋』, 김준수 옮김(2023년), 스몰빅라이프.
5. Ibid., p. 7.
6. Jonathan Rowson, *The Moves that Matter: A Chess Grandmaster on the Game of Life* (London: Bloomsbury, 2019). p. xx.

   * 조너선 로손 지음, 『의미 있는 수: 체스 그랜드마스터가 인생을 사는 법』

Life-Cost: 인생의 비용

1. Henry David Thoreau, *Walden* (London: Penguin, 2016), p. 11.

   * 헨리 데이비드 소로 지음, 『월든』, 강승영 옮김(2011년), 은행나무.
2. Ibid., p. 13.
3. Ibid., p. 7.
4. Ibid., p. 86.
5. Ibid., p. 85.
6. Cal Newport, *Digital Minimalism: On Living Better with Less Technology* (London: Penguin Business, 2019), p. 39에서 인용.

   * 칼 뉴포트 지음, 『디지털 미니멀리즘: 딥 워크를 뛰어넘는 삶의 원칙』, 김태훈 옮김(2019년), 세종서적.

7. 'What is Voluntary Simplicity?' by The Simplicity Collective. simplicitycollective.com/start-hear/what-is-voluntary-simplicity-2.
8. Duane Elgin, *Voluntary Simplicity: Toward a Way of Life that is Outwardly Simple, Inwardly Rich* (New York: William Morrow, 1983), pp. 33-4.
   * 듀안 엘진 지음, 『자발적 간소함: 외적으로는 간소하지만 내적으로는 풍요로운 삶의 방식』.
9. 'What is Voluntary Simplicity?' by The Simplicity Collective. simplicitycollective.com/start-hear/what-is-voluntary-simplicity-2.
10. Tim Kasser, *The High Price of Materialism* (Cambridge, Massachusetts: The MIT Press, 2022).
   * 팀 캐서 지음, 『물질주의의 값비싼 대가』.

Memento Mori: 죽음을 기억하라

1. Marcus Aurelius, *Meditations,* Martin Hammond 옮김 (Oakland, CA: California University Press, 2022), p. 3.
   * 마르쿠스 아우렐리우스 지음, 『명상록』, 박문재 옮김(2018년), 현대지성.
2. 시편 90장 12절.
3. Eckhart Tolle, *The Power of Now: A Guide to Spiritual Enlightenment* (London: Hodder & Stoughton,
   * 에크하르트 톨레 지음, 『지금 이 순간을 살아라』, 노혜숙 옮김(2008년), 양문.

Narratives: 내러티브

1. Anna Katharina Schaffner, *Exhaustion: A History* (New York: Columbia University Press, 2016).
   * 안나 카타리나 샤프너 지음, 『탈진의 역사』.
2. Aristotle, *Problems*, W. S. Hett 옮김, 2 vols (Cambridge, MA: Harvard University Press, 1957), vol. Ⅱ, p. 155.
   * 아리스토텔레스 지음, 『자연학적 문제들』.
3. 참조 자료 예시는 다음과 같다. John Cassian, *The Monastic Institute,* Edgar C. S. Gibson 옮김. in *A Select Library of Nicene and Post-Nicene Fathers of the Christian Church,* Henry Wace and Philip Schaff 편집, 14 vols (Oxford: James Parker and Company; New York: The Christian Literature Company, 1894), vol. XI, second series, pp.183-641; Siegfried Wenzel, *The Sin of Sloth: Acedia in Medieval Thought and Literature* (Chapel Hill: University of North Carolina Press, 1967); and Werner Post, *Acedia-Das Laster der Trägheit. Zur*

Geschiechte der siebten Todsünde (Freiburgh and Vienna: Herder, 2011).

* 요한 카시아노 지음, 『수도원 규율』.

* 지그프리드 벤첼 지음, 『나태의 죄: 중세 사상 및 문학에서 나타나는 아세디아』.

* 베르너 포스트 지음, 『나태의 죄악: 칠죄종의 역사에 관하여』

4. Wenzel, *The Sin of Sloth*, p. 5에서 인용.

   * 지그프리드 벤첼 지음, 『나태의 죄』.

5. Ibid., p. 32 참조.
6. Cassian, *The Monastic Institute*, vol.XI, second series, pp. 183-641; p. 266.

   * 요한 카시아노 지음, 『수도원 규율』.

7. Ibid., p. 267.
8. Ibid.
9. Ibid.
10. Geoffrey Chaucer, 'The Parson's Tale', in *The Canterbury Tales*, 현대영문판 Eugene J. Crook 옮김 (1993). http://english3.fsu.edu/canterbury/parson.html. 약간 수정했다.

    * 제프리 초서 지음, 『캔터베리 이야기』, 송병선 옮김(2017년), 현대지성.

11. Wenzel, *The Sin of Sloth*, p. 22 참조.

    * 지그프리드 벤첼 지음, 『나태의 죄』.

12. George M. Beard, *A Practical Treatise on Nervous Exhaustion (Neurasthenia): Its Symptoms, Nature, Sequences, Treatment* (New York: W. Wood, 1880); and *American Nervousness: Its Causes and Consequences. A Supplement to Nervous Exhaustion (Neurasthenia)* (New York: G. P. Putnam's Sons, 1881).

    * 조지 M. 비어드 지음, 『신경 탈진(신경쇠약)에 관한 논문: 그 증상과 특성과 결과와 치료에 관하여』과 그 부록 『미국인의 신경증: 그 원인과 결과에 관하여』.

13. Beard, *American Nervousness*, p. vi.

    * 조지 M. 비어드 지음, 『미국인의 신경증』.

14. Janet Oppenheim, '*Shattered Nerves*': *Doctors, Patients, and Depression in Victorian England* (New York and Oxford: Oxford University Press, 1991), p. 81 참조.

    * 재닛 오펜하이머 지음, 『조각난 신경: 빅토리아 시대 영국의 의사와 환자와 우울증』.

15. Beard, American Nervousness, p. 26.

    * 조지 M. 비어드 지음, 『미국인의 신경증』, p. 26.

Oblomov: 오블로모프

1. Ivan Goncharov, *Oblomov,* Natalie Duddington 옮김 (New York: Alfred A. Knopf, 1992).
   * 이반 곤차로프 지음, 『오블로모프』, 노현우 옮김(2014년), 동서문화사.
2. Ibid., p. 196.
3. Ibid., p. 205.
4. Josh Cohen, *Not Working: Why We Have to Stop* (London: Granta, 2018), p. xviii.
   * 조쉬 코헨 지음, 『일하지 않기: 우리는 왜 멈춰야 하는가』.
5. Ibid., p. 76.
6. Oliver Burkeman, *Four Thousand Weeks: Time Management for Mortals* (London: Vintage, 2021), p. 30.
   * 올리버 버크먼 지음, 『4000주: 영원히 살 수 없는 우리 모두를 위한 시간 관리법』, 이윤진 옮김(2022년), 21세기북스.

Perfectionism: 완벽주의

1. J. Stoeber & L. E. Damian, '*Perfectionism in Employees: Work Engagement, Workaholism, and Burnout*', in F. M. Sirois & D. S. Molnar (eds), *Perfectionism, Health, and Well-Being.* (New York: Springer, 2016), pp. 265-83.
   * F. M. 시루아, D. S. 몰나르 편집, 『완벽주의와 건강과 웰빙』에 수록된 요아킴 스퇴버, 라바니아 다미안, 〈직원들의 완벽주의: 업무 몰입, 일 중독, 그리고 번아웃〉.
2. Ibid.
3. J. Stoeber & K. Otto, 'Positive Conceptions of Perfectionism: Approaches, Evidence, Challenges', *Personality and Social Psychology Review,* 10 (2006), 295-319.
   * J. 스퇴버, K 오토 지음, 〈완벽주의에 대한 긍정적 개념: 접근 방식과 증거와 과제〉.
4. 참조 자료 예시는 다음과 같다. S. B. Sherry et al., 'Perfectionism Dimensions and Research Productivity in Psychology Professors: Implications for Understanding the (Mal) Adaptiveness of Perfectionism', *Canadian Journal of Behavioural Science,* 42 (201), 273-83.
   * S. B. 쉐리 외. 지음, 〈완벽주의의 차원과 심리학 교수들의 연구 생산성: 완벽주의 (부)적응성을 이해하는 데 주는 시사점〉.
5. The School of Life, *On Self-Hatred: Learning to Like Oneself* (London: The School of Life, 2022), p. 47.

* 스쿨 오브 라이프 지음, 『자기혐오에 관하여: 나 자신을 좋아하는 법 배우기』.

6. J. 스퇴버, K 오토 지음, 〈완벽주의에 대한 긍정적 개념: 접근 방식과 증거와 과제〉 참조.
7. 스쿨 오브 라이프 지음, 『자기혐오에 관하여: 나 자신을 좋아하는 법 배우기』, p. 48.
8. 참조 자료 예시는 다음과 같다. P. E. Flaxman, J. Ménard, F. W. Bond & G. Kinman, 'Academics' Experiences of a Respite from Work: Effects of Self-Critical Perfectionism and Perseverative Cognition on Postrespite Well-Being', *Journal of Applied Psychology*, 97 (2012), 854-65; J. K. Mitchelson, 'Seeking the Perfect Balance: Perfectionism and Work-Family Conflict', *Journal of Occupational and Organizational Psychology*, 82 (2009), 349-67.

   * P. E. 플랙스먼, J. 메나르, F. W. 본드, G. 킨먼 지음, 〈학계 종사자의 휴식 경험: 자기비판적 완벽주의와 보속성 인지가 휴식 후 웰빙에 미치는 영향〉.

   * J. K. 미첼슨 지음, 〈완벽한 균형 찾기: 완벽주의와 일과 가정 사이의 균형〉.

9. 참조 자료 예시는 다음과 같다. R. J. Burke, 'Workaholism in Organizations: Psychological and Physical Well-Being Consequences', *Stress Medicine*, 16 (2000), 11-16; R. Snir & I. Harpaz, 'The Workaholism Phenomenon: A Cross-National Perspective', *Career Development International*, 11 (2006), 374-94; T. W. H. Ng, K. L. Sorensen & D. C. Feldman, 'Dimensions, Antecedents, and Consequences of Workaholism: A Conceptual Integration and Extension', *Journal of Organizational Behavior*, 28 (2007), 111-36.

   * R. J. 버크 지음, 〈조직 내 일 중독이 심리적/신체적 웰빙에 미치는 영향〉.

   * R. 스니르, I. 하르파즈 지음, 〈국제적 관점에서 바라본 일 중독 현상〉.

   * T. W. H. 응, K. L. 소런슨 & D. C. 펠드먼 지음, 〈일 중독의 차원, 선행요인 및 결과: 이론적 통합 및 확장〉.

10. K. M. Matuska, 'Workaholism, Life Balance, and Well-Being: A Comparative Analysis', *Journal of Occupationnal Science*, 17 (2010), 104-11.

   * K. M. 마츠스카 지음, 〈일 중독과 삶의 균형과 웰빙 비교분석〉.

11. 요아킴 스퇴버, 라바니아 다미안 지음, 〈직원들의 완벽주의: 업무 몰입, 일 중독, 그리고 번아웃〉 참조.
12. Tara Brach, *Radical Acceptance: Awakening the Love that Heals Fear and Shame* (London: Rider, 2003), p. 21.

   * 타라 브랙 지음, 『받아들임: 자책과 후회 없이 나를 사랑하는 법』, 김선주, 김정호 옮김 (2012년), 불광출판사.

Qi: 기(氣)

1. Nancy N. Chen, '*Qi* in Asian Medicine', in *Energy Medicine East and West: A Natural History of Qi,* David Mayor and Marc S. Micozzi 편집 (New York: Churchill Livingstone Elsevier, 2011), pp. 3-10; p. 3.

   * 낸시 N. 첸 지음, '아시아 의학에서의 기(氣)', 『동서양의 에너지 의학: 기(氣)의 역사』에 수록.

2. David Mayor, 'Elemental Souls and Vernacular *Qi*: Some Attributes of What Moves Us', in *Energy Medicine East and West,* pp. 23-47; p. 24; Chen, '*Qi* in Asian Medicine', p. 3.

   * 데이비드 마요르 지음, '근본적인 영혼과 토속적인 기: 우리를 움직이는 특성', 『동서양의 에너지 의학: 기(氣)의 역사』에 수록.

   * 낸시 N. 첸 지음 '아시아 의학에서의 기(氣)', 『동서양의 에너지 의학: 기(氣)의 역사』에 수록.

3. Ted J. Kaptchuk, *Chinese Medicine: The Web that Has No Weaver,* revised and expanded edition (London: Rider, 2000), p. 47.

   * 테드 J. 캅추크, 『중국 의학: 거미줄 없는 거미줄』.

4. Ibid., pp. 240-41.
5. 저자 미상, *The Yellow Emperor's Classic of Medicine,* Maoshing Ni 옮김 (Boston and Londong: Shambhala, 1995), p. 149.

   * 황제 지음, 『황제내경』, 이창일 옮김(2023년), 책세상.

6. Ibid., p. 150.
7. Ibid., p. xiii.
8. Ibid., p. 59.
9. Ibid., p. 258.
10. Richard E. Nisbett, *The Geography of Thought: How Asians and Westerners Think Differently – And Why* (New York: The Free Press, 2003), pp. 31-34 참조.

    * 리처드 니스벳 지음, 『생각의 지도: 동양과 서양, 세상을 바라보는 서로 다른 시선』, 최인철 옮김(2004년), 김영사.

11. Paul U. Unschuld, *Traditionelle Chinesische Medizin* (Munnich: C. H. Beck, 2013), p. 28; p. 49 참조.

    * 폴 운슐트 지음, 『중국 전통 의학』.

12. Will Storr, *Selfie: How We Became So Self-Obsessed and What It's Doing to Us* (London: Picador, 2017), pp. 66-7 참조.

    * 윌 스토 지음, 『셀피: 자존감, 나르시시즘, 완벽주의 시대를 살아가는 법』, 이현경 옮김(2021년), 글항아리.

Rest: 휴식

1. 출애굽기 20장 8-11절.
2. '휴식'에 관해 더 알고 싶다면, 안나 카타리나 샤프너 지음, 『탈진의 역사』 pp. 132-49 참조.
3. Matthew Walker, *Why We Sleep: The New Science of Sleep and Dreams* (London; Allen Lane, 2017).
   * 매슈 워커 지음, 『우리는 왜 잠을 자야 할까: 수면과 꿈의 과학』, 이한음 옮김(2019년), 열린책들.
4. 참조 자료 예시는 다음과 같다. L. Stojanovich & D. Marisavljevich, 'Stress as a Trigger of Autoimmune Disease', *Autiommunity Reviews,* 7 (2008), 209-13와 P. H. Wirtz & R. von Känel, 'Psychological Stress, Inflammation, and Coronary Heart Disease', *Current Cardiology Reports,* 19 (2017), 1-10.
   * L. 스토자노비치, D. 마리사블예비치 지음, 〈스트레스, 자가면역질환을 유발하는 요인〉.
   * P. H. 비르츠, R. 폰 카넬 지음, 〈심리적 스트레스와 염증과 관상동맥 심장 질환〉.
5. Robert Poynton, *Do Pause: You are not a To Do list* (Cardigan: The Do Book Co., 2019).
   * 로버트 포인튼 지음, 『일시 정지: 해야 할 일 목록이 곧 나는 아니다』.
6. Silas Weir Mitchell, *Fat and Blood and How to Make Them,* Michael S. Kimmmel 편집 및 서문 (New York and Oxford, Altamira Press, 2004), p. 9.
   * 실라스 위어 미첼 지음, 『피와 살을 만드는 법』.
7. Ibid., pp. 18-19.
8. Claudia Hammond, *The Art of Rest: How to Find Respite in the Modern Age* (London: Canongate, 2019) 참조.
   * 클라우디아 해먼드 지음, 『잘 쉬는 기술: 어떻게 쉬어야 할지 모르는 사람들을 위한 최고의 휴식법 10가지』, 오수원 옮김(2020년), 웅진지식하우스.
9. Anna Katharina Schaffner, *The Art of Self-Improvement: Ten Timeless Truths* (New Haven: Yale University Press, 2021), pp. 127-30 참조.
   * 안나 카타리나 샤프너 지음, 『자기계발 수업: 인류의 성장 열망이 이끌어낸 열 가지 핵심 주제』, 윤희기 옮김(2022년), 디플롯.
10. Ibid., p. 103.
11. 참조 자료 예시는 다음과 같다. Richard Mabey, *Nature Cure* (London: Chatto & Windus, 2005); Isabel Hardman, *The Natural Health Service: What the Great Outdoors can do for Your Mind* (London: Atlantic Books, 2020); Dr. Quing Li, *Shinrin-Yoku: The Art and Science of Forest Bathing* (London: Penguin Life, 2018); Professor Yoshifumi Miyazaki, *Shinrin-yoku; The Japanese Way*

of Forest Bathing for Health and Relaxation (London: Aster, 2018); Nick Barker, *ReWild: The Art of Returning to Nature* (London: Aurum Press, 2017); and Simon Barnes, *Rewild Yourself: 23 Spellbinding Ways to Make Nature More Visible* (London: Simon & Schuster, 2018).

* 리처드 메이비 지음, 『자연 치유』.
* 이사벨 하드먼 지음, 『자연 치료: 대자연이 정신 건강에 미치는 유익』.
* 칭 리 박사 지음, 『자연 치유: 왜 숲길을 걸어야 하는가』, 심우경 옮김(2019년), 푸른사상.
* 미야자키 요시후미 교수, 『건강과 휴식을 위한 일본식 삼림욕』.
* 닉 바커, 『리와일드: 자연으로 돌아가는 방법』.
* 사이먼 반스, 『리와일드: 자연이 눈에 들어오는 23가지 비법』.

12. 사례는 다음을 참조했다. Anthony Storr's *Solitude* (London: HarperCollins, 1997); Anneli Rufus's *Party of One: The Loners' Manifesto* (New York: Marlowe & Company, 2003); Sara Maitland's *How To Be Alone* (London: Macmillan, 2014); Michael Harris's *Solitude: In Pursuit of a Singular Life in a Crowded World* (New York: Random House, 2018) and Erling Kagge's *Silence: In Age of Noise* (London: Penguin, 2018).

    * 앤서니 스토 지음, 『고독의 위로』, 이순영 옮김(2011년), 책읽는수요일.
    * 안넬리 루푸스 지음, 『혼자 왔어요: 외톨이 선언』.
    * 사라 메이틀랜드 지음, 『혼자가 되는 법』.
    * 마이클 해리스 지음, 『잠시 혼자 있겠습니다: 복잡한 세상, 나를 지키는 자유의 심리학』, 김병화 옮김(2018년), 어크로스.
    * 얼링 카게 지음, 『자기만의 침묵: 소음의 시대와 조용한 행복』, 김민수 옮김(2020년), 민음사.

Stoicism: 스토아주의

1. 참조 자료 예시는 다음과 같다. Ryan Holiday, *The Obstacle is the Way: The Ancient Art of Turning Adversity to Advantage* (London: Profile, 2014) and Massimo Pigliucci, *How to be a Stoic: Ancient Wisdom for Modern Living* (London: Rider, 2017).
    * 라이언 홀리데이 지음, 『돌파력: 스토아 철학에서 배우는 '스스로 운명을 바꾸는 힘'』, 안종설 옮김(2017년), 심플라이프.
    * 마시모 피글리우치 지음, 『그리고 나는 스토아주의자가 되었다: 성격 급한 뉴요커, 고대 철학의 지혜를 만나다』, 석기용 옮김(2019년), 든.
2. 스토아주의에 대해 더 알고 싶다면, Anna Katharina Schaffner, *The Art of Self-Improvement: Ten Timeless Truths* (New Have: Yale University Press, 2021),

pp. 37-48 참조.

* 안나 카타리나 샤프너 지음, 『자기계발 수업: 인류의 성장 열망이 이끌어낸 열 가지 핵심 주제』, 윤희기 옮김(2022년), 디플롯.

3. Seneca, *Letters from a Stoic: Epistulae Morales ad Lucilium*, Robin Campbell 옮김 (London: Penguin, 2004), p. 15.

   * 루키우스 세네카 지음, 『세네카 삶의 지혜를 위한 편지』, 김천운 옮김(2023년), 동서문화사.

4. Ibid., p. 230.
5. Russ Harris, *The Happiness Trap: Stop Struggling, Start Living*, 개정판 (London: Robinson, 2022) 참조.

   * 러스 해리스 지음, 『행복 전환 연습: 행복의 함정에서 벗어나는 법』, 김미옥 옮김(2023년), 마인드빌딩.

6. Martin Seligman, *Learned Optimism: How to Change Your Mind and Your Life* (London, Boston: Nicholas Brealey Publishing, 2006) 참조.

   * 마틴 셀리그만 지음, 『마틴 셀리그만의 낙관성 학습』, 우문식, 최호영 옮김(2012년), 물푸레.

7. 리처드 니스벳 지음, 『생각의 지도: 동양과 서양, 세상을 바라보는 서로 다른 시선』 참조.
8. Seneca, *Letters*, p. 69.
9. Epictetus, *Of Human Freedom*, Robert Dobbin 옮김 (London: Penguin, 2010), p. 14.

   * 에픽테토스 지음, 『인간의 자유에 관하여』.

10. Ibid., p. 52.
11. Marcus Aurelius, *Meditations*, Martin Hammond 옮김 (London: Penguin, 2006), pp. 48.

    * 마르쿠스 아우렐리우스 지음, 『명상록』, 박문재 옮김(2018년), 현대지성.

12. Ibid., p. 113.
13. Ibid., p. 31.
14. Norman Doidge, *The Brain That Changes Itself: Stories of Personal Triumph from the Frontiers of Brain Science* (London: Hay House, 2018), p. xxi 참조.

    * 노먼 도이지 지음, 『스스로 치유하는 뇌: 신경가소성 임상연구를 통해 밝혀낸 놀라운 발견과 회복 이야기』, 장호연 옮김(2023년), 히포크라테스.

15. John Sharp, *The Insight Cure: Change your Story, Transform your Life* (Lodon: Hay House, 2018), p. xxi.

    * 존 샤프 지음, 『통찰 치유: 나를 이해하는 이야기를 바꾸면 인생이 바뀐다』.

Time: 시간

1. E. P. Thompson, 'Time, Work-Discipline, and Industrial Capitalism', *Past & Present,* 38, 1967, 56-97.
   * E. P. 톰슨 지음, 〈시간, 노동규율, 그리고 산업자본주의〉.
2. David Graeber, *Bullshit Jobs: A Theory* (London: Allen Lane, 2018), p. 92.
   * 데이비드 그레이버 지음, 『불쉿 잡: 왜 무의미한 일자리가 계속 유지되는가?』, 김병화 옮김(2021년), 민음사.
3. Thompson, 'Time, Work-Discipline, and Industrial Capitalism', p. 56.
   * E. P. 톰슨 지음, 〈시간, 노동규율, 그리고 산업자본주의〉.
4. Ibid., p. 91.
5. Ibid., p. 93.
6. John O'Donohue, 'For One Who Is Exhausted', in *Benedictus* (London: Bantam Press, 2007), pp. 1140-41. Penguin Random House의 허가를 받아 중쇄.
   * 존 오도나휴 지음, 『사람이 사람에게: 존 오도나휴의 깊은 축복』, 조은경 옮김(2009년), 21세기북스에 수록된 「지친 삶에게」.

Urgency: 긴박감

1. Hartmut Rosa, *Social Acceleration: A New Theory of Modernity,* Jonathan Trejo-Mathys 옮김 (New York: Columbia University Press, 2015).
   * 하르트무트 로자 지음, 〈사회적 가속: 새로운 현대 사회론〉.
2. Karl Marx and Friedrich Engels, *The Communist Manifesto* (1848). www.marxits.org/archive/marx/works/1848/communist-manifesto/ch01.htm.
   * 프리드리히 엥겔스, 카를 마르크스 지음, 『공산당 선언』, 이진우 옮김(2018년), 책세상.
3. Friedrich Nietzsche, *The Gay Science,* 1882, rev. 1887, Walter Kaufmann 옮김 (London: Rondom House, 1974), p. 259.
   * 프리드리히 니체 지음, 『즐거운 학문』, 안성찬 옮김(2005년), 책세상.
4. Anna Katharina Schaffner, *Exhaustion: A History* (New York: Columbia University Press, 2016), pp. 85-110 참조.
   * 안나 카타리나 샤프너 지음, 『탈진의 역사』.
5. Heinrich Mann, 'Doktor Biebers Versuchung', in *Haltlos: Sämtliche Erzählungen I* (Frankfurt am Main: S. Fischer, 1995), pp. 494-550; p. 522. 저자 옮김.

* 하일리히 만 지음, 〈비버 박사의 유혹〉.

6. Wilhelm Erb, *Über die wachsende Nervosität unserer Zeit* (Heidelberg: J. Hörning, 1884), p. 20. 저자 옮김.

   * 빌헬름 에르브 지음, 〈우리 시대 높아져 가는 불안감에 관하여〉.

7. 저자 미상, *The Yellow Emperor's Classic of Medicine*, Maoshing Ni 옮김 (Boston and Londong: Shambhala, 1995), p. 1.

   * 황제 지음, 『황제내경』, 이창일 옮김(2023년), 책세상.

8. Oliver Burkeman, *Four Thousand Weeks: Time Management for Mortals* (London: Vintage, 2021), p. 166-9에서 인용.

   * 올리버 버크먼 지음, 『4000주: 영원히 살 수 없는 우리 모두를 위한 시간 관리법』(2022년), 이윤진 옮김, 21세기북스.

9. Franz Kafka, 'Reflections on Sin, Pain, Hope and the True Way', in *The Great Wall of China: Stories and Reflections* (New York: Schocken Books, 1970), p. 87.

   * 프란츠 카프카 지음, '죄, 고통, 희망, 그리고 진실한 길에 대한 고찰', 『만리장성을 쌓을 때』에 수록.

10. 참고로 버크먼도 『4000주』에서 이와 유사한 주장을 펼쳤다.

Vampires: (에너지) 뱀파이어

1. Arlie Russell Hochschild with Anne Machung, *The Second Shift: Working Families and the Revolution at Home*, 개정판 (New York: Penguin, 2012).

   * 앨리 러셀 혹실드, 앤 마충 지음, 『두 번째 출근: 맞벌이 가정과 가사 혁명』.

2. 참조 자료 예시는 다음과 같다. Peg Streep, *Daughter Detox: Recovering from an Unloving Mother and Reclaiming your Life* (New York: Ile D'Espoir Press, 2017).

   * 페그 스트립 지음, 『착한 딸 디톡스: 나를 사랑하지 않는 엄마에게서 벗어나 나를 회복하고 내 인생 되찾기』.

3. 'Grey Rocking: How to Pore a Toxic Narcissist out of Your Life', The Guardian, 31 August 2022에서 인용. www.theguardian.com/science/2022/aug/31/grey-rocking-how-to-bore-a-toxic-narcissist-out-of-your-life.

   * 저자 미상, 〈회색 바위 되기: 인생에 해를 끼치는 나르시시스트 몰아내는 법〉.

4. Jean M. Twenge and W. Keith Campbell, *The Narcissism Epidemic: Living in the Age of Entitlement* (New York: Atria, 2013) 참조.

   * 진 트웬지, 키스 캠벨 지음, 『나는 왜 나를 사랑하는가』(2010년), 이남석 옮김, 옥당.

5. Matthieu Ricard, *Altruism: The Science and Psychology of Kindness*, 역자미상

(Lonndon: Atlantic, 2015), pp. 293-4에서 인용.

* 마띠유 리카드 지음, 『이타주의: 친절함의 과학과 심리학』.

Work: 일

1. Jonathan Malesic, *The End of Burnout: Why Work Drains us and How to Build a Better Life* (Oakland, CA: California University Press, 2022), p. 3.
   * 조나단 말레식 지음, 『번아웃의 종말: 우리는 왜 일에 지치고 쓸모없다고 버려지는가』, 송섬별 옮김 (2023년), 메디치미디어.
2. Robin I. M. Dunbar, 'The Social Brain Hypothesis,' *Evolutionary Anthropology*, vol. 6, 1998, 178-90.
   * 로빈 던바 지음, 〈사회적 뇌 가설〉.
3. 참조 자료 예시는 다음과 같다. blog.moderngov.com/2019/02/how-much-time-do-we-spend-at-work.
4. Kieth Thomas, 'Preface,' in *The Oxford Book of Work*, Keith Thomas 편집 (Oxford: Oxford University Press, 1999), pp. v-vii.
   * 키스 토머스 지음, 『옥스퍼드 시리즈: 노동』.
5. Ibid 참조.
6. 창세기 3장 17-19절.
7. Thomas, 'Preface,' in *The Oxford Book of Work*, p. xviii 참조.
   * 키스 토머스 지음, 『옥스퍼드 시리즈: 노동』.
8. Ibid., p. xvii.
9. Ibid., p. xxii.
10. W. E. Oates, *Confessions of a Workaholic: The Facts about Work Addiction* (New York: World, 1971).
    * W. E. 오츠 지음, 『일 중독자의 고백: 일 중독에 관한 사실』.
11. C. Balducci, P. Spagnoli & M. Clark, 'Advancing Workaholism Research', *International Journal of Environmental Research and Public Health*, vol. 17, 2020, 9435.
    * C. 발두치, P. 스파그놀리, M. 클라크, 〈일 중독 연구 진전〉.
12. David Graeber, *Bullshit Jobs: A Theory* (London: Allen Lane, 2018), p. xxiv.
    * 데이비드 그레이버 지음, 『불쉿 잡: 왜 무의미한 일자리가 계속 유지되는가?』, 김병화 옮김 (2021년), 민음사.

Xenia: 크세니아(환대)

1. Pema Chödron, *When Things Fall Apart: Heart Advice in Difficult Times* (London: HarperNonFiction, 2005), p. 88.
   * 페마 초드론 지음, 『모든 것이 산산이 무너질 때: 희망과 두려움을 걷어내고 삶의 맨 얼굴과 직면하는 22가지 지혜』, 구승준 옮김(2017년), 한문화.

Yellow: 노랑

1. Marsilio Ficino, *Three books on Life: A Critical Edition and Translation with Introduction and Notes,* Carol V. Kaske and John R. Clark, Medieval & Renaissance Texts & Studies 편집, vol. 57 (Tempe, Arizona: Medieval & Renaissance Texts & Studiees, 1989), p. 117-18.
   * 마르실리오 피치노 지음, 『인생에 관한 세 권의 책』.
2. Ibid., pp. 135-7.
3. Ibid., pp. 149.
4. Ibid., pp. 249.

Zeitgeist: 시대정신

1. Chimamanda Ngozi Adichie, *Americanah* (London: Fourth Estate, 2014).
   * 치마만다 응고지 아디치에 지음, 『아메리카나 2』, 황가한 옮김(2017년), 민음사.
2. Anna Katharina Schaffner, *Modernism and Perversion: Sexual Deviance in Sexology and Literature*, 1850-1930 (Basingstoke: Palgrave Macmillan, 2012).
   * 안나 카타리나 샤프너 지음, 『모더니즘과 변태성: 성과학과 문학에서 나타나는 성적 일탈』.
3. George M. Beard, *American Nervousness: Its Causes and Consequences* (New York: G. P. Putnam's Sons, 1881), p. vi.
   * 조지 M. 비어드 지음, 『미국인의 신경증: 그 원인과 결과에 관하여』.
4. Rolf Dobelli, 'News is bad for you – and giving up reading it will make you happier', *The Guardian,* 12 April 2013. www.theguardian.com/media/2013/apr/12/news-is-bad-rolf-dobelli.
   * 롤프 도벨리 지음, 〈뉴스는 나쁘다-뉴스를 끊으면 더 행복해질 것이다〉.
5. Ibid 참조.
6. Robert Kegan and Lisa Laskov Lahey, *Immunity to Change: How to Overcome it and Unlock the Potential in Yourself and Your Organization* (Bostonn: Harvard Business Press, 2009).

* 로버트 케건, 리사 라스코우 라헤이 지음, 『변화면역: 우리가 변화하지 못하는 진짜 이유』, 오지연 옮김(2020년), 정혜.

7. Saint Augustine, *Confessions,* Henry Chadwick 옮김 (Oxford: Oxford University Press, 2008), p. 147.

   * 어거스틴 지음, 『성 어거스틴의 고백록』, 선한용 옮김(2019년), 대한기독교서회.

8. Zachary Stein, 'Education Must Make History Again', in *Perspectiva,* 27 January 2022. systems-souls-society.com/education-must-make-history-again/.

   * 재커리 스타인 지음, 〈교육으로 다시 역사를 만들어야 한다〉.

9. Walter Benjamin, 'Theses on the Philosophy of History', in *Illuminations*, Harry Zohn 옮김 (New York: Schoken Books, 1969), p. 249.

   * 발터 벤야민 지음, 〈역사 철학 테제〉.

10. 참조 자료 예시는 다음과 같다. Rob Hopkins, *From What Is to What If: Unleashing the Power of Imagination to Create the Future We Want* (Hartford, VT: Chelsea Green Publishing, 2019).

    * 롭 홉킨스 지음, 『무엇에서 만약까지: 상상력의 힘을 발휘해 우리가 원하는 미래 만들기』.

11. Nick Cave, 'What is the Point in Life?', *The Red Hand Files,* September 2022. www.theredhandfiles.com/what-is-the-point-in-life/.

    * 닉 케이브 지음, 〈삶의 목적이 무엇인가?〉.

지쳤지만
무너지지 않는
삶에 대하여

1판 1쇄 인쇄 2024년 8월 29일
1판 1쇄 발행 2024년 9월 11일

지은이 안나 카타리나 샤프너
옮긴이 김지연

발행인 양원석 **편집장** 차선화 **책임편집** 차지혜
디자인 남미현, 김미선 **영업마케팅** 윤우성, 박소정, 이현주, 정다은, 박윤하

펴낸 곳 ㈜알에이치코리아
주소 서울시 금천구 가산디지털2로 53, 20층(가산동, 한라시그마밸리)
편집문의 02-6443-8862 **도서문의** 02-6443-8800
홈페이지 http://rhk.co.kr
등록 2004년 1월 15일 제2-3726호

ISBN 978-89-255-7459-2 (03100)